A marca FSC® é a garantia de que a madeira utilizada na fabricação do papel deste livro provém de florestas que foram gerenciadas de maneira ambientalmente correta, socialmente justa e economicamente viável, além de outras fontes de origem controlada.

UMA FORÇA PARA O BEM

Daniel Goleman

Uma força para o bem
A visão do Dalai Lama para o nosso mundo

TRADUÇÃO
Flávia Assis

Copyright © 2015 by Daniel Goleman
Todos os direitos reservados.

Grafia atualizada segundo o Acordo Ortográfico da Língua Portuguesa de 1990, que entrou em vigor no Brasil em 2009.

Título original
A Force for Good: The Dalai Lama's Vision for Our World

Capa
Daniel Motta

Preparação
Bárbara Reis

Revisão
Marise Leal
Clara Diament

Dados Internacionais de Catalogação na Publicação (CIP)
(Câmara Brasileira do Livro, SP, Brasil)

Goleman, Daniel
   Uma força para o bem : a visão do Dalai Lama para o nosso mundo / Daniel Goleman ; tradução Flávia Assis. – 1ª ed. – Rio de Janeiro : Editora Objetiva, 2016.

   Título original: A Force for Good : The Dalai Lama's Vision for Our World
   ISBN 978-85-470-0013-4

   1. Budismo 2. Bstan-'dzin-rgya-mtsho, Dalai Lama XIV, 1935- 3. Dalai Lama – Ensinamentos 4. Vida espiritual (Budismo) I. Título.

16-03533   CDD-294.3923

Índice para catálogo sistemático:
1. Dalai Lama : Ensinamentos : Budismo tibetano   294.3923

[2016]
Todos os direitos desta edição reservados à
EDITORA SCHWARCZ S.A.
Rua Cosme Velho, 103
22241-090 – Rio de Janeiro – RJ
Telefone: (21) 2199-7824
Fax: (21) 2199-7825
www.objetiva.com.br

Sumário

Introdução — Dalai Lama   7

PARTE 1: CIDADÃO DO MUNDO

1. Reinvente o futuro   11

PARTE 2: OLHE PARA DENTRO

2. Higiene emocional   31
3. A revolução da bondade   47
4. Parceria com a ciência   62

PARTE 3: OLHE PARA FORA

5. Compaixão robusta   79
6. A economia que leva as pessoas em consideração   93
7. Cuide de quem precisa   110
8. Cure a Terra   126
9. Um século de diálogo   140
10. Eduque o coração   160

PARTE 4: OLHE PARA TRÁS, OLHE PARA A FRENTE

11. Visão de longo alcance   175
12. Aja agora   189

Agradecimentos   199

Notas   203

Introdução — Dalai Lama

Os 56 anos que se passaram desde que deixei o Tibete como refugiado para viver em liberdade na Índia foram difíceis para os tibetanos, inclusive para mim. Um provérbio de nossa tradição que ajudou a nos manter de pé é tentar transformar as mais adversas circunstâncias em oportunidades. No meu caso, a vida de refugiado expandiu meus horizontes. Se tivesse permanecido no Tibete, é bem provável que ficasse ilhado do mundo exterior, afastado de desafios e de distintos pontos de vista. Com a fuga, tive a sorte de poder viajar para vários países, conhecer pessoas diferentes, aprender com suas experiências e compartilhar as minhas. Isso combina com meu temperamento avesso à formalidade — que só serve para distanciar as pessoas.

Como ser humano, reconheço que meu bem-estar depende dos outros, e por isso cuidar dos outros é uma responsabilidade moral que levo muito a sério. É uma utopia pensar que bastam orações ou bons pensamentos para garantir o futuro da humanidade. É preciso agir. Assim, meu primeiro compromisso é contribuir para a felicidade humana da melhor forma possível. Também sou monge budista, e minha experiência me diz que todas as tradições religiosas têm potencial para passar uma mensagem de amor e compaixão. Então, meu segundo compromisso é semear a harmonia e a amizade entre elas. Como tibetano, e apesar de ter me afastado da responsabilidade política, meu terceiro compromisso é fazer tudo o que puder para ajudar meu povo, a cultura budista e o meio ambiente do Tibete — os dois últimos sob grande ameaça de destruição.

Estou muito feliz por meu velho amigo Daniel Goleman ter escrito este livro que explora e descreve como esses compromissos básicos se desdobraram ao longo de várias décadas. Como escritor experiente e alguém com interesse ativo na ciência de nosso mundo interior e exterior, ele sempre me ajudou muito e está plenamente qualificado para expressar tudo de forma clara, como fez aqui.

O objetivo de sermos seres humanos mais felizes, vivendo juntos e apoiando uns aos outros na busca por um mundo mais pacífico, é, acredito, algo que podemos alcançar. Mas para isso é preciso ter visão ampla e uma perspectiva de longo prazo. A mudança em nós e no mundo em que vivemos não pode ser feita às pressas; é preciso tempo. Porém, se não nos esforçarmos, nada acontecerá. Acima de tudo, espero que os leitores entendam que tal mudança não ocorrerá devido a decisões governamentais ou da ONU. A mudança verdadeira se dará quando os indivíduos se transformarem, guiados por valores que estão no cerne de todos os sistemas éticos humanos, nas descobertas científicas e no bom senso. Ao ler este livro, não se esqueça de que, como seres humanos dotados de incrível inteligência e de potencial para desenvolver um coração caloroso, cada um de nós pode se tornar uma força para o bem.

8 de fevereiro de 2015

Parte 1
Cidadão do mundo

1. Reinvente o futuro

O noticiário internacional da British Broadcasting Corporation é transmitido para todo o mundo. O sinal de ondas curtas chega até mesmo ao isolado município de Dharamsala, no Himalaia, e às escarpas da cidade de McLeod Ganj, onde mora Tenzin Gyatso, o 14º Dalai Lama.

Ele acompanha a BBC desde a juventude no Tibete, e é um de seus mais fiéis ouvintes. Confia bastante na emissora britânica como fonte de informação e, todo dia na hora do café da manhã, às 5h30, sintoniza a rádio.

"Ouço a BBC todos os dias", disse-me ele, "e escuto notícias de assassinatos, corrupção, violência, pessoas loucas."

O rosário de injustiças e sofrimento desfiado pela BBC diariamente lhe trouxe um entendimento sobre a origem da maioria das tragédias: a ausência de responsabilidade moral compassiva. Nossa moral deveria guiar nossas obrigações com os outros, afirma, e não o que queremos para nós mesmos.

Pense nos programas jornalísticos como um termômetro da falta de um leme moral à humanidade. As notícias são derramadas sobre nós como um mar de negatividade: crianças atingidas por bombas, opositores silenciados brutalmente por governos, outra floresta devastada. Há execuções sanguinárias, invasões, trabalho escravo, incontáveis refugiados, trabalhadores pobres sem casa e sem comida. A sucessão de fracassos humanos parece infinita.

Há uma curiosa sensação de déjà vu em relação a tudo isso. As notícias de hoje são um eco das do ano passado, da década passada, do século passado.

Essas desgraças e tragédias não passam de versões atuais de histórias muito antigas. São apenas os mais recentes tropeços na marcha da humanidade.

Podemos nos orgulhar do progresso alcançado nessa longa trajetória, mas a persistência da destruição e da injustiça, da corrupção e da desigualdade opressiva só é motivo de preocupação.

Onde estão as forças contrárias para construir o mundo que queremos?

É isso que o Dalai Lama nos conclama a criar. Sua perspectiva singular mostra com clareza onde a família humana está errando e o que podemos fazer para nos encaminhar a uma história melhor — uma história que pare de repetir incessantemente as tragédias do passado e enfrente os desafios do nosso tempo com os recursos internos para mudar essa narrativa.

Ele vislumbra um antídoto indispensável: a força pelo bem.

Mais do que todas as pessoas que conheci, o Dalai Lama é o corpo e a voz dessa força melhor. Fomos apresentados na década de 1980, e ao longo dos anos observei-o em ação dezenas de vezes, sempre expressando algum aspecto dessa mensagem. Para este livro, ele passou horas descrevendo suas ideias sobre a força pelo bem.

A força pelo bem começa com a contraposição às energias da mente humana que conduzem nossa negatividade. Para que o futuro não seja uma triste repetição da trajetória passada, diz o Dalai Lama, precisamos transformar nossa mente — enfraquecer o impulso das emoções destrutivas, fortalecendo assim nossa melhor natureza.

Sem essa mudança interna, continuaremos vulneráveis a reações automáticas, como raiva, frustração e desesperança, que apenas nos conduzem à velha trajetória miserável.

Com essa mudança interna, no entanto, podemos incorporar com mais naturalidade o apreço pelas outras pessoas e, desta forma, agir com compaixão, o cerne da responsabilidade moral. Segundo o Dalai Lama, isso nos prepara para uma missão maior, com um renovado sentimento de clareza, calma e atenção. Poderemos enfrentar problemas renitentes, como a corrupção de autoridades e a alienação das elites, a ganância e o egoísmo como motivações primárias, a indiferença dos poderosos com os indefesos.

Ao propor que a revolução social se inicie dentro de nossa mente, a visão do Dalai Lama busca evitar de uma vez por todas os becos sem saída das trajetórias passadas. Lembre-se, por exemplo, da mensagem de George Orwell na parábola de advertência da *Revolução dos bichos*: a ganância e a sede de poder corrompem as "utopias" que deveriam eliminar os déspotas e atender a todos de forma igualitária, mas acabam recriando o desequilíbrio de poder e as injustiças do passado que supunham ter erradicado.

O Dalai Lama enxerga nossos dilemas por um olhar de interdependência. Como disse Martin Luther King, "estamos presos em uma rede inescapável de mutualidade, costurados à mesma veste do destino. O que afeta alguém de forma direta afeta todos indiretamente".

Como todos estamos emaranhados nos problemas, algumas soluções necessárias estão ao nosso alcance; portanto, essa força pelo bem conta com cada um de nós. Podemos começar agora, diz ele, a nos mover na direção certa — não importa em que grau nem de que forma. Todos juntos podemos criar um movimento, uma força mais visível na história, que forme um futuro liberto das correntes do passado.

As sementes que plantamos hoje, segundo ele, podem mudar o curso do nosso amanhã compartilhado. Algumas podem gerar frutos imediatos; outras podem ser colhidas apenas pelas próximas gerações. No entanto, nossos esforços reunidos, se baseados nessa mudança interna, poderão fazer uma enorme diferença.

A jornada de vida que conduziu o Dalai Lama a essa visão passou por um caminho complexo. Mas podemos começar com o trecho que culmina neste livro, a partir do momento em que ele entra de vez nos holofotes mundiais.

UM PRÊMIO POR TRAZER A PAZ

O lugar é Newport Beach, Califórnia; a data, 5 de outubro de 1989.

O Dalai Lama entra na sala da coletiva de imprensa por seu recém-anunciado Prêmio Nobel da Paz e é recebido por um coro de cliques de câmeras e uma chuva de flashes.

Ele soube da conquista do prêmio poucas horas antes, e ainda estava se acostumando com a ideia. Um repórter lhe perguntou o que faria com o prêmio em dinheiro, na época em torno de 250 mil dólares.

Surpreso ao descobrir que o Nobel envolvia dinheiro, ele respondeu: "Que maravilha. Eu estava mesmo querendo doar algum dinheiro para um leprosário na Índia". O primeiro pensamento que lhe veio à cabeça, conforme me contou no dia seguinte, foi como distribuir o montante — talvez também para os flagelados pela fome.

Ele sempre lembra a todos que não se vê como o elevado "Dalai Lama", mas como um simples monge. E, como tal, não tinha necessidades pessoais a atender com o dinheiro que acompanha o Nobel. Sempre que recebe alguma doação em dinheiro, o Dalai Lama doa.

Lembro-me, por exemplo, de uma conferência de ativistas sociais em San Francisco. No fim das sessões, o orçamento foi divulgado (em si um gesto inesperado para um evento desses).[1] Descontadas as despesas, ainda sobraram 15 mil dólares da venda de ingressos. Na mesma hora, o Dalai Lama anunciou — para surpresa de uma plateia deliciada — que doaria o lucro a um grupo de assistência a jovens carentes de Oakland, que, inspirado pela conferência, passaria a organizar grupos semelhantes. Isso aconteceu há muitos anos, e desde então venho testemunhando a repetição desses gestos generosos de doação instantânea (como fez com sua parte nos lucros deste livro).[2]

O telefonema da Noruega avisando que o embaixador daquele país estava a caminho para entregar em mãos a declaração do Prêmio Nobel da Paz de 1989 fora feito na noite anterior, às dez horas, muito depois do horário em que o Dalai Lama se recolhe, às sete.

Na manhã seguinte, ele cumpriu suas práticas espirituais, que começam por volta das três da madrugada e duram cerca de quatro horas (com um intervalo para o café da manhã e a BBC).[3] Ninguém ousou interrompê-lo, e assim o anúncio oficial saiu antes que lhe contassem do prêmio.

Enquanto isso, seu secretário particular recusava um tsunami de pedidos de entrevista dos principais veículos de mídia do mundo — em contraste com os anos anteriores, quando jornais evitavam publicar notícias sobre ele.[4] De repente, a imprensa mundial clamava pelo Dalai Lama. Parecia que todos os maiores jornais e emissoras de TV do mundo estavam telefonando atrás de entrevistas.

Embora os telefones estivessem tocando sem parar naquela manhã, o Dalai Lama instruiu calmamente o secretário a manter o evento agendado para o dia: um encontro com neurocientistas. Como essa reunião não poderia ser cancelada, os pedidos de entrevista foram sendo recusados ou adiados. Uma coletiva de imprensa seria adicionada à agenda no final da tarde.

Nesse horário, quase uma centena de jornalistas e fotógrafos já havia chegado ao salão de um hotel próximo para a coletiva improvisada. Como estavam reunidos, os fotógrafos disputavam espaço em busca dos melhores ângulos, como maratonistas na linha de largada.

Muitos repórteres haviam sido recrutados às pressas nos arredores de Hollywood, e estavam acostumados a cobrir a indústria cinematográfica, com celebridades de natureza completamente distinta. Ali, eles se depararam com alguém que não se deixava deslumbrar por fama e dinheiro nem ansiava por qualquer exposição na imprensa mundial.

Na era das *selfies*, quando tantos se sentem obrigados a compartilhar cada movimento e cada refeição, essa é uma postura bem radical. Você não é o centro do universo, sua simples presença parece nos dizer — apazigue suas ansiedades, deixe de lado a auto-obsessão, tire o rei da barriga e comece a pensar nos outros também.

Repare bem em sua reação ao receber o prêmio Nobel. Por acaso, eu estava naquela coletiva de imprensa, pois havia acabado de moderar um debate de três dias entre o Dalai Lama e um punhado de psicoterapeutas e ativistas sociais sobre ação compassiva.[5]

Ao entrevistá-lo para o *New York Times* no dia seguinte, perguntei-lhe mais uma vez como se sentia em relação ao prêmio. Em seu inglês "capenga", como descreve sua fluência nesse idioma, ele respondeu: "Eu, por mim — sem muito sentimento". No entanto, ele estava satisfeito com a felicidade das pessoas que trabalharam por sua candidatura, numa reação conhecida como *mudita* na tradição tibetana: alegrar-se com a alegria dos outros.

E então vemos seu lado brincalhão. Especialmente o arcebispo Desmond Tutu, seu querido amigo, costuma despertar a face travessa do Dalai Lama. Quando se encontram, os dois se provocam e brincam como garotinhos.

Não importa a solenidade do evento: o Dalai Lama nunca perde a piada. Lembro-me de uma ocasião, durante um encontro com cientistas, em que ele contou uma piada por iniciativa própria (como costuma ser o caso). Ele já havia participado de muitas reuniões com cientistas antes e, ele me disse, aquilo o fazia se lembrar de uma antiga história tibetana sobre um *yeti* que tentava pegar marmotas.[6]

O "abominável homem das neves" se posicionava na entrada da toca e, quando uma marmota saía, a agarrava e se sentava sobre ela para prendê-la.

Mas, toda vez que se jogava sobre outra marmota, o *yeti* tinha que se levantar — e a presa anterior fugia.

Isso, disse ele aos risos, é o que acontece com a minha memória em relação a todas as lições de ciências que aprendi!

E teve uma vez em que ele aguardava o início de um debate com um grupo de cientistas nos bastidores do auditório de uma universidade. O encontro seria precedido pela apresentação de um coral de alunos de ensino médio, para entretenimento da plateia. Mal a cantoria começou, o Dalai Lama, curioso, entrou no palco sozinho, e ficou parado próximo ao coral, absorto.

Aquilo estava totalmente fora do script. Os demais debatedores e os representantes da universidade haviam se preparado para cumprimentos formais e continuaram nos bastidores, perplexos. O Dalai Lama ficou no palco, sorrindo para os cantores e alheio à plateia, que lhe sorria também.

Em um encontro apenas para convidados, mais de vinte CEOs sentavam-se ao longo de uma comprida mesa de reunião, com o Dalai Lama à cabeceira. Durante a conversa, o fotógrafo contratado para registrar o encontro acabou ao lado da cadeira do Dalai Lama, no chão, fazendo fotos de longe com uma enorme teleobjetiva.

Ele parou no meio de uma frase, olhou para o fotógrafo no chão com cara de espanto e sugeriu-lhe que se deitasse de uma vez para tirar uma soneca. Terminada a reunião, o mesmo fotógrafo fez a foto formal do grupo, com o Dalai Lama ao lado dos figurões do mundo empresarial.

Enquanto os participantes desfaziam a formação para a foto, o Dalai Lama chamou o fotógrafo e, com um abraço apertado, posou para uma foto com ele.

Esses relatos, quando tomados isoladamente, podem não parecer muito dignos de nota. Mas são pequenos momentos entre uma miríade de outros que me dizem que o Dalai Lama se guia por uma configuração emocional e por algoritmos sociais singulares: harmonia empática com aqueles que o cercam, bom humor e espontaneidade e uma consciência uniformizante da família humana como uma só — além da generosidade notável, só para citar alguns.

A recusa em se ver como santo e o hábito de rir dos próprios pontos fracos são, para mim, duas de suas qualidades mais admiráveis. Ele tempera a compaixão com alegria, e não com platitudes austeras e vazias.

Essas características, sem dúvida, têm raízes nos estudos e na prática em que o Dalai Lama mergulhou desde a infância, aos quais ele ainda se dedica por cerca de cinco horas diárias (aquelas quatro pela manhã e mais uma, à noite). Essa rotina certamente molda sua moral e sua persona pública.

Sua autodisciplina para cultivar qualidades como curiosidade investigativa, equanimidade e compaixão sustenta uma hierarquia de valores singular que lhe dá uma perspectiva de mundo completamente diferente, de onde flui sua visão.

Nós nos conhecemos no início da década de 1980, quando ele visitou a Amherst College. Fomos apresentados por um amigo de longa data do Dalai Lama, Robert Thurman, que então lecionava naquela faculdade. Naquele encontro, lembro bem, o Dalai Lama fez todos saberem que buscava discussões sérias com cientistas. Aquilo atiçou não apenas minha formação como psicólogo, mas também minha ocupação como jornalista de ciências no *New York Times*.

Nos anos seguintes, organizei ou acompanhei algumas reuniões entre ele e pesquisadores da minha área, e por muito tempo lhe enviei artigos do *Times* sobre descobertas científicas. Eu e minha esposa adquirimos o hábito de participar de suas palestras e aulas sempre que podíamos. Por isso, quando fui convidado a escrever este livro, agarrei a oportunidade na mesma hora.

Embora a maioria de meus livros explore novas correntes científicas e, de certa forma, aprofunde esses assuntos, e ainda que o Dalai Lama baseie sua visão na ciência, e não na religião, este não é um livro científico. Uso argumentos científicos para reforçar a visão ou ilustrar algum ponto, mas não como linha central. Os leitores que quiserem se aprofundar podem consultar as referências que constam nas notas.

A visão que emergiu de minhas entrevistas com o Dalai Lama está, sem dúvida, temperada pelos meus próprios interesses e minhas próprias paixões. Mesmo assim, me esforcei para ser fiel às suas ideias básicas e à essência do chamado que ele faz a cada um de nós.

O HOMEM

Tenzin Gyatso foi conduzido a esse papel mundial por meio de uma série de acidentes da história. Por mais de quatrocentos anos, desde o início dessa instituição, nenhum dalai lama — líder político e religioso do Tibete — morou fora dos limites do território do budismo tibetano. Na infância, o 14º Dalai

Lama percorria o imenso Palácio de Potala, em Lhasa, onde estudava, como seus antecessores, assuntos como filosofia, retórica, epistemologia e como ocupar seu papel ritualístico.[7]

Entretanto, com a invasão do Tibete pela China comunista, em 1950, ele foi empurrado para o mundo, até fugir para a Índia, em 1959. Mora lá desde então, e nunca mais voltou à terra natal.

"Aos dezesseis anos", conta ele, "perdi minha liberdade", ao assumir o papel de chefe de Estado e religioso do Tibete. E, ao fugir, "perdi meu país".

Essa transição foi mostrada no filme *Kundun*, que retrata a juventude do Dalai Lama. Depois de atravessar o Tibete rumo à Índia, o jovem desmonta do cavalo e se vira para observar os guardas tibetanos que o acompanharam até ali. O clima é um pouco melancólico, em parte porque ele é deixado em terra estrangeira, mas também porque nunca mais verá sua escolta, que voltará para um país em perigo, que pode exigir o sacrifício de suas vidas.

Conforme aqueles rostos familiares desaparecem ao longe, o Dalai Lama se vira e percebe que está entre desconhecidos: seus anfitriões indianos, que lhe dão as boas-vindas à nova casa. Mas esses dias, como disse o ator Richard Gere ao apresentar seu amigo de longa data em um evento público: "Onde quer que vá, ele está entre amigos".

Somos a primeira geração de pessoas vivendo fora do Tibete que tem a chance de ver um dalai lama. Ele viaja sem parar e está disponível para o mundo inteiro — num dia, está na Rússia, falando a budistas da Buriácia; na semana seguinte, já está no Japão, dialogando com cientistas, pulando entre salas de aula e auditórios superlotados.

O único freio que o impede de alcançar mais pessoas talvez sejam os vistos negados por muitos países que, pressionados pela China, temem represálias econômicas se permitirem a entrada do líder tibetano. Nos últimos anos, aparentemente, alguns oficiais linhas-duras do governo comunista chinês enxergam em todos os compromissos do Dalai Lama um viés político com o objetivo de minar o domínio sobre o Tibete.

Ainda assim, um de seus itinerários de viagem começa por Nova Delhi, falando a estudantes sobre "ética secular"; segue para a Cidade do México — onde, entre outros compromissos, discursa para mil padres católicos sobre harmonia religiosa, conversa com o bispo e faz uma palestra pública em um estádio sobre a prática da compaixão —, depois Nova York, para dois dias de aula; e, finalmente, um pulinho em Varsóvia, para uma cúpula sobre a paz, antes de voltar para Nova Délhi.

Com essa imersão global, o Dalai Lama assumiu um papel significativo como estadista de alcance mundial. Essa trajetória, no entanto, começou devagar.

Nos anos anteriores ao prêmio Nobel, suas coletivas de imprensa atraíam um punhado de repórteres. Lembro-me da expressão de desalento de seu representante oficial nos Estados Unidos, em 1988, quando o Dalai Lama fez uma importante concessão à China: declarar que seu objetivo era a autonomia, e não a independência,[8] do Tibete.

Embora tivesse imensa importância para os defensores da causa tibetana (e provavelmente tenha sido uma das motivações para o prêmio Nobel, no ano seguinte), a afirmação rendeu apenas uma nota no *New York Times*, comprada de uma agência de notícias e enterrada numa das páginas do miolo do jornal.

Desde o prêmio Nobel, no entanto, seus passos atraem cada vez mais a imprensa e o público, e ele se tornou um ícone da cultura pop: seu rosto já estampou um anúncio da Apple (ao lado do slogan *Think Different*, ou "pense diferente"), e uma aparentemente infinita (e às vezes fajuta) série de frases inspiradoras foi atribuída a ele.

Sua atitude aqui é abrangente: embora se pudesse imaginar que ele logo voltaria à sua rotina da madrugada, a publicidade, a fama e o barulho da mídia são usados para o bem. Agora, sua mensagem de compaixão, como diz Thupten Jinpa, há muito seu intérprete para o inglês, tem "um microfone maior".

O Dalai Lama é uma das poucas figuras públicas admiradas na atualidade que encarna uma seriedade e profundidade interior. Poucos — senão nenhum — nomes em destaque alcançam sua estatura moral e o impacto de sua presença, e muito menos seu apelo. Suas aparições em todo o globo atraem plateias enormes e chegam a encher estádios.

O Dalai Lama viaja pelo mundo há décadas, reunindo-se com pessoas de todas as origens, de todos os níveis sociais e com várias visões de mundo — e tudo isso colabora para seu ponto de vista. As pessoas com as quais encontra variam de moradores de favela — de São Paulo a Soweto — a chefes de Estado e cientistas ganhadores de prêmios Nobel. A essa grande variedade de encontros, ele leva sua motivação inquebrantável: a compaixão.

Ele enxerga a unidade da humanidade — o "nós" —, em vez de se perder nas diferenças entre "nós e eles". As questões enfrentadas pela, como diz ele, "nossa família humana" são globais, transcendem fronteiras, como o crescente hiato entre ricos e pobres e a inexorável deterioração, causada pela atividade humana, dos sistemas planetários que sustentam a vida.

A partir dessa rica miscelânea, o Dalai Lama traçou um plano capaz de trazer esperança, motivação e foco a todos nós. Um mapa para nos orientar em nossa vida, para compreender o mundo, avaliar o que deve ser feito e moldar nosso futuro em comum.

Sua visão da humanidade, da mesma forma que ele, abraça uma forma de ser e de perceber que vira de ponta-cabeça muitos valores disseminados na atualidade. Ele vislumbra um mundo mais caridoso e compassivo, mais sábio para lidar com nossos desafios coletivos — um mundo mais adequado às demandas de um planeta interconectado. Essa visão do que pode vir a ser vai além do pensamento positivo, e gera as sementes dos antídotos pragmáticos de que precisamos com mais urgência do que nunca.

A VOZ DA TRANSFORMAÇÃO

Era uma vez um menino que nasceu em uma aldeia isolada, filho de pais analfabetos. Ele foi obrigado a fugir de sua terra natal e, há mais de meio século, é um apátrida.

Nunca teve carro, casa ou salário, nem tinha renda de qualquer natureza. Nunca constituiu família.

Não estudou em escola tradicional. Sua educação foi uma série de sessões pautadas por métodos filosóficos arcanos, rituais e um programa desenvolvido há seiscentos anos.

Ainda assim, reúne-se regularmente com a vanguarda da ciência mundial para discussões profundas. Encontra-se com líderes poderosos, alunos de escola primária e cidadãos comuns de todo tipo, inclusive moradores de favelas, por todo o planeta. Ele viaja sem parar, sempre pronto a aprender.

Essa, claro, é a descrição do Dalai Lama, uma pessoa completamente singular neste planeta, livre dos muitos encargos que cerceiam as preocupações da maioria de nós quanto a nossas vidas, famílias e amigos, nossas comunidades e nossos países.

Embora não tenha o treinamento de um especialista, sua expertise alcança outras dimensões da vida. Acumulou sabedoria em vez de apenas conhecimento. Ele é um expert especial. É perito em reflexão e silêncio, em abnegação e compaixão. Quase ninguém consideraria a hipótese de meditar cinco horas por dia, como ele. Ainda assim, temos muito a aprender com sua prática profunda e com os insights e a bondade que brotam dessa experiência e que nos dão pistas de como viver uma vida boa e cheia de realizações.

Quando se trata de finanças, consultamos um especialista em investimentos; quando se trata de saúde, um médico. E, quando se trata de nossa vida interior, de como ser uma força pelo bem neste planeta, o Dalai Lama é um especialista cuja orientação pode beneficiar a todos nós.

O primeiro passo é olhar para dentro e administrar nossa mente e nosso coração, diz ele. E então, olhar para fora, a partir de uma posição interna mais equilibrada, e pensar no bem que podemos fazer.

Não se deixe desanimar pelas notícias terríveis que você escuta. Na verdade, elas refletem uma pequena parte da história humana. Abaixo da ponta desse iceberg medonho, há um vasto reservatório de sensibilidade e caridade — e todos podemos aumentar esse bem.

Venho escrevendo bastante sobre liderança nos últimos anos, e identifico no Dalai Lama várias lições para qualquer líder. Como veremos, sua visão para um mundo melhor não exclui ninguém e alcança pessoas de todos os níveis sociais e de todos os lugares. Não há qualquer viés de grupo nessa mensagem. Ele oferece orientação a todos.

No entanto, não dita as atitudes que devemos tomar. Embora tenha bem claros vários objetivos em mente, ele deixa a decisão de seguir seus passos para cada um de nós, e, se quisermos, nós escolhemos como agir.

Ele também não tem interesse por nosso dinheiro, nossas "curtidas", nossos e-mails para aumentar a lista de contatos nem por acumular "seguidores". Oferece sua perspectiva de vida de forma livre. Suas ideias estão à nossa disposição.

É animador pensar que sua mensagem de liderança gira em torno de um princípio organizador central: compaixão genuína. Seu apreço pela rede de interconexões humanas lhe dá uma verdadeira preocupação por todos nós.

Em conversas com líderes de Davos a Washington, escuto os mesmos lamentos: somos guiados por valores em que os muito ricos largam os pobres na lama, em que sistemas planetários estão em rota de destruição e em que governos ficam paralisados diante desses desafios tão urgentes. Precisamos, segundo esses líderes, de uma nova forma de liderança que elimine a mistura de cinismo e egoísmo que nos deixou diante de um futuro distópico.

Quanto mais ampla a nossa esfera de influência, mais pessoas se orientam por nós. Nesse sentido, o Dalai Lama tem papel global e alcança milhões de pessoas. Ele se tornou um verdadeiro cidadão do mundo, viajando ininterruptamente há mais de meio século, passando meses em lugares longínquos, encontrando pessoas de toda natureza. As questões do mundo são as questões dele.

Líderes guiam a atenção pública, orientando nossos esforços em direção ao que importa. Em geral, isso significa urgências de curto prazo: objetivos do trimestre, a próxima novidade, as próximas eleições.

Segundo a imprensa especializada em negócios, os melhores líderes são aqueles cujas estratégias ardilosas levam a aumento de lucro e participação no mercado, e executivos que conduzem suas empresas a desempenhos fiscais excepcionais merecem todos os holofotes. E, embora líderes governamentais às vezes tentem corresponder a uma imagem para além da força gravitacional da pequena política, a inércia do sistema quase sempre os impede.

Enquanto tantos líderes trabalham atualmente dentro dos limites das coisas como elas são e em benefício de apenas um grupo, o Dalai Lama não se deixa confinar por nenhuma dessas preocupações e limitações, o que lhe permite expandir nossos pensamentos para enxergarmos de que forma nossos sistemas podem se metamorfosear em benefício de uma gama maior de pessoas.

Isso faz do Dalai Lama um líder transformador, alguém que olha além dos dados da realidade e desenha um mapa para um futuro melhor no mundo todo.[9] Líderes desse tipo têm horizontes mais amplos, e, portanto, podem enfrentar nossos maiores desafios, pensando para além do nosso futuro, atentando para as questões que importam a longo prazo e para todos.

Eles não agem apenas para si mesmos ou seus grupos, mas para todos, em favor de toda a humanidade. Não são, de forma alguma, os líderes que temos, mas são as vozes de que precisamos. O mundo anseia por esse tipo de liderança.

Quanto mais altruístas são os valores, mais extenso é o horizonte de tempo. Quanto mais amplas são as necessidades humanas abraçadas pelo líder, maior a visão desse líder. Líderes transformadores servem a propósitos transcendentes e mostram o caminho para uma nova realidade. E é isso que me atrai na visão do Dalai Lama.

Pode parecer surpreendente que ele sirva como guia para essa nova realidade. Pessoas de todo o mundo admiram sua sabedoria e compaixão e são atraídas por seu carisma, mas poucas percebem o valor do Dalai Lama como futurista, que reflete sobre nossos problemas e suas soluções em escala global e atemporal, ao longo dos séculos, e como visionário, que sente o que será necessário para atender às demandas de nossa realidade futura.

O Dalai Lama sempre teve dois públicos distintos: aqueles interessados no budismo, que buscam ensinamentos religiosos, e as multidões que acorrem a suas palestras laicas. Com o passar dos anos, a missão pessoal do Dalai Lama o deixou cada vez menos interessado em falar repetidamente para grupos de budistas; as aparições de cunho religioso diminuíram, ao passo que as palestras abertas ao público em geral cresceram.

Ao articular sua visão, ele fala a cada um de nós não na qualidade de religioso, mas investido do papel de líder mundial com interesse genuíno no bem-estar de cada pessoa do planeta.

Enquanto escrevo estas palavras, esse líder mundial está prestes a completar oitenta anos. Está na hora de pôr no papel a mensagem e o mapa para o futuro que o Dalai Lama vai legar ao mundo.

A VISÃO

Algum tempo atrás, um artigo provocador intitulado *The Death of Environmentalism* [A morte do ambientalismo] argumentava que o movimento se tornara altamente negativo por causa das mensagens catastróficas.[10] Martin Luther King, apontava o artigo, capturou o coração de milhões de pessoas com um discurso que declarava "eu tenho um sonho", e não um pesadelo.

Nosso plano de ação seria mais atraente se guiado por uma visão positiva, uma imagem norteadora de como as coisas poderiam ser um dia. Pensar no que a vida *poderia* ser é um convite à originalidade, a novas ideias, a inovações.

É claro que, para sobreviver, precisamos reconhecer o que está errado. Para prosperar, no entanto, precisamos de uma Estrela Guia que nos leve a melhores alternativas, de um GPS reprogramado que nos leve a um amanhã mais otimista. Ao formular uma visão transformadora para nosso futuro comum, o Dalai Lama não trata do que está errado; ao contrário, guia nosso foco ao que pode dar certo em nosso mundo.

Jonathan Swift escreveu que "ter visão é a arte de ver coisas invisíveis" a outras pessoas.[11] A visão do Dalai Lama nos encoraja a considerar possibilidades promissoras além das mensagens sombrias e depressivas que recebemos todos os dias.

Em suas viagens ao redor do mundo, o Dalai Lama articulou partes desse mapa rumo a um futuro melhor, mas a totalidade jamais havia sido consolidada em um único volume. Sob sua orientação, esbocei essa visão como um conjunto de cenários interconectados que combinam sua articulação e exemplos da vida real, pessoas e projetos que já fazem dessa visão uma realidade.

Nossa jornada aqui começa ao assumirmos a responsabilidade de administrar melhor nossa mente e nossas emoções, o que o Dalai Lama chama de *"higiene emocional"*: reduzir o poder de emoções destrutivas e cultivar formas de sermos mais positivos.

Esse autocontrole nos permite contemplar, cultivar e adotar os valores humanos que ele considera formadores de uma *"ética universal"* baseada na unidade da humanidade e mais bem expressa como *compaixão por todos*.

A plataforma para essa ética orientada pela compaixão e o autocontrole que leva a ela podem parecer surpreendentes. O Dalai Lama, em vez de se concentrar em religião ou ideologia, baseia sua visão de mundo em descobertas empíricas. *Uma ciência da compaixão* pode ajudar a humanidade, argumenta ele, ao dar maior sustentação e equilíbrio aos valores humanos.

Uma *compaixão robusta* impulsiona ações poderosas para expor e responsabilizar forças sociais tóxicas como corrupção, conspiração e preconceito. Sem amarras, a compaixão nos oferece um novo polo de orientação para aprimorar sistemas como a economia, a política e a ciência. Em ação, isso significa transparência, justiça e responsabilidade — seja no mercado de ações, no financiamento de campanhas eleitorais ou na divulgação de dados.

No reino da economia, a ética da compaixão faria com que nos concentrássemos na distribuição dos bens, e não apenas na acumulação. Uma *economia compassiva* reflete preocupação, não cobiça. E as empresas podem encontrar maneiras de fazer o bem, em vez de apenas se dar bem.

Compreensivelmente, dos valores compassivos brota o imperativo de *"cuidar daqueles que precisam"* — os pobres, os incapazes, os desvalidos. Isso, porém, significa ir além da simples caridade para, sempre que possível, ajudar os necessitados a se reerguerem e voltarem a levar uma vida digna.

Nosso planeta é nossa casa, e nossa casa está em chamas, adverte o Dalai Lama. Várias atividades humanas degradam os sistemas globais que garantem a vida na Terra — e todos nós, juntos, devemos reunir todos os esforços para *"curar o planeta"*.

Nesta época em que o crescimento de conflitos motivados por ódios raciais parece desenfreado, o Dalai Lama tem a audácia de engendrar uma estratégia de paz de longo prazo, um dia em que os conflitos serão resolvidos *"pelo diálogo, não pela guerra"* — dando fim à mentalidade de "nós contra eles" em todos os níveis, desde pequenos grupos até povos e nações como um todo.

E, para levar essa visão ao futuro, a *"educação do coração"* deve ajudar estudantes a cultivar ferramentas de autocontrole e afeto a fim de que suas vidas estejam em compasso com esses valores humanos. Se essa educação se tornasse padrão universal, as próximas gerações agiriam com compaixão de forma natural.

Por fim, o Dalai Lama nos encoraja a *considerar os eventos futuros da história* e *"agir agora"*, de todas as maneiras que pudermos, usando todas as ferramentas disponíveis. Essas mudanças levarão gerações para acontecer; e, mesmo que não estejamos vivos para presenciar o momento em que elas se consolidarem, o Dalai Lama insiste, podemos começar essa evolução rumo à compaixão. Todos podemos fazer alguma coisa, cada pessoa pode assumir um papel. Somados, nossos esforços podem reinventar o futuro.

Tomados em conjunto, esses elementos são sinérgicos, e fazem com que o todo seja maior que a soma das partes. A visão do Dalai Lama pode ser considerada um pacote de regras de decisão interconectadas para conduzir nossa vida e nossa sociedade a um amanhã melhor.

As alternativas aos *status quo* esboçadas nessa visão têm maior apelo nos dias de hoje, em que cada vez mais pessoas reconhecem a esperança vã de encontrar sentido para a vida por meio de poder, dinheiro ou fama, a inutilidade de levar nosso corpo ao limite da exaustão física e mental e a dádiva de levar a vida com generosidade, discernimento e alegria.

Essa visão não se restringe a nossa vida pessoal, oferece um conjunto de princípios para a construção de uma sociedade que permita extrair o melhor da natureza humana. Além disso, não se baseia em crenças infundadas, mas na ciência e em valores humanos básicos, e fala a todos nós.

Ao oferecer esse mapa para um amanhã melhor, o Dalai Lama transcende as próprias raízes. A mensagem não se destina apenas a budistas ou tibetanos, mas à humanidade como um todo, inclusive às futuras gerações.

Essas possibilidades para a humanidade transcendem o coro de negatividade entoado todos os dias pelas notícias. O que se oferece não são delírios utópicos, mas ideias que, desde já, estão traduzidas em estratégias práticas, algumas explicitamente guiadas pelas palavras do Dalai Lama, outras nascidas de forma independente, porém consoante. Os objetivos são grandiosos, mas, como veremos, os resultados já obtidos são encorajadores.

> Para transformar a visão do Dalai Lama em ação alinhada, este livro está vinculado a uma plataforma de internet, e todos estão convidados a participar dessa união: www.joinaforce4good.org. O correspondente on-line deste livro conduz a novos recursos conforme a sua caminhada, orientando-o a ações que podem ser adotadas (ou usadas como modelo) caso você queira se unir à Força para o Bem do Dalai Lama.

À medida que explorarmos os contornos dessas possibilidades, encontraremos pessoas e projetos que mostram como objetivos que poderiam ser meros sonhos se tornaram realidade. Alguns foram inspirados diretamente pelo Dalai Lama, outros simplesmente estão alinhados à visão dele. De certo modo, ele articula o que muitos já sentem e põem em prática. Serve como porta-voz não oficial desses praticantes da compaixão que, na maioria das vezes, trabalham à margem do nosso radar coletivo.

O Dalai Lama não se pretende uma autoridade na resolução das crises atuais, sejam sociais, políticas, econômicas ou ambientais, mas sua vida, seu treinamento e sua personalidade lhe deram uma profunda consciência sobre as qualidades que precisam ser desenvolvidas para enfrentar esses problemas.

Há uma expressão tibetana, diz ele, que pode ser traduzida, em linhas gerais, como "não deixe seu cérebro ficar muito rígido, muito travado". Nossos problemas humanos estão crescendo rapidamente. Em vez de aceitar de forma cega o mundo que recebemos, devemos questionar sempre a sabedoria que nos foi passada e os preconceitos que trazemos ocultos dentro de nós. Temos que nos manter flexíveis e aprimorar nossa mente enquanto agimos no mundo, ele nos diz.

Cada um de nós pode ajudar, basta começar, seja onde for. As soluções vão chegar ao olharmos o canto que nos cabe nessa vasta visão. Não há uma resposta mágica a todas essas perguntas, mas inúmeras maneiras de mudar para melhor, seja por meio de pequenas ou grandes atitudes.

Não basta abraçar um plano nobre, é preciso colocá-lo em prática, alerta o Dalai Lama. Sua visão é um convite para todos.

Cada um de nós pode ser uma força para o bem.

Parte 2

Olhe para dentro

2. Higiene emocional

O psicólogo Paul Ekman talvez seja o maior especialista do mundo em emoções humanas. Ao longo de toda a sua longa carreira científica,[1] vem sendo um ávido explorador do universo dos sentimentos. Uma das habilidades mais singulares de Ekman é a capacidade de ler emoções efêmeras por meio de mudanças sutis nos movimentos dos músculos do rosto.

Pouco antes de nosso primeiro encontro, na década de 1970, Ekman havia passado um ano — graças a uma bolsa de estudos federal — olhando para o espelho, lutando para dominar e mapear os movimentos de todos os músculos da face. São mais de uma centena, e, embora se acredite que alguns não possam ser controlados de forma consciente, Ekman conseguiu dominar todos.

Graças a essa habilidade, Ekman mapeou o movimento de cada músculo envolvido na expressão da paleta básica de emoções humanas. Uma pesquisa realizada com tribos de áreas remotas das selvas da Nova Guiné, que praticamente não tinham contato com a vida moderna, lhe permitiu estabelecer que seis emoções humanas e suas respectivas expressões são universais: medo, raiva, nojo, alegria, surpresa e tristeza.

Os algoritmos de Ekman para os movimentos da face quando expressamos cada um desses sentimentos básicos — o Sistema de Codificação de Ação Facial (ou FACS, na sigla em inglês) — se tornaram uma das principais fontes para pesquisa das emoções. O FACS encontrou aplicações práticas que vão desde ajudar a polícia a detectar quando um suspeito está mentindo a servir como base para emoções em rostos de personagens de animação. Além disso, a criação de uma nova geração de programas "emocionalmente inteligentes", que, em certa medida, também derivam da pesquisa original de Ekman, pode, por exemplo, ajudar autistas a ler as emoções de outras pessoas.[2]

Ekman conta que, no primeiro encontro que teve com o Dalai Lama, o rosto deste lhe pareceu incomum. Ele expressava, por exemplo, toda a gama de sentimentos; a maioria das pessoas abafa a expressão aberta de pelo menos determinada série de emoções (particularmente aquelas que aprenderam a sentir vergonha ou medo de expressá-las quando crianças).

Além disso, ao encontrar alguém dominado por uma emoção intensa, como uma tristeza profunda, por exemplo, o rosto do Dalai Lama reflete esse sentimento espontaneamente — e depois volta rapidamente a seu estado usual de equanimidade combinada a satisfação.

Esse comportamento sugere que o Dalai Lama combina equilíbrio interno e afinidade empática. Mas ele nem sempre foi um modelo em termos emocionais.

Tomemos como exemplo a ida para a Índia em 1959. O Dalai Lama tinha vinte e poucos anos e, enquanto se preparava para a fuga do Palácio de Potala, estava nervoso pelo que enfrentaria. Encontrou consolo e conselhos sobre confiança em um de seus textos favoritos, lido pouco antes de fugir disfarçado de guarda. A fuga a cavalo pelo Himalaia oferecia muitos riscos: o frio congelante e as trilhas desconhecidas por despenhadeiros traiçoeiros, a necessidade de viajar à noite para se esconder e a constante ameaça dos soldados chineses em seu encalço.

No meio século que se seguiu, como chefe de Estado exilado (cargo ao qual abdicou em 2011), precisou lutar para ajudar outros tibetanos a sobreviver como refugiados e tentou, praticamente sem sucesso, negociar com os chineses — tarefas custosas e quase inúteis. Ele próprio admite: "Durante sessenta anos, enfrentei muitos problemas".[3]

Embora pareça um modelo de virtude, o Dalai Lama já conheceu a raiva, a tristeza e o desapontamento. Considero encorajador que, mesmo para ele, que encarna a compaixão e a equanimidade tão naturalmente, nem sempre tenha sido assim.

"Quando eu era jovem, com quinze ou vinte anos", confidencia, "era muito pavio curto." O Dalai Lama, porém, sabe que qualquer um de nós pode desenvolver uma força interna com o esforço correto, porque ele seguiu o próprio caminho rumo ao autocontrole.

"Depois de sessenta anos de prática, percebi mudanças significativas no nível emocional. Hoje, comparado a vinte ou trinta anos atrás, meu equilíbrio mental é muito melhor. É claro que a irritação surge em alguns momentos, mas desaparece rapidamente. Quando ouço as piores notícias, fico desconfortável por alguns minutos, mas depois já não sinto tanta perturbação."[4]

A raiva o atinge em acessos curtos, mas não o contamina nem vira hostilidade duradoura, muito menos ódio. Ele demora mais a se enfurecer e menos a se recuperar. Os psicólogos consideram a rápida recuperação de um estado perturbador como resiliência significativa, uma das marcas registradas do bem-estar.[5] Isso também pode significar que o nervo vago, condutor usado pelo cérebro para gerenciar grande parte das funções do nosso corpo, como a frequência cardíaca, está bem afinado. E essa não é a única vantagem.

"Se ouvirmos notícias perturbadoras, mas não tivermos uma mente clara e calma", explica o Dalai Lama, "nossa reação inicial pode ser 'ah, preciso fazer alguma coisa, isso é muito ruim'. Se, no entanto, nos mantivermos calmos e lúcidos em um nível mais profundo, teremos uma reação melhor."

Ele nos convida a seguir nosso próprio caminho de autocontrole. Em resumo: "Como consequência do treinamento, meu estado mental permanece calmo, em termos comparativos. O treinamento nos permite mudar. Podemos melhorar através dele".

Obviamente, é raro (para dizer o mínimo) que alguém se disponha, como o Dalai Lama, a dedicar cinco horas do dia a práticas internas. Podemos, no entanto, dar pequenos passos.

Para isso, é bom tomar ciência do que o Dalai Lama chama de "inimigos do bem-estar": sentimentos negativos que nos levam a atacar a nós mesmos ou a outrem ou nos solapam por meio de turbulência interna, cerceando a liberdade mental. É o que ele chama de emoções "destrutivas" ou "aflitivas".

Embora todas as emoções possam ocupar um espaço saudável na ecologia da mente, cada uma delas tem um lado destrutivo.[6] Quando são intensas demais, duram demais ou estão deslocadas, nossas emoções podem estar na zona aflitiva. O desejo por um propósito significativo é bom por natureza — mas o desejo descontrolado pode se transformar em compulsão por drogas, por exemplo.

"Quando alguém está contaminado por um vírus, precisa fazer a higiene adequada. Da mesma forma, é preciso fazer uma higiene das emoções", diz ele. Quando um impulso destrutivo "aparece, mas nós o contemos — isso é higiene emocional".

Da mesma forma que a higiene física dita que temos que nos manter limpos e evitar a exposição a vírus perigosos, argumenta ele, na higiene emocional os sentimentos destrutivos são como patógenos mentais.

"As escolas ensinam higiene física. Por que não ensinar a higiene emocional?"

REFLEXÕES SOBRE SENTIMENTOS

Em março de 2008, tibetanos de Lhasa e de outras cidades protestaram contra o governo comunista. O Exército chinês atirou contra os manifestantes e prendeu vários deles, principalmente monges. Como o Dalai Lama reagiu a essa notícia?

"Visualizei os soldados chineses e tomei-lhes a raiva, a suspeita e os sentimentos negativos, oferecendo em troca meu amor, minha compaixão e meu perdão. Isso não vai necessariamente resolver o problema, mas foi de imensa ajuda para manter minha mente calma."

Ele explica que, por manter um pensamento positivo em relação aos militares chineses e se opor a sua crueldade, "conseguiu manter a calma. Com a mente calma você pode pensar em contramedidas e em soluções. Se perder a paz de espírito, suas soluções podem caminhar da maneira errada".[7]

Como ele conseguiu reagir com compostura a uma notícia tão preocupante?

"Como todo mundo, também tenho raiva dentro de mim", admite. "Eu tento, no entanto, lembrar que a raiva é uma emoção destrutiva. E digo a mim mesmo que os cientistas agora dizem que a raiva faz mal ao coração, que corrói o sistema imunológico. Assim, a raiva destrói nossa paz de espírito e nossa saúde física. Não devemos recebê-la bem ou pensar nela como algo natural ou como um amigo."[8]

O Dalai Lama se baseia nesse raciocínio como uma forma de se relacionar com o mundo, em vez de deixar as emoções determinarem suas reações. Ele reflete assim sobre a própria vida todos os dias, em sua prática matinal; isso gerou uma mudança de atitude que lhe permitiu suportar as crises que enfrentou.

Ele ensina que um dos tipos mais úteis de medo realista — "desgosto" talvez seja a melhor definição — está relacionado a nossas próprias emoções destrutivas. Quando cultivamos o desgosto por emoções destrutivas, estamos mais bem preparados para encará-las. "Então, quando uma emoção destrutiva parecer prestes a aflorar, você estará pronto — e saberá o que fazer."

O Dalai Lama também recomenda adotar táticas preventivas para minimizar impulsos destrutivos, não tentando evitar pessoas ou situações que nos incomodam, mas por meio de uma prevenção mais fundamental: muitos problemas desse tipo se devem a nossas atitudes.

Quando o Dalai Lama usa a reflexão, ele se lembra de uma compreensão diferente, uma que lhe permita resistir à atração da destruição emotiva. Se também cultivarmos métodos como esse com regularidade, eles serão mais eficazes quando realmente precisarmos — quando a vida nos der um golpe que nos deixe transtornados ou enfurecidos.

Longe de ser uma sabedoria etérea vinda do Oriente, essa estratégia mental do Dalai Lama encontrou eco no dr. Aaron Beck, fundador da terapia cognitiva.[9] Ao se conhecerem, os dois tiveram afinidade imediata e conversaram com prazer sobre como analisar o que pode estar distorcido em nosso pensamento e o que seria realista — e quais seriam os resultados negativos e positivos de nossas respostas.

Embora tenha ocorrido muitos anos atrás, o Dalai Lama não só se lembra claramente desse diálogo, como costuma repetir um exemplo dado por Beck. Quando estamos dominados pela raiva, a maioria das nossas percepções negativas está errada. "Noventa por cento são projeções mentais."

A terapia cognitiva é incrivelmente semelhante ao método analítico do Dalai Lama. Ambas as abordagens usam o poder da reflexão para entender e curar a mente, ambas estimulam atitudes de aceitação e compaixão. A técnica cognitiva de se contrapor a pensamentos sabotadores (em vez de acreditar neles e agir de acordo com eles) parece ter saído do livro de práticas do Dalai Lama.

Mas vamos admitir: reunir a energia mental para aplicar tais antídotos requer, antes de tudo, motivação. Para isso, o Dalai Lama, como vimos, nos pede uma reflexão sobre os danos que as emoções destrutivas causam em nossa vida (um momento de intensa hostilidade é capaz de nos levar a agir de forma temerária e de acordo com impulsos que podem pôr fim a um casamento, por exemplo) e no mundo como um todo: guerras, pobreza, caos ecológico.

Os impactos corrosivos são também internos e destroem nosso senso de paz, capturando nossa atenção e, consequentemente, diminuindo nossa liberdade mental e destruindo a empatia. "Uma mente humana agitada e fora de controle, dada a acessos de fúria, maldade, desejos obsessivos, ciúme ou arrogância, pode destruir vidas",[10] diz o Dalai Lama.

"O verdadeiro encrenqueiro está dentro de nós. Nossos verdadeiros inimigos são nossas próprias tendências destrutivas."[11]

Assim, alerta, primeiro é preciso cultivar a convicção de que podemos, com esforço, superar essas tendências de nossa própria mente e, depois, encontrar métodos que possamos aplicar conforme a necessidade — principalmente durante nossos ataques de fúria.

A solução não está em encapsular nossos sentimentos negativos — que podem se intensificar ao ponto de explosão —, mas em ter consciência deles. Com consciência podemos enfrentá-los diretamente, que é o primeiro passo para conseguir administrá-los bem.

CUIDANDO DE NOSSOS SENTIMENTOS

Embora não seja possível controlar quando sentimos raiva ou medo — nem a intensidade desses sentimentos —, *podemos* controlar o que fazemos enquanto estamos tomados por eles. Se pudermos desenvolver um radar interno para riscos emocionais, conquistamos um ponto de escolha que, segundo o Dalai Lama, devemos dominar.

Quando lhe perguntei como encontrar esse ponto de escolha interno, ele sugeriu um método: questionar os hábitos mentais destrutivos. Mesmo que haja uma parte legítima em nossa tristeza, as emoções perturbadoras que sentimos estão fora de proporção? São sentimentos familiares e recorrentes? Se sim, seria melhor controlar esses hábitos mentais sabotadores.

Essa abordagem se vale de um efeito estudado por Kevin Ochsner,[12] neurocientista da Universidade Columbia. Os cérebros dos voluntários foram monitorados enquanto viam fotos de rostos de pessoas exibindo uma gama de emoções que iam desde uma mulher aos prantos até um bebê às gargalhadas. Os centros emocionais dos participantes ativaram os circuitos correspondentes a cada um dos sentimentos expressos pelos rostos.

Ochsner então lhes pediu que pensassem novamente no que poderia estar acontecendo nas fotos mais perturbadoras de forma menos alarmante: talvez a mulher estivesse chorando em um casamento, e não em um funeral. Ao redirecionar o pensamento, houve uma sensível mudança no cérebro: os centros emocionais perderam energia, ao passo que os circuitos mais altos do córtex pré-frontal — responsáveis pela ponderação — se ativaram.

Como a pesquisa mostra, essa estratégia parece ativar circuitos da área pré-frontal, que podem resistir a sinais límbicos mais primitivos de emoções fortes e negativas. Aparentemente, esses circuitos operam em uma ampla variedade de métodos, como, por exemplo, a estratégia preferencial do Dalai Lama de refletir consigo mesmo sobre impulsos e sentimentos negativos.[13]

Nem todo mundo é capaz de lançar mão da reflexão para lidar com sentimentos ruins tão prontamente quanto o Dalai Lama. Porém, há uma ampla gama de abordagens que podemos experimentar — desde a atenção plena até vários tipos de psicoterapia. Qualquer que seja o método escolhido, o importante é que ele ajude a diminuir o poder das emoções destrutivas.

O Dalai Lama sugere um método que é particularmente útil: perceber a perturbação emocional que sinaliza emoções destrutivas, depois pensar no que essa perturbação pode indicar — principalmente novas perspectivas sobre nossos sentimentos, em vez dos mesmos pensamentos rotineiros que geralmente os acompanham.

Essa abordagem combina a atenção plena em relação a nossos sentimentos e a reflexão sobre suas causas — um método popularizado no Ocidente como "terapia cognitiva com base na atenção plena".[14]

Lidar com nossos sentimentos turbulentos, explica o Dalai Lama, nos ajuda a entender o que acontece enquanto eles crescem. Isso ocorre em frações de segundo e geralmente passa despercebido. Se, no entanto, conseguirmos ter consciência desse crescimento, ganhamos um ponto de apoio mental que nos ajuda a interromper algo que poderia se transformar num sequestro emocional destrutivo.

No mínimo, podemos perceber como nos sentimos durante esse sequestro e observar as consequências negativas de nossos impulsos. E, com sorte (e prática), no futuro, podemos surpreender esse sequestro e mudar para melhor o que dizemos ou fazemos.

Para isso, é útil tomar consciência do espaço de tempo entre o gatilho de uma emoção, como a raiva, e nossa reação. O mesmo vale para tensões mais mundanas, que encaramos quando nossas idiossincrasias e impulsos entram em choque com nossas obrigações e responsabilidades. Uma pausa nos ajuda a perceber quando esses impulsos e idiossincrasias podem levar à ação ou quando a obrigação e a responsabilidade são mais importantes.

"Para alguns", explica Paul Ekman, "esse espaço de tempo é maior, para outros, menor." Ampliá-lo nos permite gerenciar melhor nossas emoções destrutivas e também a fazer melhores escolhas de vida.

"Isso não é fácil", acrescenta ele, "porque as emoções evoluíram para respondermos de imediato, sem pensamento consciente."

Uma atitude útil é ficar atento às formas como as emoções destrutivas se manifestam no corpo: quando se irrita, por exemplo, você sente algum enjoo? Você tem pensamentos recorrentes? Sejam quais forem os sinais, podemos usá-los como um radar mental.[15]

À medida que ficarmos mais acostumados a prestar atenção à cadeia de eventos que leva a sequestros emocionais, devemos gradualmente melhorar também em surpreendê-lo. Em muitos casos, o mero ato de perceber e dar nome aos sentimentos ajuda a fazê-los recuar.

Quando nossa atenção plena está bem fortalecida, a emoção é cortada pela raiz no momento em que percebemos a perturbação — controlamos o impulso antes mesmo que nos domine. Um teste dessa progressão, diz o Dalai Lama, acontece quando você confronta alguém hostil sem perder a calma, sendo capaz de usar o discernimento para entender por que o outro está se sentindo daquela maneira — em vez de ativar o contraponto raivoso.

CHEGANDO LÁ

Uma história dos nativos norte-americanos conta de um pai que diz ao filho: "Há dois lobos lutando em meu coração. Um é violento e perigoso, o outro é caloroso e compassivo".

"E qual deles vai vencer?", pergunta o filho.

"O que eu alimentar", responde o pai.[16]

Ao ouvir essa história, o Dalai Lama ressaltou que, ao colocar um cão muito agressivo em contato com cães pacíficos, o primeiro acaba deixando seu lado mais plácido emergir. Algo parecido ocorre na mente humana, acrescentou ele, apontando para métodos que nos põem cada vez mais em contato com emoções saudáveis.

Todos podemos cultivar emoções mais construtivas, afirma. "Ficamos muito mais felizes. Isso é o que as pesquisas científicas descobriram."

Em certa medida, nossas emoções são pré-programadas por serem essenciais à natureza humana. Como a seleção natural nos legou dois lados, o trabalho da cultura, da família e de nós mesmos é privilegiar o lado altruísta em detrimento do lado egoísta.

Em um encontro com cientistas, o Dalai Lama tomou conhecimento do mapeamento desses dois lados feito por Phillip Shaver, psicólogo da Universidade da Califórnia.[17] Shaver explicou que quando os pais estão em sintonia com os filhos, os tratam com empatia e deixam claro que vão cuidar deles, guiá-los e protegê-los, é muito provável que as crianças se tornem pessoas seguras e amorosas, que confiam nos outros e se preocupam, demonstrando até mesmo compaixão.

O Dalai Lama ficou intrigado ao saber que os padrões emocionais percebidos na infância influenciam na construção de relacionamentos mais próximos durante a vida adulta.[18] Ele sentia que a mãe, em particular, e os irmãos mais velhos lhe deram muita segurança emocional e a postura positiva que o acompanha a vida toda.

Colega de Shaver, o psicólogo israelense Mario Mikulincer conduziu uma série de experimentos sobre como evocar sentimentos básicos de segurança — logo, de maior bondade —, mesmo naqueles com tendência a seguir padrões de insegurança. A pesquisa descobriu que pessoas presas a modos inseguros têm menos tendência a agir de forma altruísta e costumam ser menos compassivas.

Assim, Mikulincer e Shaver pesquisaram formas de incutir nesses indivíduos uma sensação de maior segurança em si mesmos e em relação ao mundo. Em uma série de estudos, os dois conseguiram incutir essa sensação — pelo menos temporariamente — usando métodos muito simples, como exibir palavras como "amor" ou pedir-lhes que se lembrassem de momentos felizes em que estavam com pessoas amadas.

Esses estimuladores mentais funcionaram mesmo quando foram rápidos demais para participantes os registrarem conscientemente. Quando levados a estados mais positivos, os voluntários subitamente expressaram maior tolerância e propensão a ajudar — ou seja, demonstraram mais compaixão.

Shaver explicou ao Dalai Lama: "Isso tem alguma relação com o amor. Palavras de apego disparam uma espécie de conforto que torna a tolerância com os outros mentalmente mais disponível, mesmo em pessoas inseguras, cuja inclinação natural é intolerância e falta de compaixão".[19]

Quando nos aproximamos de nosso lado inseguro, ficamos mais suscetíveis a um mar de sentimentos negativos. Um estado de segurança, por sua vez, diminui as emoções destrutivas e amplifica as positivas.

O Dalai Lama mantém há muito tempo um diálogo com neurocientistas que estudam como os circuitos que gerenciam nossas reações emocionais podem ser fortalecidos pela prática. A neuroplasticidade, ou seja, a forma como a experiência muda as conexões cerebrais, significa que podemos reciclar nossos hábitos emocionais por meio de esforço consciente, alterando padrões neurais.

"Cultivar maior controle sobre nosso mundo interior é um potencial que qualquer ser humano possui e é capaz de enfraquecer emoções destrutivas[20] como raiva, medo e desconfiança", explica o Dalai Lama. "A capacidade de, por exemplo, ter atenção total a pensamentos negativos, sejam sobre si mesmo ou na forma de julgamentos duros em relação às pessoas próximas, permite desativá-los."

Ainda assim, não entender nossa agitação interna — amplificada pelo pensamento pantanoso gerado pela própria agitação — pode deixar qualquer um de nós perdido, sem saber onde estamos e aonde queremos ir em nosso mundo interno. Um mapa seria útil.

UM MAPA DAS EMOÇÕES

O Dalai Lama prevê que essa jornada interna pode, um dia, ser guiada por um mapa — tão claro e preciso quanto os aéreos que nos dizem que um voo de Nova York a Frankfurt faz conexão com outro que segue viagem até Nova Délhi. O destino final dessa jornada interior é a compaixão.

"Assim como é possível traçar a rota de Nova Délhi a Nova York", explica ele, "o mapa mostraria os obstáculos à compaixão e o que ajuda a desenvolvê-la."

O Dalai Lama nos encoraja a dominar nossa própria mente de maneira mais ativa.[21] Para aqueles inclinados a fazer isso, ele prevê um "mapa da mente" interno, que mostre o caminho das pedras em nosso terreno mental — particularmente, dos turbulentos mares das emoções —, de forma que possamos orientar o caminho ao autocontrole.[22]

Para mapear essa rota, acrescenta ele, precisamos, em primeiro lugar, "ter conhecimento suficiente sobre quais emoções são úteis, quais podem se tornar destrutivas, como se desenvolvem e as conexões entre elas".

"Quanto mais conhecimentos tivermos em relação a isso", diz, "mais fácil é manipular as emoções destrutivas. É por isso que um mapa das emoções pode ajudar."

Nenhuma emoção mostrada no mapa é intrinsecamente boa ou ruim. Todas têm seus usos na vida. Os medos podem ser sinais válidos para nos mobilizar a enfrentar uma ameaça real ou distorções da realidade paralisantes e percepções exageradas de perigos (como a agorafobia, ou o medo mórbido de sair de casa).

As principais coordenadas desse terreno interno são ditadas pelo espectro que se estende entre as emoções que constroem nosso bem-estar e as que o destroem. "É importante conhecer ambos os lados", diz ele, "o negativo e o positivo."

Quando as emoções destrutivas estão no controle, nossa melhor natureza fica inativa. E o mesmo acontece com nossa nitidez mental. Como disse o Dalai Lama a uma plateia de estudantes: "Quando você está ansioso, o estudo fica mais difícil. Se, por outro lado, você está feliz e contente, o estudo é absorvido mais facilmente. Você consegue ir mais fundo".

A contraposição entre confiança e medo representa outro contraste básico nesse mapa das emoções. Em animais e humanos, acrescenta ele, quando há sentimento de medo, há também tensão e nervosismo, até mesmo desconfiança — que pode abrir caminho para a raiva e a agressão. Há dois tipos de medo, explica o Dalai Lama: o irreal, que nos lança em um estado de agitação e ruminações infrutíferas sem necessidade, e o útil, que nos deixa cautelosos ou nos prepara para uma ameaça esperada.

O afeto funciona como um antídoto ao medo. "Se você demonstra afeto genuíno por mim", observa o Dalai Lama, "automaticamente sinto, 'ah, essa pessoa é muito boa comigo, então posso confiar nela'. Quem não tem medo relaxa e se sente seguro."

Quando estamos nas garras das emoções destrutivas, nos fixamos naquilo que incomoda — e então não sobra muito espaço, se é que sobra algum, para perceber o outro e criar empatia. Quando nos livramos da agitação, ficamos abertos ao mundo que está em volta e somos mais capazes de ter empatia e carinho.

"Costumamos ter uma atitude ingênua em nossa vida; não percebemos de onde vêm nossos humores", alerta o Dalai Lama. "Temos que buscar mais profundamente as verdadeiras causas e condições de nossas emoções destrutivas — as inter-relações que ocorrem durante o funcionamento de nosso mundo emocional."

Os atalhos do mapa podem ser traiçoeiros. Quando perguntei se a calma era um pré-requisito para se importar com os outros, a resposta do Dalai Lama me surpreendeu: "Não necessariamente — a calma pode nos deixar indiferentes, como um vegetal".

Existem vários tipos de calma, esclarece ele, alguns úteis, outros não. O tibetano e o sânscrito são muito mais precisos ao diferenciar os vários sentidos dessa palavra do que o inglês. O Dalai Lama diz que o vocabulário de inglês para as sutilezas da mente precisa ser mais desenvolvido.

E acrescenta que, enquanto nossas emoções destrutivas nos deixam agitados e distorcem nossas percepções, a calma, sozinha, não é antídoto suficiente — é preciso cultivar um coração afetuoso, caso contrário simplesmente nos fechamos em um casulo autossuficiente.

Além disso, para desenvolver uma preocupação genuína, é preciso esforço mental — não apenas uma mente vazia. Há uma linha tênue entre calma absoluta e torpor. O tipo de "calma" que ele vê na compaixão está combinada a uma mente lúcida e um coração caloroso.

Embora, de início, Paul Ekman visse com ceticismo a utilidade do diálogo sobre ciência com o Dalai Lama, o primeiro encontro entre os dois virou o mundo do psicólogo de pernas para o ar. Quando criança, Ekman teve uma relação muito ruim com os pais e pelo resto da vida se sentiu, como disse o Dalai Lama, "sempre com um pouco de raiva, raiva, raiva".

Ekman contou ao Dalai Lama, por exemplo, que, certa vez, a esposa estava a trabalho em Washington e ele em casa, em San Francisco, e ela não ligou para ele na hora combinada. Aquilo o preocupou e o deixou com muita raiva.

Enquanto esteve tomado pela raiva, Ekman não conseguiu acessar informações que poderiam tranquilizá-lo, tais como o fato de que havia inúmeras razões para a esposa não conseguir ligar. E, conforme disse ao Dalai Lama, "por ter sido abandonado por minha mãe quando tinha catorze anos, a raiva que brota quando sou abandonado por uma mulher é um roteiro emocional recorrente em minha vida".[23]

Lembrar-se disso poderia ter feito a raiva arrefecer, mas Ekman simplesmente não foi capaz de trazer isso à mente, porque estava nas garras daquela emoção destrutiva. Mais tarde, depois de se acalmar, ele se lembrou — e ligou para a mulher.

Ao apresentar a filha, Eve, ao Dalai Lama, ainda naquele primeiro encontro — a menina ficou de mãos dadas com o pai enquanto os três conversavam durante um intervalo para o café —, Ekman teve uma experiência transformadora.[24] "Ele não perdeu o controle em nenhum momento nos meses seguintes", conta o Dalai Lama, acrescentando que confirmou a informação com a mulher e a filha do psicólogo.

Hoje, diz o Dalai Lama, Ekman se tornou alguém "muito bom", além de ser "um cientista realmente incrível".

Apesar da agenda sempre lotada, o Dalai Lama dedicou sessenta horas sem precedentes a conversas particulares com Ekman, que deram origem a dois livros.[25]

Após o primeiro encontro, o psicólogo acabou prometendo levar adiante uma ideia proposta pelo Dalai Lama. A promessa se transformou em um programa desenvolvido em conjunto com o professor de meditação e acadêmico Alan Wallace, chamado Cultivating Emotional Balance [Cultivando o Equilíbrio Emocional], ou CEB, que integra métodos que se baseiam, em partes iguais, nas tradições contemplativas tibetanas e na psicologia moderna.[26]

Hoje o Dalai Lama considera Ekman praticamente um irmão. Por sua parte, Ekman afirma que "o Dalai Lama é o ser humano mais fantástico que conheci".

Entre as razões para tal afirmação, Ekman diz o seguinte: "Nunca conheci alguém tão bem-humorado, que vê o lado divertido de praticamente qualquer situação, sem sarcasmo ou ridicularização, um senso de humor que jamais diminui outra pessoa".

Ekman acrescenta que "faz bem estar na presença dele. Por quê? Eu *acredito*, e deliberadamente deixo essa palavra em itálico, que ele exala bondade. Talvez não o tempo todo, mas pelo menos em grande parte do tempo. Suspeito que a bondade que ele exala está relacionada à compaixão que ele sente de forma tão intensa ".[27]

O psicólogo conta que o Dalai Lama certa vez lhe disse: "Quero que você faça um mapa das emoções, de forma que possamos navegar por entre o ódio e o ressentimento até chegar à mente calma. Precisamos de um mapa para não ficarmos à deriva. Só com a mente calma é possível abrir o coração e usar bem a consciência".

A metáfora de um mapa para nossos estados mentais agradou a Ekman, que se lançou nessa cartografia interior. Trabalhando com um grupo de ponta de mapeamento digital, o psicólogo vem criando o mapa em formato de jogo para computador. "A ideia é que você seja o navegador" cruzando a terra das emoções, conta ele.

A versão de Ekman para o mapa das emoções transforma a noção de "estados" da mente em espaços que representem nossa paisagem mental. Existem cinco emoções universais (ou continentes) nesse mapa: raiva, medo, nojo, alegria e tristeza.[28]

Cada uma dessas representa o centro de uma "família" de emoções — entre os vários tipos de raiva, por exemplo, a exasperação e a indignação são claramente diferentes. Entre os outros muitos tons da paleta da raiva estão a hostilidade, o ódio e a malícia, e todas exageram o lado repulsivo de alguma coisa ou alguém.

Guiados por esse mapa ou por qualquer outro método, somos capazes de conseguir pelo menos pequenas melhorias — mesmo que seja ficar "10% mais felizes", como diz um livro recente sobre meditação.[29] Podemos começar a busca pelo caminho que leve a mais felicidade lidando com nossa própria confusão interna.

Essa possibilidade sublinha parcialmente a oposição do Dalai Lama à pena de morte: qualquer pessoa tem potencial para se reformar em qualquer momento da vida. Ele sustenta que até mesmo um assassino pode passar por uma mudança profunda em seu coração. Não é uma questão de leniência, explica ele: "Matar outros seres humanos como punição, não importa o que eles tenham feito [...] elimina qualquer possibilidade de mudança".[30]

CULTIVANDO O EQUILÍBRIO EMOCIONAL

A Prisão Estadual de Soledad, com suas fileiras de prédios sombrios e monótonos, rodeados por concertinas de arame laminado, parece deslocada em meio às fazendas verdejantes de um belo vale próximo à baía de Monterey, na

Califórnia. As tensões às vezes se transformam em rebeliões. Muitos prisioneiros, e até mesmo guardas, foram apunhalados com lâminas improvisadas.

Eve Ekman, assistente social voltada para a área médica, esteve na prisão para compartilhar o programa CEB com sessenta prisioneiros.

Ron, que já estava na prisão havia quarenta anos, contou que há pouco tempo soube que finalmente seria posto em liberdade condicional. Ele descreveu as ondas de alegria, excitação e gratidão que se espalharam para os amigos da prisão e a família do lado de fora ao lhes contar a boa-nova.

No entanto, duas semanas depois, Ron ficou sabendo que a condicional havia sido negada. Arrasado, ele mergulhou em um profundo sentimento de impotência, seguido por ondas de tristeza e, depois, raiva. Ron ficou tenso, agitado e retraído, evitando qualquer contato de forma agressiva.

Quando Eve pediu a Ron que mapeasse as emoções em uma linha do tempo, ele percebeu que, depois de a raiva passar, buscou socorro emocional nos colegas de prisão. Visto por todos como um mentor, ele descobriu que todos o apoiavam. Enquanto Ron contava a história, alguns dos sessenta participantes o elogiaram, dizendo que ele era um "sujeito durão".

À medida que a sessão avançou, surgiu uma história comum a muitos prisioneiros, que falavam da sensação de nunca terem sido amados, cuidados, e de jamais terem se conectado a alguém, para depois encontrar consolo nas drogas e levar uma vida plena de medo, raiva e sofrimento. "A raiva", observou Eve, "era mais segura de se explorar do que a tristeza. A raiva foi a maneira que encontraram para fugir da tristeza."

Fazer uma linha do tempo das emoções permitiu aos prisioneiros se afastar do turbilhão emocional e ver que não precisavam ficar eternamente reféns de sentimentos opressivos. O mapa das emoções também ajudou a fazer essa classificação, além de alguns conceitos científicos básicos sobre as famílias de emoções.

A ideia que realmente abriu os olhos dos prisioneiros, no entanto, foi que, embora possam ser destrutivas e causar sofrimento, as emoções também podem gerar sentimentos construtivos. Eve deu o exemplo de como a raiva bem canalizada pode se tornar o combustível para protestos contra injustiças ou condições intoleráveis. Essa ideia, disse um deles, se alastraria como fogo em mato seco dentro da prisão.

Eve e o colega que a acompanhava se surpreenderam ao descobrir que, logo no primeiro encontro, prisioneiros endurecidos pela vida — muitos com mais de cinquenta anos — se mostraram abertos a falar sobre problemas emocionais e que, como Ron, grande parte deles dedicou muito tempo a refletir sobre a própria vida.[31]

Práticas de contemplação guiada forneceram ferramentas para os prisioneiros administrarem melhor seus mundos internos. Em uma dessas práticas, eles fizeram quatro perguntas a si mesmos:

Para mim, o que seria atingir a verdadeira felicidade?

O que o mundo precisa me dar para que eu consiga isso?

O que eu preciso fazer — que hábitos preciso aprender?

Por fim: como posso levar isso ao mundo de forma útil?

Em outra prática, os prisioneiros aprenderam a se acalmar ao se concentrarem nas sensações da respiração — e a descansar em um refúgio interno, sem ficarem presos ao passado ou preocupados com o futuro.

Essa orientação para o presente foi libertadora para muitos, especialmente após revelarem seus difíceis arrependimentos do passado. "Não dá para mudar o que já aconteceu", disse Eve, "mas vocês podem usar cada momento para definir uma nova motivação, uma nova aspiração."

No fechamento da sessão, os prisioneiros desejaram, em silêncio, o melhor a todos os presentes — e a si mesmos.

A vida nos dá tanto um termômetro de nosso progresso quanto nossa prova final.

Em nossa conversa, Eve Ekman me disse que planejava voltar a Soledad para treinar três prisioneiros, preparando-os para ensinar o CEB a quem estivesse interessado.

O CEB se inspira em alguns pontos que o Dalai Lama enfatiza para domar nossos impulsos emocionais destrutivos: um entendimento científico das emoções e métodos contemplativos que forneçam ferramentas para uma reação mais tranquila a situações tensas. "Um de nossos objetivos é permitir que as pessoas percebam que é possível cultivar uma sensação de tranquilidade", explicou Eve.

Outro ponto igualmente importante é refletir sobre a preocupação com os outros e cultivá-la. Ficar mais tranquilo e ter o pensamento claro contribuem enormemente para nosso bem-estar, mas apenas essas atitudes não são garantia de que usaremos tais habilidades para servir a uma força para o bem.

Para isso, é preciso algo mais: uma bússola moral.

3. A revolução da bondade

Todos os 8 mil lugares da Gwinnett Arena, na Universidade Emory, estavam ocupados quando o Dalai Lama entrou em cena. Como de hábito, ele caminhou até a beira do palco e olhou em volta, acenando para todos e cumprimentando eventuais amigos presentes.

Foi então que seu olhar se fixou em duas figuras que tentavam chegar a seus assentos, nas primeiras filas. Ele acenou para que os dois chegassem à beira do palco, mas a multidão era muito grande.

Então o Dalai Lama, para consternação da segurança do Departamento de Estado que o acompanhava, desceu do palco, foi até a plateia e seguiu direto até Richard Moore, um velho amigo, abraçando-o calorosamente e tocando as testas de acordo com o gesto tibetano de respeito mútuo.

Ao voltar para o palco, o Dalai Lama explicou: "Amor, amor, amor — ele pratica desde que era pequeno. É o meu herói".[1]

Aos dez anos de idade, Richard Moore voltava da escola quando ficou cego, atingido por uma bala de borracha disparada por um soldado britânico durante um dos conflitos na época recorrentes entre católicos e protestantes na Irlanda do Norte, seu país natal. Moore superou rapidamente o sentimento de pena por si mesmo e qualquer rancor em relação ao militar que disparou o tiro, perdoando-o, fosse ele quem fosse.

Anos depois, o Dalai Lama visitou a Irlanda do Norte e conheceu Moore, que lhe contou essa história. Cinco anos depois, Moore estava na plateia durante sua segunda visita à Irlanda do Norte — e ficou surpreso ao ouvi-lo dizer que o ponto alto de sua primeira viagem tinha sido conhecer um jovem que ficara cego devido a uma bala de borracha, mas perdoara o soldado britânico que o atingira.

A atitude de Moore foi se focar em suas habilidades, não na deficiência. Ele concluiu os estudos universitários e se tornou um empresário de algum sucesso. Moore acabou fazendo contato com a Children in Crossfire [Crianças em Fogo Cruzado], uma organização que busca melhorar a vida de crianças pobres de países como Tanzânia, Etiópia e Gâmbia — alguns em guerra.[2] O principal patrocinador da organização é o Dalai Lama, que se tornou grande amigo de Richard Moore.[3]

Como disse em homenagem a Moore: "Seu olhar pode ter sido arrancado de você, mas não sua visão".[4]

O que me chama a atenção é ver o Dalai Lama — alguém que milhões de pessoas idealizam — considerar Richard Moore seu herói pessoal, que vive a vida de compaixão e perdão que ele próprio abraça.

Existem, claro, muitas formas e níveis de compaixão. Vejamos, por exemplo, um rápido momento do encontro de uma semana entre o Dalai Lama e um grupo de cientistas. Enquanto falava, o Dalai Lama percebeu que um besouro entrou na sala, e gesticulou a um monge que se aproximasse.

Sem desviar a atenção da reunião, pediu ao monge que gentilmente tirasse o besouro dali, antes que alguém, desavisado, pisasse no inseto.

Um dia antes de receber o Prêmio Nobel da Paz, eu e minha esposa levamos um amigo para tomar chá com o Dalai Lama. Havia uma bandeja de doces sobre a mesa e, enquanto conversávamos, ele ficou de olho em uma *tartellete* de frutas particularmente apetitosa.

Então, quando parecia prestes a pegá-la, ele disse à minha esposa: "Pegue aquela para você".

No dia seguinte, quando terminou o burburinho na concorrida coletiva de imprensa do Nobel, a primeira pergunta veio de um repórter da Associated Press: "Qual é a sensação de ganhar o Prêmio Nobel?".

O Dalai Lama pensou por um momento, depois respondeu, "estou feliz", e fez uma pausa de alguns instantes antes de acrescentar, "por aqueles que queriam que eu ganhasse esse prêmio". E, quando soube do valor em dinheiro, sua preocupação imediata passou a ser para quem daria aquela soma.

O instinto compassivo e os pequenos e grandes atos de altruísmo surgem naturalmente no Dalai Lama. Ele diz que a compaixão deve ser nosso norte, nosso destino final neste GPS ético.

Ele argumenta que, para abraçar uma verdadeira preocupação pelos outros, devemos não só ser mais bondosos na vida diária, mas também nos libertarmos da reatividade baseada no cinismo. E assim nossa sociedade seria mais compassiva em relação aos desvalidos e àqueles sem voz.

Por outro lado, o Dalai Lama não pede que sejamos mais bondosos só porque ele quer. Em vez disso, argumenta que um conhecimento mais profundo sobre como nosso mundo emocional afeta quem está a nossa volta leva a uma perspectiva mais compassiva.

Então, "você chega à convicção", diz ele, "de que precisava daquilo para seu próprio bem-estar".

E, como costuma repetir: "No momento em que pensa nos outros, a sua mente se expande".

ALÉM DA RELIGIÃO

Um clérigo europeu certa vez disse ao Dalai Lama que a compaixão só pode vir através da fé na bênção de Deus, mas o monge descobrira que animais como golfinhos e elefantes podem demonstrar altruísmo.

Ao contar sobre essa conversa, ele comentou, rindo: "Ah, mas eu acho que até cachorros e gatos podem ter compaixão e acho que a fé não tem nada a ver com isso!".

Ao assumir essa abordagem, o Dalai Lama certamente desafia as conclusões fáceis de quem o vê apenas como figura religiosa. É claro que a compreensão do poder da compaixão vem de suas profundas reflexões espirituais sobre o sofrimento humano e o alívio desse sofrimento.

Porém, como líder mundial, ele põe de lado religião, ideologia ou qualquer sistema de crenças baseado na fé ao buscar as bases para a ética da compaixão.

Ele observa que, durante séculos, a religião forneceu uma base ética — mas, com a separação entre filosofia e teologia, o pós-modernismo e a "morte de Deus", muitos indivíduos se viram sem qualquer base para a ética.[5]

Além disso, é muito comum que os debates sobre ética gerem uma polarização entre quem é capturado por discursos extremistas, particularmente quando a discussão gira em torno de crenças religiosas.

Os responsáveis pelas revoltas que nos chegam diariamente pelo noticiário muitas vezes invocam como justificativa de seus atos a religião — seja budismo, islamismo, cristianismo, hinduísmo ou qualquer outra.

Além desses, há os fiéis de visão curta, como os define o Dalai Lama, que colocam as mãos ao lado dos olhos, como antolhos, "que dizem que todas as criaturas são iguais, mas privilegiam a própria fé, esquecendo a perspectiva mais ampla".

Essas atitudes mostram que, "bem no fundo", esses indivíduos não levam os valores morais de sua religião a sério e por isso distorcem ou escolhem a dedo algumas fontes textuais, ignorando outras, para servir aos próprios propósitos. "Se não tivermos a convicção básica no valor da compaixão, o efeito da religião será muito limitado."

As religiões tiveram milhares de anos para promover a ética — e muitas vezes não conseguiram, acrescenta ele. Além disso, embora abnegação e bondade sejam ideais encontrados na maioria dos ensinamentos de fé, essas virtudes também existem em sistemas éticos laicos.

Há inúmeras pessoas, diz o Dalai Lama, "que estão preocupadas com toda a humanidade e, ainda assim, não têm religião. Penso em todos os médicos e outros profissionais que prestam ajudam humanitária em Darfur, no Haiti e em outros lugares que sofrem com conflitos ou catástrofes naturais. Alguns são pessoas de fé, mas muitos não são".

Além disso, acrescenta, "a preocupação desses indivíduos não é com esse ou aquele grupo, mas com seres humanos. O que os move é compaixão genuína — a determinação de aliviar o sofrimento dos outros".[6]

Enumerando os vários caminhos que levam à compaixão, o Dalai Lama cita o exemplo de "marxistas genuínos" que "têm esse sentimento em relação a toda a classe trabalhadora do planeta".[7] Ele também louva a dedicação de muitos grupos cristãos que ajudam os pobres.

Apesar de ver na compaixão um tema comum a todas as grandes religiões mundiais, ele prefere uma abordagem mais universal — que costuma denominar de "secular", não no sentido de excluir o religioso, mas de incluir a todos.[8]

"Minha preocupação são os 7 bilhões de seres humanos vivos neste instante, inclusive o 1 bilhão de ateus."

O Dalai Lama vê a possibilidade de encontrar um ponto de acordo entre as várias ideologias e religiões — e entre aqueles que não abraçam uma fé —, enfatizando os valores compartilhados por todos. Mesmo aqueles aferrados a ideologias que nos dividem, explica ele, podem chegar a um acordo básico sobre um conjunto central de valores éticos humanos, que promove qualidades como autodisciplina e contentamento, compaixão e perdão.

Poucos discordam do valor dessas qualidades, se é que alguém discorda, particularmente da compaixão. Mas a base para essa ética se resume a "construir as fundações para uma vida feliz".

A felicidade e a compaixão genuínas andam de mãos dadas.

A DEFESA DA COMPAIXÃO

"Minha mãe não teve educação, era analfabeta — uma agricultora", relembra o Dalai Lama, "mas era muito bondosa. Meus irmãos e irmãs dizem que nunca a viram com raiva."

Uma das lembranças mais antigas do Dalai Lama, de quando ainda era pouco mais que um bebê, é a da mãe carregando-o nos ombros pacientemente ao ir para o campo; enquanto trabalhava ou cuidava dos animais, ela brincava com o filho. Ele lhe segurava as orelhas e a "cavalgava" puxando uma ou outra. "Se ela não fosse para o lado indicado, eu gritava e chutava!", conta ele, entre risos, se lembrando de como ela era sempre bondosa.

"Sou um homem de sorte", concluiu. "As primeiras sementes da minha compaixão foram plantadas por minha mãe."

Ao defender que a natureza humana é compassiva, o Dalai Lama recorre à ciência, à razão e à nossa própria experiência. Os fundamentos da nossa biologia e da nossa experiência compartilhada como seres humanos mostram que "somos animais sociais", equipados com "um sentimento de preocupação com o bem-estar do outro".

Quando somos recém-nascidos, acrescenta ele, nossas mães têm enorme afeto por nós, e confiamos nelas completamente, contando com seus cuidados para nossa sobrevivência ao longo dos primeiros anos de vida.

Carregamos esse modelo de confiança e ligação por toda a vida, e nos sentimos mais felizes sempre que rodeados por uma atmosfera de afeto.

A falta de afeto, ao contrário, seja na infância ou na vida adulta, prejudica nosso bem-estar.

"Criancinhas não se importam com cargo ou escolaridade, com riqueza ou pobreza", diz ele. "É o seu sorriso" que faz diferença.

O Dalai Lama compartilha uma descoberta que lhe contaram há tempos: o cérebro de recém-nascidos que são sempre levados ao colo com carinho se desenvolve melhor que o de bebês negligenciados que quase nunca são tocados, muito menos carregados no colo.[9] Bebês separados dos pais se mostram medrosos e desamparados, assim como macacos separados das mães quando bebês crescem mais nervosos e agressivos.[10]

Ser levado no colo com amor pela mãe parece intrinsecamente ligado ao que foi projetado pela natureza para o crescimento saudável de uma criança. "Se recebemos o carinho de nossa mãe, nosso corpo e nossa mente serão mais saudáveis." As crianças que não têm esse carinho, no entanto, "têm, bem no fundo, um sentimento de insegurança danoso à saúde e ao desenvolvimento mental adequado".

O Dalai Lama está convencido de que bebês nascem com sensibilidade moral, e essa convicção se deve, em parte, a descobertas científicas como as de Kiley Hamlin, psicóloga do desenvolvimento na Universidade da Colúmbia Britânica. Ela lhe mostrou um vídeo da pesquisa feita com bebês que assistiram a um desenho animado com três formas: um círculo, um quadrado e um triângulo, todos com olhos grandes e bonitos.

O círculo luta para subir uma colina, o triângulo se aproxima e lhe dá um impulso até o topo. Então o círculo tenta se mexer de novo e o quadrado entra em cena, empurrando-o colina abaixo.

Depois disso, os bebês, diante da opção de escolher brinquedos no formato do triângulo bondoso ou do quadrado malvado, invariavelmente escolhem o primeiro. O mesmo acontece quando um fantoche de cachorrinho tenta abrir uma caixa e o coelhinho ajuda — ou outro bicho fecha a tampa.

Os estudos foram feitos, com as variações necessárias, com bebês de três, seis ou nove meses sentados no colo das mães.[11] A preferência pelo mais bondoso ocorre mesmo com bebês de três meses (jovens demais para estender a mão em direção ao fantoche), e é medida pelo tempo em que a criança olha para o fantoche preferido.

"Quando começa a bondade? Bebês e crianças já demonstram essa qualidade", explicou Hamlin ao Dalai Lama. "Embora costumemos pensar que estão interessadas apenas nos próprios desejos, quando têm oportunidade, crianças de menos de dois anos mostram generosidade. Descobrimos que elas têm vontade de compartilhar — de dar coisas de presente. E que isso as deixa felizes."

"Elas já conhecem o mapa das emoções" de forma rudimentar, diz o Dalai Lama, sugerindo que a tendência inata ao bem estimula as crianças a ter compaixão, principalmente quando os pais são afetuosos.

Jenny, de apenas dois anos e meio, reagiu ao choro de um bebê dando-lhe um biscoito. Como isso não ajudou, ela mesma começou a choramingar, depois tentou passar a mão pelos cabelos do pequenino. Mesmo depois que o bebê se acalmou, ela lhe trouxe brinquedos e lhe fez carinho na cabeça. Esse breve momento de compaixão foi notado pela mãe de Jenny, que mantém um diário como parte da pesquisa sobre as raízes da empatia.

Uma série de estudos semelhantes realizados no Instituto Nacional de Saúde Mental dos Estados Unidos descobriu que crianças de menos de dois anos de idade parecem estar universalmente em sintonia com o sofrimento de outras crianças e, na maioria das vezes, tentarão ajudar de alguma forma.[12] Quando vê um bebê chorar, uma criança de um ano costuma chamar a própria mãe para consolar o outro. E, se vê o outro bebê machucar o dedo, é bem provável que coloque o próprio dedo na boca para ver se dói também.

Por volta de dois anos e meio, no entanto, as crianças começam a divergir em termos de preocupação empática. Um fator parece ser como os pais lhe dirigem a atenção. Filhos tendem a ser mais empáticos quando os pais lhes chamam a atenção sobre como um mau comportamento afeta outra criança. Ou seja, a frase "veja como você a deixou chateada" funciona melhor que "você foi malvado quando bateu nela".

Alguns teóricos apontam para essa preocupação empática ao argumentar que a evolução humana se baseou em cooperação e altruísmo.[13] A teoria diz que nascemos altruístas, mas podemos ser afastados dela por experiências sociais posteriores em sistemas competitivos como a escola.

O Dalai Lama enxerga no cuidado instintivo dos pais com os filhos pequenos — que morreriam se não fosse assim — outro sinal de uma poderosa predisposição biológica para o carinho e a compaixão. Em contraponto a esse instinto mamífero, observa ele, alguns répteis e insetos comem os filhos, quando têm chance.

Quando busca a ajuda da ciência para sustentar o argumento a favor da compaixão inata, o Dalai Lama está em boa companhia. Jerome Kagan, psicólogo de Harvard, disse-lhe que, "embora os seres humanos herdem uma predisposição biológica a sentir medo, ciúme, egoísmo e inveja, e para serem rudes, agressivos ou violentos, também herdamos tendências biológicas mais fortes para a bondade, a compaixão, a cooperação, o amor e o cuidado — especialmente em relação aos mais necessitados".

Essa bússola ética inata, conclui ele, "é uma característica biológica da nossa espécie".[14]

EGOÍSMO SÁBIO

Alguns anos atrás, minha esposa e eu tivemos um inesperado tempo livre com o Dalai Lama enquanto ele aguardava o início de um evento em Montreal. Ele nos contou que estava voltando da Áustria, onde passara algum tempo fazendo compras.

Aquilo nos surpreendeu — o Dalai Lama raramente faz compras. Minha esposa perguntou o que ele havia comprado.

"Um brinquedo para o meu gato."

Era um arame comprido com um ratinho de brinquedo na ponta, que ele usaria para brincar com o gato — e seu rosto se iluminou ao contar isso.

"Alguém encontrou um gatinho pequeno e desconfiado perdido na rua e trouxe para mim", explicou ele. "Se ficasse lá, o bichinho teria morrido. Então resolvi ficar com ele. Agora ele ama a pessoa que o alimenta — eu."

Emoções positivas como amor, alegria e senso de humor trazem muitos benefícios à saúde, desde fortalecer o sistema imunológico até diminuir o risco de doenças. "A constituição do nosso corpo nos guia para emoções positivas."[15]

Em contraponto, "o medo, a raiva e o ódio constantes nos consomem", explica ele. Várias descobertas científicas mostram que uma dieta regular de emoções negativas mina a eficácia do sistema imunológico e contribui para doenças que vão desde diabetes até problemas cardíacos; a hostilidade crônica tende a abreviar a vida.

Pessoas que vivem na pobreza, por exemplo, têm taxas de ataque cardíaco maiores que a média — e o sofrimento emocional trazido pelas dificuldades da vida parece erodir a saúde cardiovascular[16] e a capacidade de se recuperar do estresse. Por outro lado, sentimentos de alegria e positividade geralmente aceleram a recuperação do corpo contra a perturbação biológica causada por emoções negativas. Assim, descobriu a pesquisa, diminuir a ansiedade e aumentar a sensação de felicidade é bom para a saúde, diminuindo o risco de doenças cardíacas.[17]

Como animais sociais, temos uma necessidade biológica pelo calor do contato, observa o Dalai Lama, acrescentando que a solidão pode se tornar uma fonte de estresse. Mais ainda do que a mera presença física, são o afeto, a compaixão e o senso de preocupação que nos reconfortam — a sensação de pertencer a um grupo que se importa com o bem-estar de todos.[18]

E também há o argumento do senso comum. Todos já vimos, disse ele, que uma família com poucos recursos financeiros mas com muito afeto é feliz. Até mesmo quem a visita fica mais tranquilo ali, ao sentir o afeto.

Uma família que não tem afeto não só será infeliz, como também enviará sinais de tensão que deixarão desconfortável quem os visitar. Mesmo que a decoração seja de bom gosto, a falta de conexão emocional nos deixa frios.

"Ah, pensa o visitante, é melhor ter cuidado aqui", exemplifica. "Quando a família é afetuosa, assim que entra na casa, você se sente completamente relaxado."

Ser o que o Dalai Lama chama de "egoísta tolo" significa perseguir apenas interesses próprios e mesquinhos de formas que funcionarão a curto prazo, mas podem atrair animosidades no futuro.

Entre os sinais de que alguém é egocêntrico demais e tende para a zona destrutiva estão o fato de se frustrar facilmente, de ser escravo da própria vontade e não ter consideração pelas necessidades de outras pessoas. A visão se estreita, limitando a capacidade de enxergar o contexto maior; em vez disso, vemos o mundo de acordo com nossos próprios interesses e com a imagem que fazemos de nós mesmos — ou que projetamos para os outros por meio de nosso eu social.

"Egoísmo sábio" significa ver que nosso próprio bem-estar está inserido no bem comum — em ser compassivo. A compaixão é boa para quem a pratica, ressalta o Dalai Lama, não apenas para quem a recebe. E esse é o terceiro argumento: a primeira pessoa a se beneficiar da compaixão é quem a sente.

O afeto que recebemos depende, em grande medida, do afeto que damos, mas, além dessa simples equação emocional, a compaixão também nutre uma felicidade interna independente de receber bondade. É por isso, diz ele, "que amar é ainda mais importante do que ser amado".[19]

Parece haver um "barato de quem ajuda", em que os circuitos cerebrais do prazer — de quando esperamos pela sobremesa, por exemplo — se ativam quando nos concentramos mentalmente em ajudar alguém. Junto com essa recompensa interna, os circuitos que disparam quando nos concentramos em nós mesmos e em nossos problemas se acalmam.[20]

No Japão, em resposta a uma trágica onda de suicídios de jovens, o Dalai Lama aconselhou a juventude a se voluntariar para ajudar os necessitados de países do Terceiro Mundo. Ajudar a quem precisa traz um sentido a nossa vida — um fato reconhecido por psicólogos como chave para o bem-estar pessoal.

Ao desviar a atenção da dieta mental rotineira de ansiedade, frustrações, esperanças e medos, a compaixão leva nossa atenção para algo maior que nossas preocupações mesquinhas. Esse objetivo maior nos dá energia e nos liberta de problemas internos, o que, por si só, já nos deixa mais felizes.

A mudança da preocupação consigo mesmo evoca um incidente relatado por Eve Ekman. Uma mulher lhe confidenciou que estava transtornada porque a filha de vinte anos saíra em uma viagem de duas semanas e não mandara qualquer notícia — nenhuma ligação, nenhuma mensagem. Ela estava prestes a lhe enviar um e-mail irritado, que instilasse culpa na jovem.

A mulher percebia, no entanto, que alguma coisa não parecia certa, que estava "reagindo de maneira estranha em relação à situação".

Eve perguntou se aquilo era um padrão comum para a mulher — uma pergunta de rotina dos programas CEB.

Isso a levou a se lembrar de que, quando era adolescente, os pais a deixavam em uma colônia de férias — e ela ficava sem notícias deles o verão inteiro, o que fazia com que se sentisse deixada de lado, abandonada.

A mulher percebeu que a intensidade de seus sentimentos estava fora de proporção com a realidade. "Não foi um trauma imenso", contou Eve, "mas ainda estava presente, no conjunto de gatilhos que ela desenvolveu."

Assim, a mulher praticou a compaixão por si mesma — pela tristeza que sentira quando era jovem. Ao fazer isso, percebeu que o sentimento em relação aos pais arrefecera. "Parecia perdão", disse Eve.

E, ao tomar consciência de sua reatividade ao se sentir ignorada, a mulher decidiu não escrever o e-mail que deixaria a filha culpada. Em vez disso, percebeu que desejava que a filha fosse livre para ter uma vida plena.

"A compaixão reduz o medo, aumenta a confiança e abre caminho para nossa força interior", explica o Dalai Lama. "Ao diminuir a desconfiança, ela nos deixa mais abertos e nos traz um sentimento de conexão a outras pessoas e de objetivo e sentido na vida."[21]

Para o Dalai Lama, a compaixão não significa apenas simpatia ou caridade por outrem. Ela nos abarca também. "A palavra seria autocompaixão",[22] disse ele a um grupo de psicólogos muito tempo atrás. Para cultivar a compaixão genuína, precisamos assumir a responsabilidade de cuidar de nós mesmos e nos preocuparmos com o sofrimento de todos — inclusive o nosso.

UM SENSO DE UNIDADE

O Dalai Lama estava nos bastidores do Civic Auditorium, onde aguardava a chegada do prefeito de San Francisco, que o receberia oficialmente na cidade e sofrera um atraso a caminho da cerimônia. Havia vários luminares circulando por ali, mas o Dalai Lama preferiu ficar conversando com um dos assistentes de palco.

Quando a Guerra Fria estava chegando ao fim, o Dalai Lama visitou Mikhail Gorbatchóv. Ao entrar no enorme e impressionante Kremlin, o Dalai Lama parou um instante para cumprimentar um dos guardas da entrada. O homem disse que aquela fora a primeira vez, em 25 anos de trabalho, que algum dignitário o notara.

Vi isso acontecer inúmeras vezes: o Dalai Lama trata a todos igualmente, "sejam mendigos ou ocupantes de altos cargos — sem diferenças, sem distinções".[23]

Ele serve de modelo para o cuidado pessoa a pessoa com base no entendimento da semelhança essencial entre os indivíduos em um nível mais profundo que as distinções superficiais de etnia ou nacionalidade, religião, gênero e afins. Essas são diferenças secundárias; no fundo, somos simplesmente seres humanos, diz o Dalai Lama.

O sentimento de autoimportância pode ser outra barreira entre nós. Ele vivencia isso intensamente no papel de Dalai Lama.

"Se, em minhas viagens, eu dissesse a todos 'sou Sua Santidade, o Dalai Lama'", explica ele com voz pomposa, "estaria em uma prisão. Isso cria uma barreira — e fico sozinho. Por isso, eu sempre digo, 'sou só mais um ser humano', porque assim não há barreira."

Certa vez, em um de nossos encontros, o Dalai Lama tinha acabado de visitar o dr. Aaron Beck, que escrevera um livro chamado *Prisoners of Hate* [Prisioneiros do ódio]. Ao mencionar o livro, ele observou: "Se enfatizasse que 'sou o 14º Dalai Lama', eu também seria prisioneiro!".

"A sensação de ser especial também é uma forma de autoengano", acrescentou.

"Não pensem em mim como algo especial ou como um estranho", ele costuma dizer ao público. "Sempre que falo com uma ou milhares de pessoas, considero que somos todos iguais — as mesmas emoções, o mesmo corpo. Então nos sentimos mais próximos."

Aonde quer que vá, o Dalai Lama ressalta a seguinte mensagem: apesar das diferenças na superfície, sob a pele somos semelhantes; nossos corações e mentes têm as mesmas conexões. Ele nos conclama a enxergar a unidade da humanidade, que somos, como ele diz, "irmãos e irmãs", com necessidades em comum, de forma que "o interesse deles é o meu interesse. Basicamente, cada ser é o mesmo. Todos temos direito a ser felizes e superar o sofrimento".

A compreensão da humanidade que todos compartilhamos, explica ele, nos leva à compaixão por todos. A tolerância se aplica a todos os lugares, a todas as divisões. Ela se estende, por exemplo, à orientação sexual — desde que o indivíduo não faça mal e se mantenha seguro, não deveria haver qualquer discriminação nesse sentido. "É uma questão de foro íntimo."

E o que nos conecta na base, apesar de todas as aparentes diferenças?

Em "nossa busca pela felicidade e prevenção do sofrimento, somos todos fundamentalmente os mesmos, por isso, iguais [...]. Apesar de todas as características que nos diferenciam — raça, língua, religião, gênero, riqueza e muitas outras —, somos todos iguais em nossa humanidade básica".[24]

AMAR A TODOS

Pessoas de todas as partes do mundo admiram o Dalai Lama por encarnar qualidades como humildade, resiliência e compaixão. Mas quem, perguntei, o inspira?

O primeiro nome mencionado é o de Shantideva, sábio indiano do século XVIII cujo texto *Guia do estilo de vida do Bodissatva: um poema budista* é citado constantemente pelo Dalai Lama.[25] O *Guia* delineia um programa completo da disciplina ética e do treinamento mental concebidos para atingir a compaixão sem limites.

Embora voltado para monges de eras remotas, os princípios gerais podem ser amplamente aplicados aos tempos modernos. A visão do Dalai Lama — como a inspiração para começar reformando nosso próprio mundo interior — parece refletir esse texto. Ele reconhece, no entanto, que há muitos outros caminhos para chegar ao mesmo destino.

Diz Jesus em Mateus 5,43-45: "Vocês ouviram o que foi dito: 'Ame o seu próximo e odeie o seu inimigo'". Ele, no entanto, acrescenta: "Mas eu lhes digo: Amem os seus inimigos e orem por aqueles que os perseguem, para que vocês venham a ser filhos de seu Pai que está nos céus. Porque ele faz raiar o seu sol sobre maus e bons e derrama chuva sobre justos e injustos".

Em um encontro com cristãos contemplativos em Londres, foi pedido que o Dalai Lama comentasse essa passagem, entre várias outras dos quatro Evangelhos do Novo Testamento, segundo sua perspectiva espiritual.[26] A orientação de Jesus, disse o Dalai Lama ao grupo de cristãos, lhe trouxe à mente uma pergunta de Shantideva: "Se você não pratica a compaixão pelo inimigo, com quem mais vai praticar?".

Shantideva explica que, se você consegue ter essa atitude em relação aos inimigos, eles se tornam seus "melhores professores espirituais", porque lhe dão a oportunidade de aprimorar qualidades como a tolerância, a paciência e a compreensão.[27]

Esse nível de compaixão, obviamente, indica uma instância superior — algo que a maioria das pessoas não consegue alcançar facilmente. A hostilidade contra aqueles que nos causam mal vem naturalmente. Logo, concluiu o Dalai Lama, ouvir alguém nos dizer para "amar nosso inimigo" não é o bastante para gerar uma mudança.

Ainda assim, o que o Dalai Lama chama de compaixão "genuína" abarca *todo mundo*, sem exceção — não apenas aqueles de quem gostamos. Ele considera esse sentimento um ideal, um objetivo a ser alcançado.

Mesmo nossos inimigos, diz o Dalai Lama, "são parte da humanidade. Eles são, na verdade, nossos irmãos e irmãs, então é preciso cuidar deles. E, seja direta ou indiretamente, nosso futuro depende deles".

É um grande desafio a conquistar. A compaixão genuína vai além de nossa tendência inata ao favorecimento com base em proximidade genética ou semelhança superficial.[28] O Dalai Lama explica que, quando dizemos, "eu amo meu primo, meus companheiros de religião, país ou cor", a preferência limita nosso afeto.

Ele insiste que, com a prática correta, podemos partir do nosso nível de afeto normal e atingir um amor universal que não faz distinções, em que "não nos importamos com a fé, a nacionalidade ou a posição social — por serem todos humanos, são todos nossos irmãos e irmãs".

O Dalai Lama reconhece que, para muitos de nós, o ideal de compaixão global soará como um mero desejo. Essa parte da visão parece uma aspiração difícil de alcançar.

Falando de maneira mais prática, no entanto, seguimos nessa direção sempre que somos confrontados com o sofrimento de alguém e o ajudamos, mesmo que não o conheçamos. Nossa ação compassiva não é condicional — não depende de como a pessoa nos tratou ou se temos algum tipo de relacionamento com ela. Quando vemos o sofrimento, fazemos o que podemos.

O refrão de um clássico do rock da década de 1960 dizia "tentem amar uns aos outros agora".* Aqui, a palavra-chave é "tentem". Não é fácil, especialmente com o imperativo "agora". O amor não obedece a comandos — isso parece um sonho inatingível (e, nos anos 1960, não faltava aos jovens combustível para sonhar).

---

* "Get Together", The Youngbloods. (N. T.)

Como aspiração, no entanto, argumenta o Dalai Lama, esse sentimento de coração aberto representa um objetivo que tentamos alcançar passo a passo. "Na economia", explica ele, "desenvolvemos planos de cinco e dez anos para mudança e crescimento. Isso é ótimo, mas precisamos desenvolver planos semelhantes para cultivar a compaixão e um coração caloroso."[29]

O que não funciona: ficar apenas repetindo "compaixão, compaixão, compaixão" mil vezes não nos serve de nada, diz o Dalai Lama. Em vez de abraçar a bondade sem tomar qualquer atitude, precisamos ter autoconfiança e convicção plena do que queremos para cultivar a capacidade de ter compaixão, reconhecendo-lhe o valor. O verdadeiro teste não está no que abraçamos, mas no que fazemos.

Segundo o Dalai Lama, nosso afeto natural e biologicamente direcionado às pessoas mais próximas pode ser combinado ao poder do intelecto para estender nosso amor de forma indefinida. A ampliação gradual de nosso círculo de preocupações para abraçar a humanidade como um todo não ocorre naturalmente: é um esforço que exige cultivo contínuo.

O processo pode ser mais fácil se reduzirmos a força de nossas próprias emoções destrutivas — raiva, ciúme e todas as outras. Superar nossas reações emocionais é, por si só, uma forma de compaixão, não apenas por nós mesmos, mas por todos com quem nos relacionamos.

Qualquer um com a motivação certa pode conseguir isso, acrescenta o Dalai Lama. O mapa de emoções ajuda, particularmente, a entender como outras atitudes mentais fortalecem a compaixão — tais como tolerância, paciência e perdão.

Essa abordagem se baseia no bom senso e na razão — não é preciso religião.[30] Ainda assim, para aqueles que têm fé religiosa, a razão pode aprofundar convicções, aponta. "A fé se torna um método para aumentar nossa capacidade de praticar a compaixão", conclui o Dalai Lama.

Há, porém, um caminho mais universal rumo à compaixão. As tradições espirituais têm uma longa história de exortação de seus seguidores à benevolência, mas o cultivo da compaixão ganhou um novo aliado: a ciência.

4. Parceria com a ciência

Digamos que você veja dois homens com dez dólares, que devem dividir o valor pela metade. Em vez disso, o que está com o dinheiro dá ao outro apenas um dólar, ficando com os outros nove.

Neste caso, porém, há regras especiais que permitem que você obrigue o avarento a dar mais dinheiro: se você der dois dólares seus, o homem terá que dar quatro dólares à vítima.

Esse é o mecanismo do "Jogo da Redistribuição", usado para medir o altruísmo de acordo com o que alguém faz e não apenas com o que diz. Cultivar uma atitude compassiva pode nos fazer mais altruístas?

A pergunta assumiu um novo significado quando o Centro para Investigação de Mentes Saudáveis da Universidade de Wisconsin [CIHM, na sigla em inglês], em Madison, liderado por Richard Davidson, pediu a voluntários que praticassem um método para cultivo de uma atitude compassiva.[1] O estudo sobre a compaixão avaliou métodos adaptados das tradições religiosas do Tibete e Sudeste Asiático. Em vez de tentar construir do zero as ferramentas para aprimorar a compaixão, cientistas como Davidson decidiram modificá-las, adaptando-as a uma sensibilidade moderna — e até cética.

Um exercício, por exemplo, pedia ao voluntário que se lembrasse de um tempo de dificuldades e sofrimento — e depois desejasse, com fervor e cuidado: "Que eu possa me libertar do sofrimento [...]. Que eu experimente a paz e a alegria".

Em seguida, o voluntário deveria pensar em alguém por quem tivesse afeto e repetir os mesmos desejos.

Depois, ele deveria fazer o mesmo para um conhecido e para todos os habitantes do planeta.[2]

Outro grupo de voluntários — o grupo de comparação — aprendeu um método derivado da terapia cognitiva para reavaliar problemas; essa técnica os ajudou a pensar sobre determinado evento a partir de diferentes perspectivas. Depois de apenas duas semanas de prática do exercício, trinta minutos por dia, os voluntários jogaram o Jogo da Redistribuição.

De início, todos tinham a mesma quantidade de dinheiro. Ao jogar, os que foram escolhidos ao acaso para ter uma atitude compassiva deram significativamente mais dinheiro do que os que fizeram o treinamento de reavaliação cognitiva.

Além disso, tomografias realizadas nos voluntários durante a exibição de imagens de pessoas em sofrimento — tais como imagens de vítimas de incêndios — revelaram que certas mudanças em duas redes cerebrais específicas indicavam o grau de altruísmo da pessoa. Quanto maior a atividade, mais generoso era o indivíduo durante o jogo com a vítima de trapaça.

Um desses circuitos neurais nos ajuda a assumir a perspectiva de outra pessoa; neste caso, da vítima de injustiça. O outro, surpreendentemente, era de uma emoção positiva: faz bem agir com compaixão.

A história desse estudo se inicia anos atrás, após os vários dias que o Dalai Lama passou em intensos diálogos com um pequeno grupo de cientistas. O tópico fora escolhido por ele: "emoções destrutivas".

Em dado momento, ele disse para Richie (apelido de Richard Davidson): "Em minha tradição, temos muitos métodos comprovados para gerenciar emoções destrutivas. Eu lhe peço que os tire do contexto religioso, estude-os com rigor e, se considerar que existem benefícios, divulgue-os por toda parte".[3]

Essa missão se tornou um dos principais temas dos laboratórios de neurociência daquela universidade, comandados por Richie, que está entre o punhado de cientistas mais próximos do Dalai Lama. Quando pedi a ele que enumerasse cientistas que conhecesse bem e admirasse, ele disse: "O Richie, inclusive, eu adoro".

Com o estímulo do Dalai Lama, Richie fundou o Centro para Investigação de Mentes Saudáveis. Uma das missões do centro é estudar os melhores caminhos para chegar à compaixão. Tomemos como exemplo o currículo de bondade que está sendo testado em uma pré-escola da região.[4] As crianças recitam juntas uma promessa de bondade: "Que tudo que eu pense, diga ou faça não machuque ninguém e ajude a todos".

Outro exemplo: a criança que é bondosa com alguém ganha uma "semente de bondade", plantada no grande pôster de um "jardim da bondade".

Os pequenos também têm "amigos de barriga": a criança coloca seu animal de pelúcia favorito sobre a barriga, depois se deita e se acalma, prestando atenção ao brinquedo subindo e descendo enquanto inspira e expira. O currículo de bondade abarca vários métodos como esses, todos voltados para ajudar crianças em idade pré-escolar a serem mais calmas e bondosas.

Essas crianças, todas com idade entre quatro e cinco anos, estão no ápice de uma fase de desenvolvimento em que se tornam mais egoístas, autocentradas e egocêntricas. Para avaliar os efeitos do programa, um desafio foi apresentado às crianças após um semestre.

Cada uma recebeu adesivos interessantes (nessa idade, crianças são fascinadas por adesivos), que deveria distribuir em vários envelopes: um que trazia sua própria foto, outro com a imagem do melhor amigo, o terceiro com uma criança desconhecida e o quarto com uma criança doente.

Ao longo do semestre, as crianças em idade pré-escolar do grupo de controle, que não participou do programa, se mostraram mais egoístas com a distribuição de adesivos — ao contrário dos colegas que cursaram o currículo de bondade. A tendência ao egoísmo em crianças de cinco anos pode ser contornada. E essa mudança rumo a um coração mais caloroso não é voltada apenas a crianças.

PAIXÃO DE INFÂNCIA

Na primeira de muitas visitas às unidades de pesquisa cerebral de Richie na Universidade de Wisconsin, o Dalai Lama estava ansioso para ver todos os dispositivos — a ressonância magnética, a tomografia por emissão de pósitrons e por aí vai. O que realmente lhe chamou a atenção, no entanto, foi a oficina repleta de ferramentas de precisão onde trabalhavam os responsáveis pela manutenção das sondas cerebrais.

Eram ferramentas assim, disse ele, um tanto melancólico, que desejava ter quando era criança.

A proeminência da ciência na agenda pessoal do Dalai Lama tem raízes na infância em Lhasa. Ele adorava mexer em relógios e tudo o mais que fosse mecânico. O Dalai Lama chegou a consertar um farol e trabalhar em dois carros que chegaram àquela cidade remota (transportados pelas trilhas montanhosas, peça a peça, por carregadores). Ele consertou os geradores que forneciam energia elétrica à sua antiga casa, o antigo e imponente Palácio de Potala.

Certa vez eu lhe perguntei: "Por que você, que foi criado para ser um líder religioso, se interessa tanto pela ciência?".

A espiritualidade e a ciência, respondeu, não estão em conflito — ao contrário, são estratégias alternativas na busca pela realidade. O Dalai Lama enxerga uma parceria entre ambas, particularmente a serviço da compaixão. Como base para uma ética da compaixão, argumenta ele, a ciência pode atingir uma parcela muito maior da humanidade do que qualquer fé religiosa.[5]

Ao falar do interesse pela ciência a um repórter do *Wall Street Journal*, o Dalai Lama o explicou em termos de ética moral e da necessidade universal de encontrar paz interior e melhores soluções para os problemas. "Se eu oferecer métodos do budismo, muita gente não vai ouvir por ser 'apenas religião'." Se, no entanto, a ciência disser que esses métodos funcionam, "então, haverá uma maior abertura".

Desde que se refugiou na Índia, o Dalai Lama buscou contato com cientistas, e vários deles se tornaram seus tutores. Um dos primeiros foi o falecido neurocientista Robert ("Bob") Livingston, da Universidade da Califórnia, em San Diego, de quem o Dalai Lama lembra com muito carinho. Livingston o visitou várias vezes em Dharamsala, fazendo as vezes de conselheiro científico e tutor.[6]

Em suas muitas visitas ao Ocidente, o Dalai Lama se encontra regularmente com o eminente físico quântico britânico David Bohm e seu colega alemão, Carl Friedrich von Weizsäcker, e também com Wolf Singer, que durante muitos anos dirigiu as pesquisas cerebrais no Instituto Max Planck, na Alemanha. O filósofo da ciência Karl Popper explicou ao Dalai Lama o princípio de "falseabilidade", que afirma que hipóteses científicas devem ser formuladas de forma que se possa provar, por testes adicionais, se estão erradas ou corretas — uma qualidade da abordagem empírica que o Dalai Lama admira.

E ele continua a se encontrar com Paul Ekman. Especialista em retórica, o Dalai Lama adora discutir com cientistas "maduros" — particularmente aqueles que conhece bem —, que considera serem "mais cabeça aberta, mais isentos do que gente religiosa".

"A ciência não se baseia em diferenças de fé ou nacionalidade", diz ele. "Vejo nos cientistas um internacionalismo genuíno." Ele vê nessa atitude de imparcialidade mais um ponto forte da ciência.

Por outro lado, embora absolutamente aberto a métodos e visões científicas, o Dalai Lama não está disposto a abandonar o próprio ponto de vista religioso em prol de uma fé cega na ciência. Ele considera a ciência uma das formas de travar contato com a realidade, limitada por suas metodologias e hipóteses, como qualquer outra forma de conhecimento. A ciência conhece bem alguns aspectos da realidade, mas não a totalidade.

"Mesmo os cientistas têm emoções que criam problemas", continua ele. "Quando a ciência nos dá informações úteis sobre como aumentar o bem-estar e diminuir emoções destrutivas, elas se tornam mais convincentes — e isso também ajuda os cientistas!"

Uma das declarações mais provocadoras do Dalai Lama é: o que comumente enxergamos como "ciência psicológica" é um mero "jardim de infância" no que diz respeito ao mapeamento da mente. A psicologia moderna, diz ele, "precisa desenvolver mais conhecimento, em especial métodos para lidar com emoções destrutivas".

Embora essa opinião não faça sentido para meus colegas psicólogos, para mim faz, da seguinte maneira: quando comparamos a psicologia indiana tradicional à psicologia moderna no que diz respeito a diminuir o poder das emoções turbulentas e cultivar as positivas, como a equanimidade e a compaixão.

Quando estive no sul da Ásia como pesquisador visitante durante meu pré-doutorado, me deparei com um texto do século V mencionado pelo Dalai Lama, um extrato da "antiga psicologia indiana".[7] Fiquei impressionado diante da precisão com que o texto delineava métodos específicos para mudar nossos estados emocionais e mentais (sem mencionar os estados transcendentais, que hoje estão muito distantes dos interesses da psicologia).

Ao retornar ao sul da Ásia, já no pós-doutorado, estudei o *Abhidharma*, um texto mais detalhado que explica a dinâmica dos altos e baixos de nossa vida interior.[8] Esse antigo tratado de psicologia lista cerca de cinquenta "fatores mentais" — elementos ou estados da mente — e detalha um subconjunto composto de aproximadamente uma dúzia de fatores que ajudam ou prejudicam nosso bem-estar.

Uma dinâmica-chave: quando estados saudáveis (ou de "completude") dominam a mente, os estados de incompletude desaparecem. No vernáculo dos dias de hoje, por exemplo, a agitação se opõe à compostura, o desapego subjuga a ganância, o torpor desaparece diante da vitalidade e da flexibilidade.[9]

O Dalai Lama sugere combinar essas fontes antigas às descobertas científicas contemporâneas para construir um mapa da mente mais amplo. Dessa forma, acredita ele, a combinação acabaria por englobar as coordenadas emocionais da cartografia de Paul Ekman.

Além de enxergar como a psicologia poderia se beneficiar de antigas percepções, o Dalai Lama também se dedicou a levar a ciência moderna até a tradicional educação monástica tibetana. Em trabalho conjunto com a Universidade Emory — que lhe concedeu o título de Professor Emérito Presidencial visitante —, o Dalai Lama ajudou a introduzir a maior mudança nesse venerável ensino em centenas de anos: livros-textos de ciências foram especialmente desenvolvidos e traduzidos para o tibetano para inclusão no currículo.[10]

A mistura certa de ciência antiga e moderna gera um senso de realidade mais potente.

A CIÊNCIA EM DIÁLOGO E TRADUÇÃO

Durante a preparação deste livro, o Dalai Lama me deu de presente uma pequena estátua de Buda, embalada em um lenço dourado. Ele explicou que o devoto, como esperado, considera Buda como um *buda*, um ser desperto. No entanto, acrescentou ele, o Buda pode ser visto de outras maneiras — como, por exemplo, alguém que resistiu ao sistema de castas.

E Buda disse aos seguidores que não deveriam aceitar seus ensinamentos cegamente, por fé ou devoção, mas sim por suas próprias investigações e experimentos, que são muito mais poderosos que a imaginação ou a crença. "Essa é uma maneira muito científica de pensar", argumentou o Dalai Lama, "então Buda pode ser considerado um antigo cientista indiano."

"Se você considerar Buda como um *buda*, ótimo. Mas se você o considerar um filósofo, um professor, um teórico social ou um cientista — tudo bem também", concluiu.

Nos primeiros anos das interações com cientistas, o Dalai Lama ficava desconfortável com a frase comumente usada para descrever os encontros: "um diálogo entre o budismo e a ciência moderna". Dados os milhares de anos de exploração e análise sistemática da mente realizada pela tradição da qual fazia parte, o Dalai Lama a enxergava como uma "ciência interior" e considerava apropriado reconhecer que esse tipo de conhecimento tinha sua própria contribuição a dar: um diálogo entre a ciência interior e a ciência moderna.

Essa tensão foi em grande parte resolvida quando Francisco Varela iniciou uma série de diálogos intensivos, de uma semana de duração, entre o Dalai Lama e grupos de cientistas. Com o passar dos anos, cada um dos lados da conversa passou a nutrir absoluto respeito pelo outro. Os diálogos se tornaram a atividade central do Mind and Life Institute [Instituto Mente e Vida], fundado por Varela e pelo empresário Adam Eagle com o Dalai Lama.[11]

A série de encontros Mind and Life com cientistas existe até hoje. Enquanto escrevo, o Dalai Lama está em Kyoto, no Japão, para o 28º encontro, que trata de novas descobertas em estudos cerebrais de indivíduos contemplativos. A semente que se transformou nessa robusta série de intercâmbios foi plantada em um encontro quase casual entre o Dalai Lama e Varela.

Eminente neurocientista cognitivo, o chileno Varela foi professor da École Polytechnique e da Universidade de Paris e liderou um grupo de pesquisas no Centre National de la Recherche Scientifique.[12] Varela conheceu o Dalai Lama em 1983, em um evento realizado em Alpbach, na Áustria, quando acabaram se sentando lado a lado durante o almoço.

Os dois conversaram sobre questões filosóficas, biologia e ciência cognitiva. No final do almoço, o Dalai Lama perguntou se Varela poderia ir até Dharamsala para "ensinar-lhe ciência".

Varela ficou ao mesmo tempo lisonjeado e desconcertado — mas aceitou o convite. Ao regressar a Paris e pensar sobre o compromisso, percebeu que não poderia fazer isso sozinho.

Essa percepção levou Varela a recrutar outros cientistas para se encontrar com o Dalai Lama no primeiro encontro Mind and Life sobre ciência cognitiva e a perspectiva budista sobre a mente. Desde então, os tópicos se ampliaram imensamente, da física quântica à cosmologia, passando pelo encontro sobre emoções destrutivas, que teve em Varela um dos apresentadores.[13]

O Dalai Lama tinha um afeto especial por Varela, que morreu em 2001. Varela tinha uma visão naturalmente filosófica — a epistemologia, ou saber como sabemos, era uma de suas maiores paixões. Alguns anos antes de falecer, Varela tinha a intenção de escrever um livro que tratasse de todos os encontros sobre ciência até então, calcado não só no conteúdo, mas "no que significa, para duas culturas e duas visões da mente, começar a conversar uma com a outra".[14]

A viúva de Varela, Amy Cohen, que hoje dirige o Mind and Life Europa, me conta que, desde o início dos encontros, "houve uma verdadeira conexão coração-mente entre os dois, que só fez crescer e se fortalecer ao longo dos anos — uma amizade sincera permeada de afeto e reconhecimento mútuo".

Os encontros, acrescentou ela, eram sempre "um imenso prazer" para o marido; ele adorava estar em um espaço onde "ciência, filosofia e afeto humano se uniam nessa dança particular que era o diálogo entre os dois".

Os encontros com o Dalai Lama permitiram a Varela explorar e desenvolver suas intuições sobre como a filosofia budista, a epistemologia e a ética refletiam seu pensamento científico, e talvez até o alterassem.

Uma dessas "intuições" levou Varela a liderar um movimento da neurociência cognitiva chamado neurofenomenologia, que defende que as pesquisas sobre o cérebro devem considerar seriamente os relatos do paciente sobre experiências subjetivas — os dados em "primeira pessoa". Isso pode ser usado para entender melhor os dados em "terceira pessoa" — os resultados obtidos por medições cerebrais (que normalmente são os *únicos* dados coletados na neurociência).[15]

Essa abordagem, na opinião de Varela, poderia servir como contraponto à tendência desse campo a reduzir a riqueza da experiência à mera atividade neuroquímica mensurável do cérebro. Como estratégia de pesquisa, essa combinação de ângulos de observação se mostrou inestimável em estudos de práticas contemplativas.

O Dalai Lama considera essa abordagem uma fonte de percepções sobre as instâncias superiores da bondade humana e os tipos de treinamento que moldam o cérebro a funcionar assim. E ele apoia, com entusiasmo, o passo seguinte: levar os benefícios com sustentação empírica para fora do laboratório, ao alcance do mais amplo círculo humano.

O movimento da pesquisa científica básica à aplicação prática faz toda a diferença para nosso bem-estar. Estudos clínicos sobre, digamos, um novo tratamento ou uma nova droga são "pesquisas translacionais" — levam resultados promissores para fora do laboratório a fim de testar de que formas podem ajudar seres humanos.

Um exemplo: em um encontro Mind and Life sobre neuroplasticidade, Michael Meaney, neurobiólogo da Universidade McGill, de Montreal, contou ao Dalai Lama sobre a pesquisa que fazia sobre o profundo impacto — a ponto de ativar e desativar genes — provocado pelo ato de uma rata lamber e limpar os filhotes.[16] O ritual não só liberava substâncias químicas cerebrais calmantes, mas também sintonizava os genes dos filhotes para se acalmarem em situações de estresse quando fossem adultos.

Para o Dalai Lama, isso sublinha a importância de descobertas anteriores que mostravam que o contato físico e a conexão humana ajudam crianças a crescer com mais saúde.

Meaney, porém, foi ainda mais longe, ligando essas descobertas ao estresse em lares de crianças pobres, as maiores vítimas de abuso e negligência. O cérebro em desenvolvimento dessas crianças, disse ele, costuma exibir o impacto negativo do ambiente, como ocorre com animais estressados.[17] O importante significado disso tudo: tais crianças precisam de intervenções concebidas para se contrapor a esse impacto.

O Dalai Lama tem admiração especial por um programa latino-americano que aprimora o cuidado com crianças em orfanatos, por exemplo, acolhendo crianças em grupos pequenos com um cuidador (em vez de dormitórios enormes e impessoais) para criar algo mais próximo a uma família, com bastante contato físico e visual, além de conversação. Medidas simples, observa ele, podem ter um impacto para toda a vida.

UMA MENTE INVESTIGATIVA

Ao mostrar ao Dalai Lama o vídeo daquele bebê de três anos preferindo o triângulo bondoso ao quadrado malvado, Kiley Hamlin, a psicóloga da Universidade da Colúmbia Britânica, concluiu: "Crianças muito pequenas já gostam da bondade, de ajudar e de ser compassivas".

Isso, pensaria você, agradaria o Dalai Lama. Porém, ele não se deu por satisfeito e perguntou: "Pensando em termos estatísticos, você me mostrou apenas uma criança. Qual é a resposta média?".

Hamlin explicou que o teste fora feito com centenas de crianças de diferentes culturas e de todo o mundo, com resultados semelhantes.

Ele fez um gesto de aprovação com a cabeça — e emendou outra pergunta: "E o nível econômico foi levado em consideração?".

O mesmo resultado fora obtido com crianças de famílias pobres e ricas, confirmou ela.

O fato de querer confirmar a precisão dos resultados revela o traço científico do pensamento do Dalai Lama, que testemunhei diversas vezes. Talvez seja seu treinamento em lógica e retórica em ação.

Nesses encontros, é comum que os cientistas se surpreendam com a pertinência de suas perguntas depois de lhe apresentar resultados de pesquisas. Ele costuma acertar na mosca os próximos estudos a serem feitos no campo em questão.

Quanto à utilidade dos encontros científicos para o Dalai Lama, ele certa vez disse estar coletando "munição", descobertas que sustentem sua mensagem em palestras — e junto à imprensa.

Poucos dias após o encontro com Kiley Hamlin, o Dalai Lama falou do estudo a um repórter do *Wall Street Journal*, comentando: "Até mesmo bebês de três meses mostram intenção de ajudar, e não de atrapalhar". Depois sugeriu que esse viés positivo é um sinal de que as sementes biológicas da compaixão estão plantadas em nossa programação cerebral.

Quando, porém, um repórter lhe perguntou se teria sido um filósofo da ciência se não fosse dalai lama, ele se rendeu à realidade de suas humildes raízes familiares e respondeu: "No meu caso, para ser sincero, se não fosse reconhecido como dalai lama, seria um fazendeiro!".[18]

Ele mantém um profundo respeito pelo que consegue aprender com a ciência. Certa vez, em uma conferência, disse a um cientista: "Tenho quase oitenta anos, mas me sinto a seu lado como estudante", e deu uma risada. "Assim, eu também me sinto jovem!"

O encontro que o Dalai Lama não quis cancelar no dia em que soube que seria laureado com o Prêmio Nobel era o segundo encontro Mind and Life, dois dias de reuniões particulares com um punhado de neurocientistas de destaque. Esse encontro de 1989 foi sobre a mente e o cérebro, e entre os participantes estava Lewis L. Judd, então diretor do Instituto Nacional de Saúde Mental dos Estados Unidos.

À época, o dr. Judd me contou (e publiquei no *New York Times*) que ficou intrigado ao perceber que a visão do Dalai Lama sobre saúde mental abrangia qualidades como sabedoria e compaixão — que estavam literalmente fora dos relatórios psiquiátricos sobre a condição humana.[19]

"Nosso modelo de saúde mental é definido, em grande medida, em termos de ausência de doença" e outros estados prejudiciais, observou o dr. Judd, acrescentando que o mapa da mente do Tibete "pode ter definições mais positivas que valham a pena ser estudadas".

Os métodos de treinamento tibetanos para "sonho lúcido", em que o sonhador sabe que "isto é um sonho" e pode mudar-lhe o curso conscientemente, chamaram a atenção do neurocientista J. Allan Hobson, então diretor do Laboratório de Neuropsicologia da Escola de Medicina de Harvard. Ele contou o seguinte: "Nossa pesquisa sobre sonhos pode muito bem se beneficiar das centenas de anos de experimentação dos tibetanos".

Segundo António Damásio, hoje neurocientista da Universidade do Sul da Califórnia, "algumas técnicas de meditação tibetana podem aprimorar a capacidade de monitorar sensações corporais. Se pudermos criar um treinamento para isso, ele pode ser usado clinicamente".

Na ocasião, o trabalho pioneiro de Jon Kabat-Zinn, que envolvia exatamente isso — monitorar as sensações corporais de pessoas doentes por meio da atenção plena —, estava em seus estágios iniciais, embora hoje essa técnica contemplativa tenha um alcance cada vez maior, da clínica médica a escritórios e salas de aula.[20]

A atenção plena, que é parte das práticas meditativas asiáticas há milhares de anos, hoje é empiricamente testada em centenas de estudos sem relação com seu uso tradicional. Os benefícios psicológicos de monitorar a mente dessa forma não acusatória e não reativa vão desde a diminuição da gravidade de transtornos alimentares, ansiedade profunda e depressão até o aprimoramento da concentração em pacientes com transtorno de déficit de atenção.

Estudantes de medicina e enfermagem aprendem a atenção plena como um amortecedor contra o estresse emocional do trabalho. Crianças em idade pré-

-escolar que aprendem os rudimentos da atenção plena melhoram o controle de impulsos e a propensão ao aprendizado. Os usos são inúmeros.

A aplicação prática de percepções científicas satisfaz o Dalai Lama. Por várias vezes eu o ouvi dizer a grupos de cientistas (entre outros) em conferências: "Isso é só papo-furado? Ou vamos fazer alguma coisa — adotar ações significativas?".

ADOTANDO MEDIDAS COMPASSIVAS

Precisa se acalmar? Tente o seguinte. Inspire profundamente, enchendo os pulmões. Segure durante dois ou três segundos e depois expire lentamente. Respire dessa maneira cinco ou dez vezes. Se precisar de ajuda para se concentrar totalmente na respiração, use uma observação mental: "entra" durante a inspiração, "sai" durante a expiração. Você também pode imaginar a tensão sendo drenada do seu corpo ao expirar.

Esse exercício de respiração profunda pode nos acalmar e relaxar no início do dia ou em qualquer outro momento que precisarmos. Essa é a sugestão de Thupten Jinpa ao descrever um dos muitos métodos adaptados de fontes tradicionais tibetanas para uso em programas de treinamento em compaixão. Como muitos métodos hoje estudados em pesquisas sobre o cultivo da compaixão, estes têm uma distante raiz espiritual, mas foram despidos do sistema de crenças e simplificados para uso mais geral.

Jinpa, além de ser o principal intérprete do Dalai Lama para o inglês, também dirige a Biblioteca de Clássicos Tibetanos, que traduz textos da variada herança dessa cultura. Graças a essa rica formação, Jinpa desenvolveu o Treinamento para o Cultivo da Compaixão [CCT, na sigla em inglês], uma adaptação de métodos tibetanos clássicos para uso por qualquer pessoa.[21] A pedido do Dalai Lama, esse programa se tornou a peça central dos testes do Centro de Pesquisas e Estudos em Compaixão e Altruísmo da Universidade de Stanford.[22]

Uma avaliação feita por pesquisadores de Stanford descobriu que o CCT diminui as aflições e aumenta a felicidade. Mesmo entre os que sofrem de fobia social aguda, o treinamento ajudou a diminuir a ansiedade e o medo. Quando o programa foi testado em pacientes que sofriam de dor crônica, a sensibilidade à dor diminuiu após nove semanas, ao passo que a sensação de bem-estar aumentou — e os cônjuges relataram uma diminuição na raiva dos pacientes.[23]

Enquanto as formas de cultivar a compaixão que estão sendo testadas são adaptações modernas de práticas antigas, a metodologia da pesquisa vem diretamente das prateleiras da ciência. Uma rede de centros científicos tomou parte no estudo sobre a compaixão e como fomentá-la.

Em pesquisa da Universidade da Carolina do Norte, a prática de uma atitude de bondade e amor não só diminuiu a depressão e abriu espaço a um humor mais positivo, mas também aumentou a sensação de satisfação dos voluntários com suas vidas, fortalecendo as conexões com familiares e amigos.[24]

Na Universidade Emory, uma adaptação semelhante foi usada com estudantes que sofriam de depressão. Os resultados iniciais sugeriram que promover uma atitude de compaixão não só reverte a depressão, até certa medida, como diminui as reações corporais diante de estresse.[25]

As primeiras descobertas relacionadas ao cultivo de uma atitude de compaixão sugerem até mesmo benefícios biológicos, tais como menor irritabilidade e níveis mais baixos de hormônios do estresse.[26] A pesquisa de Richie Davidson mostrou que essas adaptações modernas de métodos antigos geram mudanças benéficas na estrutura e no funcionamento do cérebro.

O Dalai Lama pede que essas avaliações sigam os padrões científicos mais rigorosos. Após falar ao público de uma palestra sobre essas descobertas, o Dalai Lama fez uma proposta: "Façam os testes novamente, após um ano. E peçam também às famílias — quem for importante na vida dessas pessoas — que falem sobre as mudanças que viram".

No Instituto Max Planck, a neurocientista Tania Singer uniu forças com Matthieu Ricard, um biólogo que se tornou monge, para avaliar uma série de métodos para o cultivo da compaixão. Eles descobriram que há uma diferença entre ter empatia (sentir o que a outra pessoa está sentindo) e compaixão (aliviar o sofrimento do outro), pois cada característica aumenta a atividade de diferentes sistemas neurais.[27]

Quando somos apenas empáticos, entrando em sintonia com o sofrimento do outro — por exemplo, vendo fotos realistas de vítimas de incêndio e outras pessoas em situações graves —, o cérebro dispara os circuitos que nos levam a sentir dor e angústia.[28] Essa ligação empática pode nos deixar emocionalmente transtornados — em "sofrimento empático", segundo a ciência. Profissões como enfermagem costumam causar essa ansiedade crônica, que pode levar à exaustão emocional, um dos precursores da síndrome do esgotamento.

Não acontece apenas com enfermeiros. Na última conversa que tive com Eve Ekman, ela contou que estivera com um grupo de cirurgiões naquela manhã, apresentando o programa Cultivando o Equilíbrio Emocional no hospital em que trabalhavam.[29] "Eles querem aprender como reagir aos medos dos pacientes, mostrando empatia de uma forma que não os faça sofrer ainda mais. Os médicos dizem que no centro cirúrgico é mais fácil, pois não precisam falar com o paciente."

O objetivo dos cirurgiões é manter o equilíbrio emocional — ou seja, estar abertos às emoções dos pacientes sem ficar sobrecarregados. Muito profissionais da área de saúde, contou Eve, têm sofrimento empático, que leva à exaustão emocional.

Ela me contou que, no elevador do hospital em que trabalha, ouviu alguém perguntar a um colega: "Como você está?".

A resposta foi: "Mais nove anos". Alguns profissionais dessa área contam os dias e anos que faltam para a aposentadoria, pois estão emocionalmente exaustos.

Quando Alan Wallace, um dos desenvolvedores do CEB, ensinou o programa a um grupo de professores do ensino médio e fundamental, ouviu de uma das participantes o mesmo tipo de reclamação. Ao final do curso, porém, a professora mudou de postura e, segundo Eve, disse o seguinte: "Agora acredito que posso fazer diferença. Meu trabalho é significativo. Em vez de contar os dias, quero viver cada dia que tiver com as crianças, para poder ajudá-las".

O CEB ajuda a cultivar a bondade, a compaixão, a equanimidade e a alegria empática — ou seja, alegrar-se com a felicidade alheia. Instilar essas habilidades também é o objetivo do programa projetado por Matthieu Ricard e avaliado pelo grupo de pesquisa de Tania Singer.

O grupo de Singer descobriu que, após praticar a ternura e a preocupação por outras pessoas, os voluntários conseguiram ver fotos de sofrimento sem olhar defensivamente para o lado, mantendo-se abertos à dor daquelas pessoas. Enquanto isso, os circuitos cerebrais responsáveis por sentimentos positivos se ativam — indicando a atitude de compaixão e o desejo pelo bem-estar da vítima. A compaixão, mostram as pesquisas, serve como uma inoculação contra o sofrimento empático, com maior atividade dos centros cerebrais ligados ao afeto, que reforçam a resiliência e evitam o esgotamento.[30]

"Algumas pessoas têm a impressão de que a compaixão só é boa para quem a recebe, mas não necessariamente gera benefícios a quem doa. Além disso, muitos acreditam que ter muita compaixão enfraquece", diz o Dalai Lama.

Ele me contou ter conhecido uma médica indiana que ficara esgotada por causa das demandas e da turbulência emocional dos pacientes — e por isso desistira de trabalhar na área. O Dalai Lama, no entanto, imediatamente acrescentou que pesquisas como a de Singer mostram que cultivar uma atitude e compaixão genuína pode ser parte da vacina contra o esgotamento.[31]

Quando perguntaram ao Dalai Lama por que ele gostaria que as pessoas fossem abertas e mostrassem empatia à dor do mundo, ele respondeu que todos temos a responsabilidade moral de encarar a dor e trabalhar para aliviá-la. Se ficarmos deprimidos e desistirmos, "a dor terá vencido".[32]

As descobertas científicas sobre compaixão deram ao Dalai Lama exatamente o tipo de "munição" de que ele necessita: "Se digo que serei compassivo, muita gente pensará, 'É claro que ele dirá isso — ele é o Dalai Lama, ele é budista'. Se, no entanto, existirem provas científicas que mostram os benefícios, a afirmação se torna mais convincente. E as pessoas dão mais atenção".

Hoje em dia, diz ele, as afirmações científicas convencem mais do que as de qualquer religião. Enquanto viaja pelo mundo, divulgando a visão de um futuro melhor, costuma usar descobertas científicas, como as relacionadas ao desenvolvimento da compaixão, para corroborar o que diz.

A mensagem da compaixão é para todos nós — não apenas os religiosos. O que me surpreendeu, porém, foi o que o Dalai Lama entende por "compaixão" — e como isso se traduz em ação.

Parte 3

Olhe para fora

5. Compaixão robusta

Quando conheceu o presidente Nelson Mandela, logo após o fim do apartheid, o Dalai Lama ficou profundamente impressionado com a inexistência de ressentimento do líder sul-africano em relação àqueles que o deixaram na prisão por tanto tempo. Com o mesmo espírito, a Comissão de Verdade e Reconciliação da África do Sul, liderada pelo arcebispo Desmond Tutu, velho amigo do Dalai Lama, ouviu milhares de confissões sobre todo o tipo de atrocidades ocorridas nos tempos de luta contra o regime racista do país.

Em alguns poucos crimes revelados, o criminoso conseguiu anistia. Mas não resta dúvida de que a iniciativa evitou uma onda de violência insuflada pelo desejo de vingança. Os esforços de Mandela para que não houvesse vingança pessoal contra a minoria branca que comandara o país (ou contra quem lutou contra eles) foram uma das principais forças para a cura desse profundo abismo social.

Quando se trata de opressão e de conflitos como os ocorridos durante o apartheid, "as feridas estão em toda parte", diz o Dalai Lama. É por isso que um processo como o da comissão é "muito, muito necessário, e muito eficiente para a cura".

A divulgação completa dos crimes de ambas as partes — os abusos ao impor o apartheid e as atrocidades dos que se rebelaram contra ele — representa um modelo de transparência que o Dalai Lama admira.

Ele defende essa abertura de forma veemente ao condenar autoridades de todos os tipos pelos crimes cometidos. Isso pode parecer o mínimo para muitos, mas a força propulsora dessa visão me pegou de surpresa: a compaixão.

O entendimento que o Dalai Lama tem da compaixão é muito mais robusto que o de estereótipos religiosos que a relacionam a uma bondade benigna, porém suave e débil. Ele considera a divulgação sem restrições como uma aplicação da compaixão na esfera pública, por ser uma ação de força para corrigir todo tipo de injustiça.

Seus instintos são, de certa forma, semelhantes aos do escritor Upton Sinclair, que denunciou as mazelas sociais dos Estados Unidos na primeira metade do século XX, e das claras ações do papa Francisco contra corrupção e fraudes. O Dalai Lama clama por responsabilidade moral em todas as esferas da vida pública. Há "política suja, negócios sujos, religião suja, ciência suja", enumera, e, com isso, graves lapsos éticos podem ocorrer.

Esse desgosto com a injustiça, aliado a iniciativas para expor e reformar sistemas corruptos — tais como os delitos de bancos, empresas, políticos ou religiosos —, é uma das aplicações específicas da compaixão que eu menos esperava na visão do Dalai Lama.

Conversamos sobre três princípios que exemplificam a compaixão em ação: *"justiça"* (em que todos são tratados da mesma forma), que depende de *"transparência"* (ser honesto e aberto) e *"imputabilidade"* (responder por delitos cometidos).

Se alguma das forças que as combatem faltar, a corrupção e a injustiça continuarão.

Só podemos, no entanto, consertar o que conhecemos. Ainda assim, a transparência sobre as injustiças não basta, é preciso haver imputabilidade. As duas são interdependentes. Não há imputabilidade sem transparência, e a transparência sem imputabilidade é capenga.

COMPAIXÃO EM AÇÃO

O Dalai Lama se intitula "um simples monge" e — apesar das viagens pelo mundo e da comitiva e dos seguranças que o acompanham — leva uma vida espartana, seguindo uma estrita rotina diária. Mora em uma casa modesta e dorme em um quarto pequeno com pouca mobília, como convém a um monge. Quando faz calor em sua cidade, calça chinelos do tipo usado por fazendeiros indianos pobres e veste camisetas puídas.[1]

Nesse aspecto, tem especial afinidade com o papa Francisco, que, da mesma forma, dorme em um simples quarto de hóspedes no Vaticano, em vez de usar o espaçoso apartamento papal, dirige um carro econômico e prefere o título mais modesto de "bispo de Roma" a "papa". Além disso, os esforços do papa Francisco para tornar a Igreja mais ativa na ajuda aos pobres e marginalizados estão em sintonia com o pensamento do Dalai Lama.

Ele ficou tão satisfeito ao ver o chamamento do papa Francisco para que cardeais, arcebispos e bispos se tornassem modelos de austeridade, levando vida mais simples — em uma Igreja que "é pobre e é para os pobres" —, que lhe escreveu uma carta de admiração. Líderes religiosos, disse o Dalai Lama, devem seguir os próprios ensinamentos por meio da humildade e da simplicidade no viver.

E então o papa tomou mais uma atitude que gerou outra carta de congratulações: afastou o "bispo do luxo", o religioso alemão Franz-Peter Tebartz-van Elst, que gastara mais de 43 milhões de dólares em sua residência particular, com molduras de janela em bronze, banheira de 30 mil dólares e projeto paisagístico de 1 milhão de dólares.[2] Nessa segunda carta, o Dalai Lama elogiou o papa Francisco por "sua posição firme, que continha um verdadeiro ensinamento de Jesus Cristo".

Ao comentar a reprimenda do papa ao bispo alemão por causa do estilo de vida indulgente, o Dalai Lama afirmou: "Até mesmo religiosos podem ser corruptos". E, conforme disse ao público de um evento em Bangalore, na Índia: "A perspectiva de um religioso sem ética é desastrosa".[3]

A compaixão em ação, explica ele, não significa apenas aliviar o sofrimento, mas também se engajar na correção do que está errado — como se opor à injustiça ou proteger os direitos humanos, por exemplo. E essa compaixão, embora não violenta, ainda pode ser bastante assertiva.

"No mundo de hoje há muita briga, traição e abuso de poder", diz o Dalai Lama. "Por isso, o altruísmo e a compaixão" são o que há de mais importante. Ele adverte, porém, que "não basta simplesmente ser compassivo. É preciso agir".[4]

RAIVA CONSTRUTIVA

Uma assistente social disse ao Dalai Lama que ela e um grupo de colegas estavam furiosos com a enorme quantidade de casos que recebiam, o que minava a capacidade de efetivamente ajudar os clientes. Preocupados com as crianças que deveriam estar atendendo, os assistentes sociais organizaram um protesto — e o número de casos foi reduzido.

A profissional afirmou: "Não teríamos conseguido nada se ficássemos resignados". Foi a raiva inicial que os mobilizou. Uma pitada de raiva ajuda a nos rebelar contra injustiças.

O Dalai Lama enxerga maneiras em que a raiva bem-direcionada pode ser útil. O ultraje moral pode levar à ação positiva.

A visão que ele tem da raiva não é a condenação irrestrita que eu esperava. Assim como acontece com a calma, ele faz distinção dos tipos de raiva.

Quando nos sentimos ultrajados em decorrência de uma injustiça, ele nos encoraja a convocar os aspectos positivos da raiva: alto nível de concentração, mais energia e determinação, que deixam nossa reação às injustiças mais eficaz. Isso se torna impossível, entretanto, quando a raiva toma conta, pois assim o foco se transforma em obsessão, a energia, em agitação, e perdemos o autocontrole.

Como agimos também é importante.

Em geral, o Dalai Lama defende a redução das emoções destrutivas, inclusive a raiva. "A tolerância significa que você não precisa desenvolver a raiva e o ódio. Se, no entanto, alguém faz alguma coisa que nos prejudique" e não fazemos nada de volta, "essa pessoa pode tentar se aproveitar de nós, o que pode gerar ainda mais ações negativas.

"Assim, precisamos analisar a situação — se algum contra-ataque for necessário, podemos adotá-lo sem raiva. Na verdade, veremos que a ação será ainda mais eficaz se não for motivada pela raiva — dessa forma, é muito mais provável que acertemos o alvo!"[5]

Se, no entanto, nos faltar essa equanimidade, o Dalai Lama aconselha usar a raiva "bem direcionada" para tomar as ações necessárias para nos protegermos de ameaças reais — alguém que esteja prejudicando nós mesmos ou os outros —, privilegiando a contenção em detrimento do ódio.

"Mantenha a mente calma, estude a situação, depois adote medidas de oposição. Se você permitir que um delito ocorra, isso pode continuar e assumir maiores proporções. Então, em nome da compaixão, adote as medidas de oposição necessárias."

A compaixão abarca a todos. "Mesmo que as ações de alguém sejam destrutivas", aconselha ele, mantenha um senso de preocupação com o bem-estar dessa pessoa. "Se for possível, porém, detenha o mal que está sendo feito", acrescenta.

Um truque para canalizar a raiva de maneira construtiva está em manter a compaixão básica em relação a alguém, mesmo quando agindo com toda a força para se opor ao mal que está sendo feito. Isso nos leva ao desafio de distinguir entre o que o indivíduo está fazendo e o próprio indivíduo.

Opor-se ao ato, mas amar o indivíduo — e fazer todos os esforços para ajudá-lo a mudar. Mesmo quando se opuser à ação, aconselha o Dalai Lama, "tenha compaixão pelo agente.

"O verdadeiro significado do perdão", esclarece o Dalai Lama, "é, mesmo não aceitando o que o indivíduo tenha feito, não desenvolver raiva contra ele."

Nas várias horas que passaram comparando métodos para trabalhar com as emoções, o Dalai Lama e Paul Ekman encontraram um ponto focal de concordância nessa distinção entre o agente e a ação. Essa é a manobra cognitiva recomendada por psicólogos para gerenciar emoções perturbadoras como a raiva.[6]

O Dalai Lama oferece outra razão para essa estratégia mental. Quando precisamos nos contrapor ao ato negativo de alguém, seremos mais eficientes se não formos guiados por nossas próprias emoções negativas.

Isso me faz lembrar da pedra no meu sapato — o sujeito que me envolveu em um negócio que deu errado. Quando ele me vem à mente, geralmente fico agitado e raivoso, e me concentro nos erros dele. Se tiver feito minha meditação diária, no entanto, percebo que consigo refletir calma e claramente nas medidas legais que vão resolver a questão — e consigo separar o agente da ação.

A FORÇA DO ALTRUÍSMO

Desde que ouviu falar de Mahatma Gandhi, quando ainda era um menino que vivia no Tibete, o Dalai Lama se inspirou no líder indiano. Embora não tenham se conhecido, o Dalai Lama considera Gandhi um "mentor pessoal".

Muitos aspectos da vida de Gandhi refletem a do Dalai Lama, a começar pelos esforços pessoais do primeiro em conter as forças negativas da natureza humana e desenvolver o pleno potencial das forças positivas. Outro pode ser visto na simplicidade que marca o estilo pessoal do Dalai Lama, ecoando o de Gandhi. O terceiro aspecto é abraçar a causa dos problemas dos pobres e oprimidos.

Como Gandhi, o Dalai Lama luta para cultivar a não violência e a compaixão em suas práticas diárias: "Não por ser algo divino ou sagrado, mas por causa dos benefícios práticos".[7]

Ele também valoriza a insistência de Gandhi na importância da honestidade e da transparência: "A prática da não violência era totalmente dependente do poder da verdade".

Esse poder se mostra, por exemplo, quando enfrentamos dificuldades ou obstáculos. Então, observa o Dalai Lama: "Nossa posição deve ser verdadeira, honesta e genuína, uma atitude altruísta. Com isso, com a força do altruísmo, não há razão para se sentir desencorajado. Se, no entanto, somos hipócritas ou dizemos uma coisa e fazemos outra, nosso ser interior se enfraquece e podemos não ter força suficiente para enfrentar desafios".[8]

A honestidade total nos permite enfrentar o poder com a nossa voz. Essa transparência na vida pública significa mergulhar para ver o que há abaixo da superfície. "Na superfície, os indivíduos geralmente tentam ser contidos e mostrar uma boa imagem, e agem de acordo com essa intenção. No fundo, porém, outras coisas podem estar acontecendo", diz ele. "A transparência age como um impedimento a motivações erradas."[9]

Ele diz a jornalistas que é preciso um "nariz comprido" para farejar o que acontece nos bastidores, além do que está diante das câmeras. Assim, a mídia deve mostrar não só o que é sensacional, mas relatar de forma isenta o que realmente acontece debaixo dos panos.

"Nos países livres, pelo menos, a mídia tem um papel importantíssimo, que pode fazer uma enorme diferença. A coisa muda de figura em países com forte censura. Neste momento, essa é uma situação muito difícil."

O Dalai Lama considera que o crescente abismo entre ricos e pobres é "totalmente imoral!". Ele testemunhou o desespero dos mais pobres em visitas à África e à América Latina, e critica o papel ativo da corrupção nesses problemas.

Ele diz, sem rodeios: "A corrupção é como um câncer". Ela ajuda a gerar e manter a pobreza. É muito comum que doações destinadas a ajudar os pobres acabem nos bolsos dos ricos.

O Dalai Lama defende o combate irrestrito à corrupção na esfera pública. Ele percebe como as raízes da corrupção levam o indivíduo a ser absolutamente egocêntrico, sem qualquer preocupação com o bem-estar do outro. De acordo com a visão do Dalai Lama, o problema começa com a educação moderna, que nos condiciona a pensar no sucesso pessoal e no dinheiro, e não em princípios morais. Parte-se do princípio de que, "se alguém tem dinheiro e poder, tudo estará bem". Empresários e líderes são produtos desse sistema, conclui, e por isso pensam da mesma maneira.

Ele cita os Jogos da Commonwealth de 2010, realizados na Índia, como um exemplo de corrupção. Os jogos foram intensamente criticados nos veículos de comunicação do país por problemas como empresas contratadas embolsando dinheiro, remoção em massa de pobres, condições de trabalho insalubres e emprego de mão de obra infantil — além de questionamentos sobre a realização de um evento esportivo de bilhões de dólares em um país com tantos cidadãos vivendo na pobreza.

"São muitos escândalos como esse na Índia", conta. "Há muita complacência. É preciso uma liderança forte, honesta e transparente. Só assim a Índia poderá mudar, poderá se transformar."

Pensei nesse comentário quando li recentemente sobre um banco britânico que gerencia uma operação chamada de *dark pool*, que permite a compra de grandes volumes de ações de forma anônima, para evitar aumento do preço por ação. Essa operação particular supostamente protege grandes investidores como fundos de pensão de "predadores" financeiros — programas de negociação de alta frequência.

O programa de negociação de alta frequência vê o preço que um grande comprador de ações relativamente lento está oferecendo e, em um nanossegundo, adquire as ações por preço mais baixo para, imediatamente, as vender a um preço mais alto ao mesmo comprador. Com isso, investidores mais lentos pagam mais do que deveriam pelas ações adquiridas.

O procurador-geral do estado de Nova York acusou o software britânico de não informar corretamente aos fundos de pensão o que estava acontecendo. O banco dizia estar protegendo os fundos contra negociações predatórias, mas na verdade convidou esses negociantes ultrarrápidos para participar das operações — pelo menos é o que dizia a acusação.

Tudo muito hermético, como muitas outras áreas cinzentas do setor financeiro que vieram à luz após o colapso de 2008. Um professor de direito especializado no setor bancário afirmou o seguinte sobre os *dark pools*: "Acredito que a lição é muito simples. Coisas ruins acontecem na escuridão". O banco, conclui, "mentiu para os clientes. Não os protegeu — pelo contrário, os enganou".[10]

Na visão do Dalai Lama, a crise financeira de 2008 revelou, além da falta de responsabilidade moral, o papel importante da cobiça em estimular não só a especulação excessiva, mas também a corrupção. Obviamente, ele não é o único a suspeitar do desvio ético que permeia a cultura do setor financeiro.[11]

Alguns usam a expressão "capitalismo gângster" para descrever negócios aéticos ou mesmo ilegais que prosperam por causa da absoluta falta de transparência. Seja envolvendo parentes próximos de políticos importantes, líderes políticos que enriquecem com propinas ou a pilhagem de recursos naturais, tais empreendimentos só podem operar em segredo, na escuridão.

"Sejam transparentes", aconselhou o Dalai Lama a um grupo de empresários. "A transparência gera confiança."

A LACUNA DE EMPATIA

Quando, sem fazer alarde, se encontrou com um grupo de estudantes chineses que faziam faculdade na região de Nova York, o Dalai Lama lhes disse: "É preciso apoiar Xi Jinping", novo presidente do país, "nos esforços para combater a corrupção. É um maravilhoso ato de coragem — mas ele precisa de apoio da população".

Ao se lembrar dos encontros com Mao Tsé-tung na década de 1950 na cidade ainda chamada Pequim, o Dalai Lama disse: "O Buda era totalmente contrário ao sistema de castas, então até mesmo Mao o descreveu como um revolucionário que lutava por justiça social".

Esse comentário fez minha mente viajar no tempo, à época em que conheci John Ogbu, antropólogo nigeriano da Universidade da Califórnia, em Berkeley, que foi fazer trabalho de campo na pequena cidade da região central da

Califórnia em que fui criado. Fiquei chocado ao saber o objetivo da pesquisa: o sistema de castas *oficioso* que havia lá.

Ogbu imediatamente percebeu que as minorias étnicas ficavam restritas a uma parte da cidade, enquanto a classe média branca morava em outra — e que, consequentemente, as escolas eram segregadas ao longo de, segundo a visão de Ogbu, uma fila de "castas". No momento em que apontou o fato, vi que estava certo. Até então, entretanto, o que era claro como água me era socialmente invisível — enquanto frequentava essas mesmas escolas, eu jamais pensara no assunto.

A desigualdade social desaparece facilmente contra o pano de fundo da vida diária, relegada ao esquecimento por normas e crenças culturais veladas. Uma das formas que a transparência pode assumir é tornar visíveis esses tipos de preconceito, vistos como naturais — como os ativistas pelos direitos das mulheres e das minorias já viram há muito tempo.

A invisibilidade da injustiça social gera indiferença, principalmente em quem detém o poder (os que sofrem as injustiças, obviamente, têm plena consciência disso). Pesquisas mostraram que a indiferença começa no nível dos relacionamentos interpessoais, como uma barreira invisível ao afeto.

Em encontros diretos, quem tem maior status social tende a dar muito menos atenção a quem tem status menor, de acordo com os resultados obtidos por Dacher Keltner, psicólogo da Universidade da Califórnia, em uma série de estudos experimentais.

Em sessões de cinco minutos para apresentação mútua, o indivíduo mais rico fazia menos contato visual, assentia menos com a cabeça e ria menos — atitudes que medem a interação[12] — que o indivíduo menos rico. Na Holanda,[13] ao contar sobre momentos de sofrimento a um desconhecido, o indivíduo mais poderoso da dupla foi, mais uma vez, relativamente indiferente. Keltner descobriu, no entanto, que os menos poderosos e os mais pobres exibem maior disposição a ouvir o outro, seja de maior nível social ou não.

Esse diferencial ao mostrar atenção às pessoas, de acordo com a pesquisa de Keltner, aparece em uma empresa quando se compara a habilidade que funcionários de maior ou menor graduação têm para perceber os sentimentos de alguém a partir da expressão facial. E quando funcionários da mesma empresa interagem, o de maior status não só demonstra menos atenção, olhando menos para o outro, como tende a interromper mais e monopolizar a conversa.

Indivíduos com menos recursos e situação mais frágil — como uma mãe solteira que tem dois empregos para pagar as contas e precisa que um vizinho tome conta do filho de três anos — dependem de um bom relacionamento com aqueles a quem talvez precisem pedir ajuda algum dia. "Eles precisam contar com outras pessoas", contou Keltner.

Um indivíduo rico com um filho de três anos, por sua vez, pode contratar alguém conforme a necessidade, seja uma babá ou os serviços de uma creche. E isso, sugere Keltner, é uma das razões por que os ricos podem se dar ao luxo de não se conectar a outras pessoas — inclusive ignorando-lhes o sofrimento e as necessidades.

Quando mencionei essas descobertas ao Dalai Lama, ele trouxe à tona mais uma complicação: seguidores de determinadas religiões acreditam que uma ordem superior determina o destino de todos. E, como cada pessoa de alguma forma "merece" os problemas que tem, não há necessidade de ter empatia ou oferecer ajuda.

Seja por aceitação tácita do sistema de castas, crença nos "eleitos" ou pela noção de que, no que diz respeito aos despossuídos, "Deus os fez assim", atitudes como essas impedem que alguém aja com compaixão. A crença se torna uma desculpa para a insensibilidade. "E, dessa forma, a religião aumenta o problema", observa ele.

Quem considera que a situação desesperadora de alguém se deve ao carma ou à providência divina está "totalmente errado", conclui.

Por outro lado, precisamos agir, não apenas simpatizar. "Não basta repetir 'igualdade, igualdade' mil vezes", argumenta. "Mas, na realidade, outras forças tomam a frente." E, quando há pouca empatia, os que detêm o poder nos negócios e na política tomam decisões sem ter total conhecimento de como afetam os despossuídos.

A desigualdade entre ricos e pobres ou entre grupos que ficam em desvantagem por causa de preconceitos se torna invisível, uma norma não questionada. O acesso desigual ao poder é visto como algo normal — particularmente pelas elites que gozam de seus benefícios. E os que sofrem não têm acesso ao poder para tomar decisões que melhorem suas condições de vida.

Ainda assim, a marca de uma sociedade compassiva está na forma como ela trata as pessoas mais distantes do centro do poder, seja pela identidade de grupo, gênero, classe, riqueza, e as gerações ainda por nascer.[14]

Gandhi sofria muito com a indiferença das elites aos despossuídos. Entre as anotações encontradas após sua morte, em 1948, estava o seguinte texto: "Lembre-se do rosto do homem mais pobre e mais fraco que você conheceu e pergunte a si mesmo se o próximo passo que você vai dar terá alguma utilidade para ele".[15]

O conselho de Gandhi para visualizar o rosto de alguém específico tem grande poder à luz das descobertas de Keltner: a intimidade desse ato e a imagem do indivíduo que passa necessidade podem despertar a empatia, um contraponto direto à desatenção. Se tivermos empatia, podemos perceber melhor o que é necessário — e então agir de maneira mais precisa.

INJUSTIÇA ESTRUTURAL

O Dalai Lama cita figuras como Gandhi, Mandela, Václav Havel e Martin Luther King como ativistas extremamente eficientes motivados pela compaixão. Combinar o ativismo com a não violência, diz ele, não os enfraqueceu. Ao contrário, lhes deu ainda mais coragem e determinação do que se recorressem à força.

"A não violência não significa aceitar a injustiça passivamente", disse ele ao público de um evento em Nova Délhi. "Temos que lutar por nossos direitos. Temos que nos opor à injustiça, porque não fazer isso também é uma forma de violência. Gandhi-ji promovia a não violência com fervor, mas isso não significa que ele aceitava o *status quo* de maneira complacente. Ele resistia, mas sem causar o mal."[16]

Saber que representamos a verdade, acrescenta, nos deixa calmos e fortes, com o tempo e a justiça a nosso lado. Só recorre ao confronto e à violência quem não tem mais argumentos racionais. A calma e a não violência são um sinal de força.

Ser justo não significa necessariamente seguir a lei, pondera o Dalai Lama. Governos corruptos ou totalitários podem defender injustiças dizendo que seguiram as leis, mas a lei não preserva a justiça quando é praticada de forma a defender os estreitos interesses da classe dominante. Para ser justa, a lei deve proteger os direitos de todos.

Algumas injustiças são tão difíceis de combater que não basta a transparência para derrotá-las. Apesar de décadas de conscientização, mulheres e minorias ainda recebem salários menores e seu crescimento profissional é barrado em empresas de várias partes do mundo. E esse é apenas um exemplo de formas sutis e não sutis de discriminação — como as castas — que permanecem firmes até hoje.

E não podemos esquecer a opressão sistêmica, a injustiça arraigada em nossas estruturas sociais, que se dilui de tal forma na rotina diária ou dentro de uma empresa ou do governo que ninguém se sente responsável por denunciar o que acontece.

Um cenário comum é o da montadora de carros[17] cujos relatórios internos informam a ocorrência de acidentes fatais decorrentes de um defeito de fabricação, mas garante ao público que não há motivo para preocupação. Anos depois, e após muitas outras mortes, a companhia finalmente admite o problema.

"Suspeito que cada um dos profissionais envolvidos" na fabricação do carro se considera "honesto e ético", escreveu um analista sobre um caso semelhante. "Ainda assim, coletivamente, agem de maneira absolutamente inacreditável em termos de insensibilidade."

O mesmo pode ser dito de incidentes semelhantes em todo o mundo, e que são a consequência inevitável quando pessoas que parecem boas se veem presas em sistemas corrompidos, nos quais fraude, corrupção e afins distorcem o comportamento de forma a causar sérios danos.

Vemos, por exemplo, a degradação diária da natureza em decorrência de uma triste mistura de ação política silenciosamente sustentada pelos eleitores, decisões de investimento que financiam a destruição da natureza e subprodutos poluentes da indústria e do comércio. A burocracia também pode funcionar como arma tácita da injustiça e da exploração.

"A luz do sol", afirmou o juiz da Suprema Corte norte-americana Felix Frankfurter, "é o melhor desinfetante." Pouca "luz do sol" marca a ação das elites, como grandes executivos e políticos, que têm poder de tomar decisões cruciais.

Também não se dá muita atenção às pessoas cujo trabalho molda nossos valores culturais, crenças, e define quais normas são aceitáveis, tais como figuras religiosas e produtores de mídia, editores de conteúdo e roteiristas. Por outro lado, todos esses indivíduos e forças também podem operar pelo bem.

IMPECABILIDADE

Em uma conversa com o Dalai Lama sobre a destinação de parte dos rendimentos deste livro, surgiu o nome do grupo que gerencia fundos que ele doa a causas justas: o Dalai Lama Trust, que financia um amplo leque de necessidades, desde socorro às vítimas de um tufão nas Filipinas através da Cruz Vermelha até o desenvolvimento de um currículo científico para monges tibetanos na Universidade Emory.

Na Índia e na Grã-Bretanha, a palavra inglesa "trust" tem o sentido de organização de caridade. O Dalai Lama não sabia que, nos Estados Unidos, "trust" também denomina fundos criados para evitar impostos em benefício de um indivíduo, não uma organização filantrópica. Ao saber disso, ele sugeriu mudar o nome para Dalai Lama *Charitable* Trust [Fundo de Caridade do Dalai Lama], para deixar o objetivo bem claro.

A preocupação com a percepção que o público teria do "trust", enxergando-o como um fundo em interesse próprio e não como uma entidade filantrópica, diz muito sobre o senso de impecabilidade do Dalai Lama. Ele busca transparência, justeza e responsabilidade em tudo o que faz — e quer o mesmo para todos nós.

Em um encontro Mind and Life sobre a compaixão em sistemas econômicos, ele ficou extremamente interessado quando Ernst Fehr, economista da Universidade de Zurique, contou de uma pesquisa em que voluntários participavam de jogos em que podiam compartilhar ou ser gananciosos. De início, a maioria dos participantes começou compartilhando, mas, ao ver alguém sendo ganancioso, todos começaram a agir de maneira egoísta.

A situação muda, no entanto, quando os gananciosos são punidos — quando se pode ver claramente as consequências de agir com injustiça. Diante dessa possibilidade, o nível de cooperação dispara.

Isso acontece em qualquer lugar onde um recurso compartilhado por todos é gratuito, como água potável. Se alguém usa o recurso de forma egoísta, sobra pouco para suprir a demanda.

O trabalho do ecologista Garret Hardin no artigo "The Tragedy of the Commons" [A tragédia dos recursos em comum] mostra uma visão sombria sobre a capacidade humana de compartilhar. Ele argumenta que a ganância e o interesse individual são motivações poderosas que levam as pessoas a pegar mais do que a parte que lhes cabe — no caso, os moradores de uma região de pastagem deixaram seus rebanhos pastar em excesso e acabaram destruindo o bem comum.

Um olhar mais detido nas provas fornecidas, no entanto, mostra que, ao longo da história, os seres humanos trabalharam juntos para gerenciar recursos comuns — florestas, áreas de pesca, sistemas de irrigação e pastagens — para limitar os danos causados pela ganância individual.[18] Isso também representa uma aplicação da compaixão, que se resume a se importar com os outros, não apenas conosco.

"Uma das coisas mais importantes[19] que precisamos perceber é que a felicidade humana é interdependente", escreveu o Dalai Lama no prefácio à biografia de Mahatma Gandhi. "Nosso futuro de felicidade e sucesso está intimamente relacionado ao de outrem. Assim, ajudar os outros ou ter consideração por seus direitos e necessidades não é uma questão de responsabilidade, mas envolve nossa própria felicidade."

A visão do Dalai Lama abre uma estratégia complementar de longo prazo. À medida que nós — e as futuras gerações — aprendermos a diminuir o egoísmo e gerenciar melhor as emoções destrutivas e fortalecer a compaixão, uma mudança social pode acontecer. Podemos acabar construindo sistemas que tragam em seu cerne a transparência, a justeza e a imputabilidade.

Pense no que isso poderia significar no âmbito da economia.

6. A economia que leva as pessoas em consideração

Sempre que tem a oportunidade de falar a empresários, o Dalai Lama menciona a necessidade de valores éticos no mundo dos negócios. Sua maior objeção ao capitalismo é a falta de perspectiva moral compassiva — o foco na aquisição de riqueza leva à falta de preocupação com o bem-estar da população.

O capitalismo precisa de compaixão.

"Sou marxista", declarou o Dalai Lama mais de uma vez, pelo menos no que tange à teoria socioeconômica. Com a ênfase em uma distribuição de riqueza mais equânime, ele esclarece, o pensamento econômico marxista atrai o Dalai Lama porque "há uma dimensão moral".

O capitalismo, na visão do Dalai Lama, assume que os indivíduos só pensam em si e se concentram em "ganhar dinheiro — só lucro, lucro, lucro", nas palavras dele. Nossos motivos determinam o valor moral do que fazemos e nosso sistema financeiro premia a ganância em detrimento do custo a ser pago pela população e pelo planeta.

Ele aponta o fato de ser comum encontrar pobreza escancarada lado a lado com o consumo desenfreado. Isso basta para mostrar a ele que existem problemas graves no sistema econômico atual.

A riqueza, diz, é para o bem da sociedade, não de um único indivíduo. Ele se incomoda com o espírito mercenário do capitalismo, que pode ser indiferente e cruel com os pobres. "A ênfase no 'eu, eu, eu' — essa é a raiz do problema", disse ele a um grupo de empresários.

O Dalai Lama nos pergunta se nossa maneira de pensar a economia gera efeitos satisfatórios em nível global. Os negócios se tornaram talvez a força mais poderosa a moldar nosso mundo, transcendendo governos e religiões, observa.

E, ainda assim, os resultados — como o abismo cada vez maior entre ricos e pobres e o constante ataque à vitalidade da terra — mostram claramente que o mundo dos negócios precisa encontrar novas formas de pensamento. "Não se trata de curto prazo versus longo prazo", aponta o Dalai Lama. "Precisamos de ambos, mas há um foco obsessivo demais no curto prazo, que não leva em conta as consequências no longo prazo."

Mesmo assim, ele alerta para as armadilhas da estagnação e da ditadura de experimentos socialistas que "deveriam estar preocupados com a classe trabalhadora", e na prática não estão. E acrescenta: embora o nome "socialismo" possa soar bem, se, no fim das contas, o dinheiro acaba indo parar nas mãos de particulares, o termo não passa de um véu para a corrupção.

"O problema não é necessariamente o sistema econômico", seja o capitalismo ou o socialismo, mas "a falta de princípios morais das pessoas envolvidas nesse sistema". Ambos os "ismos" podem ser corrompidos por atitudes de egoísmo e exploração.

Após a queda do Muro de Berlim, o Dalai Lama disse a seu amigo Václav Havel, que se tornara presidente da Tchecoslováquia recém-independente, que esperava que os países do Leste Europeu, graças à forte história socialista, sugerissem uma nova síntese do socialismo e do capitalismo. Em vez disso, como sabemos, essas nações abraçaram os modelos de livre mercado do capitalismo.

Um sistema como o socialismo, que promove uma distribuição de bens de forma mais igualitária, deveria, teoricamente, se pautar por um ativo moral que não existe no capitalismo — e por isso é o preferido do Dalai Lama. Ele acrescenta, porém, com uma risada, que a proposta original do marxismo não é adotada em lugar nenhum.

Ele reconhece que a estrita regulação do Estado enfraquece o dinamismo do mercado e que o modelo econômico coletivista tem uma abordagem muito vertical. O Dalai Lama também enxerga a necessidade da liberdade de empreendimento. Idealmente, um sistema deveria equilibrar liberdade e altruísmo.

A economia compassiva que o Dalai Lama visualiza mistura o espírito empreendedor a um sistema de assistência social sólido e impostos sobre a riqueza — a Suécia é o país que lhe vem à mente como modelo bem-sucedido.

Os sinais de uma combinação saudável, complementa, aparecem na menor disparidade na distribuição da riqueza e na menor quantidade de ultramilionários em tais países.

Embora venha repetindo esses argumentos há anos, o Dalai Lama recentemente ganhou um poderoso aliado nos dados publicados em obras como *O capital no século XXI*, do economista francês Thomas Piketty. O livro analisa tendências ao longo dos séculos para mostrar que quem tem dinheiro para investir sempre ganhará mais do que quem depende do próprio trabalho para se sustentar. O capitalismo remunera muito mais os ricos do que os trabalhadores. A desigualdade cada vez maior entre ricos e pobres parece embutida na economia de livre mercado.[1]

Alguns anos atrás, quando soube do número crescente de bilionários, o Dalai Lama ficou intrigado. Por que, perguntou a seu intérprete Thupten Jinpa, alguém iria querer tanto dinheiro? Afinal, "nós só temos um estômago", acrescentou.

O Dalai Lama argumenta que uma economia deveria ser considerada rica em termos do bem-estar de todos, não por quantos se tornam bilionários. O capitalismo só poderá ser uma força para o bem se incorporar a preocupação genuína com todos.

Como não faz segredo de sua simpatia por uma versão mais compassiva da economia, foi exatamente isso que ele disse ao grupo que encontrou em um *think tank* conservador em Washington. Para a surpresa de muitos, a conversa fluiu bem, na opinião do Dalai Lama.

Uma ou duas semanas depois, o presidente do *think tank* escreveu um artigo no *New York Times* sobre a visita do Dalai Lama: "Como ocorre com qualquer ferramenta, usar o capitalismo para o bem exige uma profunda consciência moral. Somente atividades motivadas pela preocupação com o bem-estar do outro, declarou ele, podem ser realmente 'construtivas'".

E acrescenta: "Para o Dalai Lama, a questão principal é se 'usamos nossas circunstâncias favoráveis, como a saúde e a riqueza, de maneira positiva, ajudando outras pessoas'. [...] Defensores da livre iniciativa não devem esquecer que o cerne moral do sistema não está nos lucros ou na eficiência. Está em criar oportunidades para quem mais precisa".[2]

Embora a expressão "criar oportunidades" possa ter interpretações diferentes nas distintas esferas políticas, para o Dalai Lama tudo é muito claro:

uma das chaves para o florescimento do ser humano são ações justas e compassivas em nome de todos.

Para uma economia, isso significa, conforme o artigo, "políticas práticas baseadas em empatia moral", como uma rede de segurança para os mais pobres. "Washington", conclui o artigo, "precisa ser mais parecida com o Dalai Lama." Eu acrescentaria Londres, Beijing, Moscou e Nova Délhi à lista, para começar.

REPENSANDO A ECONOMIA

As teorias econômicas dominantes consideram que agimos como *Homo economicus*: um ser racional e egoísta que reflete e toma decisões para atender a desejos. A economia prevê, por exemplo, que os investidores tentarão maximizar os lucros, mesmo que isso signifique assumir riscos. A neurociência nos diz que essa motivação se baseia no sistema dopamínico de recompensa.

Consultores de investimento há muito tempo sabem que um sistema cerebral muito diferente orienta as decisões sobre dinheiro: a rede neural para ameaças, que cuida de nossa segurança. Essa busca pela segurança nos leva a ter aversão a riscos, inclusive no que diz respeito a nossas finanças.

Como seria, então, uma economia orientada pelo nosso sistema neural de cuidado e contentamento — em vez de egoísmo e medo?

Alguns economistas já estão explorando essa possibilidade, pensando em maneiras que vão além de considerar um consumidor egoísta como a unidade básica do sistema, lançando um novo olhar sobre o que a humanidade realmente quer: felicidade duradoura, e não mais bens materiais.

Quando nos encontramos na Itália para este livro, o Dalai Lama tinha acabado de ser convidado para participar de uma conferência sobre a natureza da felicidade. O convite fora feito pelo lorde Richard Layard, que minha esposa e eu encontramos na semana seguinte, em seu escritório na London School of Economics.

O objetivo da vida, disse Layard, deveria ser a criação de tanta felicidade quanto possível no mundo à nossa volta[3] — eliminando a tristeza na mesma medida. As primeiras articulações de uma teoria econômica por parte de Adam Smith e Jeremy Bentham consideravam o bem-estar da população a medida do sucesso de uma economia. Esse ideal foi o que atraiu o próprio Layard ao campo da economia.

O economista diz, no entanto, que essa premissa básica se perdeu no século XX, e com isso o indicador universal para avaliar a saúde econômica de um país se tornou o PIB, ou "produto interno bruto", o valor total dos bens e serviços produzidos (o PNB, ou "produto nacional bruto", é um parente próximo). A premissa era que, quanto mais dinheiro estivesse disponível para a população, maiores seriam as oportunidades na vida e maior o bem-estar.

A economia dominante de hoje pressupõe que os indivíduos tomam decisões racionais com base em uma percepção clara dos próprios interesses. A soma total dessas decisões racionais, reza a premissa, significa que os mercados definem preços adequados. Isso já foi desmentido por cada estouro de bolhas ocorrido em toda a história, desde a crise das tulipas holandesas na década de 1630 até, mais recentemente e de forma espetacular, o colapso financeiro de 2008.[4]

Outra grande fraqueza do PIB enquanto indicador, argumenta Layard, ficou clara como água nos últimos anos: um país pode manter um PIB respeitável, mesmo que as massas estejam na penúria, se uma pequena elite for absurdamente rica. A riqueza crescente de uma pequena porcentagem da população mascara o declínio do bem-estar da maioria.

Se pais e mães passam longas horas longe de casa, trabalhando para ganhar apenas o suficiente para sobreviver — e pagar a creche dos filhos —, o lucro dessa creche é incluído no PIB. O estresse por que passa a família, no entanto, é ignorado.

É por isso que muitas nações que se destacam na geração de riqueza não estão entre as líderes em medidas de bem-estar, principalmente quando exibem grande desigualdade financeira. O simples cálculo do PIB jamais contempla os custos da desigualdade, como problemas nas áreas de saúde, educação, moradia e alimentação — que dificultam a vida de crianças carentes, deixando-as mais propensas a se tornar adultos pobres.

Outro fato desconfortável: os mais pobres, cujo trabalho mal remunerado cria mais riqueza no topo da pirâmide econômica, têm poucas chances de avançar para um nível salarial melhor.

Além disso, alerta o Dalai Lama, a economia baseada em um estilo de vida voltado para o consumo e a esperança de crescimento ilimitado terá que se ajustar gradualmente à realidade dos níveis mais baixos. O ideal econômico de crescimento perpétuo não é sustentável enquanto medida de sucesso. Essa é uma visão articulada, por exemplo, pelo economista E. F. Schumacher no livro *O negócio é ser pequeno — Um estudo de economia que leva as pessoas em consideração*.

Enquanto cruzávamos o campus da universidade para almoçar com Richard Layard, minha esposa e eu passamos pela vitrine da livraria universitária, que exibia com destaque a influente obra escrita por Thomas Piketty. *O capital no século XXI* estava claramente chamando atenção na London School of Economics.

No entanto, a análise de Piketty, que usa dados coletados na Europa e nos Estados Unidos, não trata de um tópico importante: como os pobres vivem em todo o mundo.

A maré crescente da economia tirou centenas de milhões — talvez bilhões — de pessoas da parte mais baixa da escala. Nas quatro décadas que se seguiram à de 1970, a quantidade de indivíduos vivendo com um dólar ou menos por dia em todo o mundo caiu 80%.[5] Isso aumentou a padrão de vida de trabalhadores em países outrora considerados "subdesenvolvidos", como o grupo BRIC — Brasil, Rússia, Índia e China.

Essa notável conquista não diminuiu o abismo entre ricos e pobres; a quantidade de multibilionários cresceu em todo o mundo no mesmo período. De acordo com Piketty, o problema do capitalismo está nas regras do jogo, pois o bolo é dividido desproporcionalmente: a maior parte cabe aos donos, à custa dos trabalhadores.

E essa maré alta não levanta todos os barcos. A transferência de trabalho industrial dos países desenvolvidos para os países em desenvolvimento significa, por exemplo, que alguns trabalhadores de países antes prósperos ganham hoje bem menos do que ganhavam os pais no mesmo ponto da carreira (mesmo os trabalhadores menos qualificados dos países pobres ganham mais).

A regra de Piketty sustenta que o abismo entre ricos e pobres aumenta com o tempo. De fato, em 2016, as oitenta pessoas mais ricas do mundo terão um patrimônio líquido igual ao dos bilhões de pessoas que ficam na parte mais baixa de escala de renda.[6] O mundo parece estar se encaminhando para ilhas de poucos ultrarricos, apartadas dos muitos vulneráveis.

Um estudo global sobre as pessoas na extremidade inferior da escala de renda é encerrado com uma nota forçada sobre uma dita boa notícia: a projeção de que não haverá mais de um bilhão de pessoas vivendo em pobreza abjeta no futuro. Dito de outra forma, os pobres estarão sempre conosco.

Tradicionalmente, o foco principal de um capitalista é simplesmente ganhar dinheiro, observa o Dalai Lama. Ele acrescenta, porém, que o capitalismo precisa expandir sua teoria para incluir benefícios para a maioria da população — e não só financeiros.

O SEGREDO DA FELICIDADE

"Qual é a fonte da felicidade?", perguntou um aluno da Universidade Princeton ao Dalai Lama.

Olhando para os universitários que esperavam a resposta, o Dalai Lama fez uma pausa e disse: "Dinheiro!".

Mais um instante: "Sexo!".

E depois: "Boates!".

A piada pôs a plateia abaixo.

Depois ele continuou, explicando que, quando vemos o mundo por uma lente materialista, procuramos estímulos sensoriais — até mesmo compras, comida, música, assistir a esportes — como fonte de satisfação ou alegria. Mas, acrescentou ele, concentrar-se *apenas* em prazeres sensoriais nos deixa perpetuamente insatisfeitos, porque tais prazeres têm curta duração.

A imersão na indulgência consumista como estilo de vida, tão desenfreada no Primeiro Mundo e hoje se espalhando rapidamente em economias emergentes como a China e a Índia, não leva à felicidade verdadeira, mas "barateia a vida, alimentando nossa natureza menor".

De tempos em tempos, o Dalai Lama menciona que visitou uma família muito rica, em cuja casa foi recebido para almoçar entre dois trechos de uma longa viagem. No banheiro, contou um tanto embaraçado, ele percebeu que o armário de remédios estava aberto, e então aproveitou para dar uma espiada — e descobriu que estava repleto de tranquilizantes e analgésicos.

A crítica do Dalai Lama à economia moderna está diretamente relacionada a essas premissas sobre a plenitude. "Muita gente acha que o dinheiro é a fonte de uma vida feliz. O dinheiro é necessário, útil — mas ter cada vez mais dinheiro não traz felicidade. Associar a felicidade ao dinheiro é ser materialista demais."

Uma falha desse estilo de vida é que, mesmo quando nos divertimos, "a alegria pode vir junto a muitas preocupações em nível mental profundo. Ela é um analgésico. A dor ainda está lá, mas você se esquece dela enquanto está distraído".

Podemos sentir um alívio temporário, mas, quando alguma coisa traz de volta à tona aquela preocupação maior, esquecemos a alegria. Então "precisamos de uma base mais profunda para o contentamento".

Ele explica: "A maneira correta para aliviar a dor é trabalhar no próprio nível mental, não por meio de gratificação sensorial". O desafio está, em parte, em reorientar nossas atitudes em direção à fonte de satisfação e para longe do materialismo.

"Isso é difícil de mudar. Nossa verdadeira esperança é dar às pessoas deste século" — os jovens de hoje e aqueles ainda por nascer — o que ele considera uma "educação adequada" sobre valores e a verdadeira base de uma vida realizada. "Acho que é nossa única esperança."

Ele vai mais longe: "Hoje em dia, muita gente acredita que, se o progresso material continuar, tudo ficará bem. Essa maneira de pensar é equivocada. Bens materiais proporcionam conforto ao corpo físico, mas não à mente".[7]

O dinheiro, como todos dizem, não compra amor — nem felicidade.

A felicidade, conforme mostra a pesquisa de Layard, depende muito mais da qualidade de nossos relacionamentos pessoais do que de nossa renda. Em muitos aspectos, o fator externo mais importante para nosso bem-estar é sentir essa proximidade.

Pela mesma razão, o Dalai Lama afirma que o afeto, a afinidade e a confiança em relação ao círculo de amigos e a familiares nos tornam mais felizes do que qualquer luxo. Ele cita uma pesquisa no ramo das ciências sociais que mostra que os benefícios emocionais da riqueza são temporários — e o nível médio de contentamento em uma sociedade é maior quando a riqueza é mais bem distribuída. Essa parece ser a razão por que países como a Dinamarca estão consistentemente entre os primeiros do ranking de satisfação e felicidade.

Se o objetivo do governo fosse o bem-estar da população, argumenta Layard, a economia seria regulamentada com o objetivo de ser mais estável, e não de encontrar novas formas para ajudar um grupo exíguo a se tornar extremamente rico.

Enquanto a fé dos economistas no PIB sustenta que o dinheiro representa a felicidade do indivíduo, Layard aponta uma ironia: o economista que desenvolveu o PIB alertou para o erro de usá-lo como medida do bem-estar da população.[8]

Muitos dados, afirma Layard, mostram que fatores como a saúde e a qualidade de relacionamentos interpessoais são mais importantes para a felicidade. A renda responde por apenas um ponto percentual de variação na felicidade.

Layard está à frente de um movimento de economistas em busca de um indicador para o bem-estar mais significativo que o PIB. Ele acredita que os países deveriam ser avaliados pela satisfação dos cidadãos com suas vidas. Layard, membro da Câmara dos Lordes britânica, ajudou a transformar o projeto em política governamental.

Como resultado, a Grã-Bretanha e, em seguida, todos os países da Organização para a Cooperação e Desenvolvimento Econômico (que busca levar a todo o mundo o crescimento econômico e o emprego, bem como aumentar o padrão de vida) adotaram indicadores de satisfação com a vida em suas estatísticas oficiais.[9]

O Dalai Lama estimula esse pensamento progressista que vai além da economia para promover o bem-estar. Apesar da criatividade inovadora que orienta a atividade econômica, ainda é preciso fornecer bens essenciais a bilhões de pessoas. Só uma economia voltada para a compaixão, argumenta, pode superar a enorme disparidade entre os mais pobres e os mais ricos.

Dado que a verdadeira felicidade começa com um mínimo de conforto material, mas também depende do cultivo de qualidades mentais como contentamento e cuidado, o objetivo do desenvolvimento econômico pode ser encontrado, de acordo com a visão do Dalai Lama, ao promover ambos os objetivos.

Ele louva grupos que estimulam os países a definir o sucesso de políticas governamentais em termos de "Felicidade Nacional Bruta". E acrescenta, no entanto, que ainda está esperando para conhecer maneiras criativas para transformar seu ideal de economia compassiva em ações — e não apenas em palavras.

AÇÃO PELA FELICIDADE

Os dados de Layard mostram que os níveis de confiança estão em queda livre, enquanto a ansiedade e a depressão só fazem aumentar, mesmo com o crescimento do PIB. A verdadeira marca do sucesso de uma sociedade, argumenta, deve ser o bem-estar da população — refletido nos níveis de felicidade, e não apenas pelo ganho financeiro.[10] Embora haja controvérsia entre os economistas, esse argumento influenciou muitos, inclusive alguns aliados inesperados.

Um deles foi Gus O'Donnell, então secretário do gabinete, chefe do serviço público do Reino Unido, um cargo de tanto poder, segundo alguns, que ele era conhecido por suas iniciais: GOD [Deus]. O'Donnell foi decisivo na mudança de avaliação de políticas governamentais — abrangendo desde saúde e educação[11] até aposentadoria e emprego —, de forma que o bem-estar da população também fosse levado em conta.

Com esse sucesso, Layard e seus aliados buscaram implementar uma mudança social que desse suporte à mudança política e oferecesse uma alternativa à predominante obsessão com os esforços financeiros. O grupo pretendia disseminar uma visão mais apurada sobre o que é uma vida feliz e plena. A religião serviu como farol no passado, mas, com a falta de vinculação religiosa em toda a Europa Ocidental, ocorreu uma lacuna institucional.

Assim surgiu o Action for Happiness [Ação pela Felicidade], um movimento secular que se vale de muitos aspectos usados pela religião para oferecer um farol ético e emocional — ensinando como levar uma vida significativa e tratar melhor as outras pessoas —, mas também para atrair aqueles sem um particular interesse na religião.[12] Como sinal de apoio, o Dalai Lama concordou em se tornar "padroeiro" da organização.

Quem se associa ao Action for Happiness faz a seguinte afirmação: "Tentarei gerar mais felicidade e menos infelicidade no mundo ao meu redor". Isso significa adotar ações que melhorem o próprio bem-estar, mas também ajudar a criar vizinhanças, locais de trabalho, escolas e comunidades mais felizes, diz Mark Williamson, diretor do movimento.

O Action for Happiness conta com centenas de milhares de associados, e cerca de 60% deles moram em países distantes. "A mágica está em grupos pequenos, que atuam face a face", explica Williamson. O modelo é, de certa forma, similar ao dos Alcoólicos Anônimos, em que qualquer membro pode iniciar um grupo regional para encontros de participantes em torno de um formato predeterminado.

Cada reunião começa com alguns minutos de atenção plena e afirmações de gratidão, tendo uma discussão como cerne da sessão. A reunião termina com os participantes escolhendo uma ação a tomar que tenha a ver com ajudar alguém que esteja passando por necessidade ou se conectar a alguém solitário. Um grupo lançou o Happiness Café, onde indivíduos com ideias afins podem se conectar e compartilhar ideias para criar uma comunidade mais feliz e mais unida.

No principal programa do Action for Happiness, chamado Exploring What Matters [Explorando o que importa], o grupo se encontra durante oito semanas, e cada sessão se concentra em uma grande pergunta para discussão. A lista começa com: "O que realmente importa na vida?". Depois: "O que nos faz felizes?". Em seguida, são realizadas sessões que tratam de como lidar com adversidades, cultivar bons relacionamentos, criar locais de trabalho e comunidades mais felizes. O fechamento é com a pergunta: "Como podemos criar um mundo mais feliz?".

A evolução desde a busca por sentido e felicidade na vida pessoal até a compaixão costuma levar o indivíduo a encontrar maneiras de ajudar outras pessoas. Um exemplo: Jasmine Hodge-Lake procurou o Action for Happiness por causa de uma dor crônica. A terrível combinação entre doença degenerativa da coluna, síndrome do túnel do carpo e fibromialgia causou tanto sofrimento que a impediu de continuar levando uma vida normal.

Incapaz de trabalhar e sentindo dor incessante havia mais de uma década, ela passava os dias em desespero. Um curso de gerenciamento da dor que não lhe trouxera qualquer alívio aumentara ainda mais sua sensação de impotência e a fizera mergulhar mais fundo na depressão. "No fim, eu sentia que não havia mais esperança", diz Hodge-Lake. "Essa é a minha vida: não ter vida."[13]

Para piorar o desespero, ela se sentia isolada. "Eu não queria ficar perto de outras pessoas e achava que ninguém se importava comigo", rememora.

Por acaso, ela chegou ao site do Action for Happiness, que traz uma lista com Dez Chaves para uma Vida Mais Feliz — conectar-se com outras pessoas, por exemplo. Para Hodge-Lake, a lista trouxe a percepção de que havia atitudes práticas a tomar para ser mais feliz. E assim ela se inscreveu para o curso de oito semanas.

O primeiro momento em que uma "luzinha" se acendeu foi ao ouvir a gravação de uma palestra de Jon Kabat-Zinn sobre atenção plena, quando ela percebeu que poderia mudar a relação com a dor: aceitá-la em vez de lutar contra ela. Essa mudança interna diminuiu o estresse emocional, apesar da sensação de dor permanecer.

Outra luzinha foi acesa durante a semana devotada ao que torna o trabalho significativo e gratificante. Ao perceber que tinha perdido a paixão por praticamente tudo, Hodge-Lake decidiu trabalhar com outras pessoas que sofrem de dor crônica para ver se conseguiria ajudá-las também.

"Eu ainda estava bastante deprimida, mas comecei a fazer mais coisas", diz. "É impressionante como as ferramentas do Action for Happiness me ajudaram. Descobri que poderia tomar atitudes que fariam uma grande diferença. Voltei a ter esperança no futuro."

Com a mudança interna, ela começou a pensar em como melhorar o apoio a pessoas que sofrem de dor crônica. "Percebi que uma nova abordagem era necessária — que fosse mais útil e usasse algumas das ideias que aprendi no Action for Happiness."

Hodge-Lake hoje aconselha, informalmente, outras vítimas de dor crônica sobre como obter ajuda — e busca lhes trazer esperança. Ela está em vias de se tornar uma "voz de paciente" no programa voltado para aprimorar as diretrizes para tratamento de pacientes no sistema médico britânico. E também divulga o Action for Happiness, distribuindo o cartão sobre as Dez Chaves para uma Vida Mais Feliz — e estimulando outras pessoas a se envolverem.

"Eu não teria chegado aqui sem o Action for Happiness e o curso que fiz", afirma. "Ainda tenho dias ruins e a vida certamente não é perfeita, mas [o programa] me ajudou muito. Hoje tento ser a mudança que quero ver."

PROSPERAR E FAZER O BEM

As cavernosas fábricas de paredes de tijolos de Easthampton, em Massachusetts, nos Estados Unidos, prosperaram no século XIX, mas se transformaram em ruínas abandonadas no século XXI, com janelas quebradas e muros cobertos de pichações. Recentemente, um desses prédios, hoje conhecido como Eastworks, foi restaurado para uso, abrigando empreendimentos como a Prosperity Candle, que ocupa um *loft* espaçoso, bem iluminado por enormes janelas. Ali, Moo Kho Paw, imigrante de Mianmar, aprendeu a sustentar a família com uma nova habilidade: a confecção de velas artesanais.

Paw, mãe de três crianças, saiu da dependência abjeta em campos de refugiados na fronteira entre a Tailândia e Mianmar e hoje recebe salário como fabricante de velas, o que lhe permite sustentar os filhos, pagar o aluguel e contratar uma babá. Ela trabalha com outros dez refugiados na Prosperity Candle, que também emprega doze vítimas do terremoto no Haiti e cerca de seiscentas mulheres (muitas viúvas em razão da guerra) no Iraque. Todas encontraram uma forma de viver que as tirou da pobreza.

E o plano era exatamente esse. A Prosperity Candle não é uma empresa comum. Ela foi fundada como "empreendimento social". Juridicamente falando, está a meio caminho entre uma instituição de caridade e um negócio. "Somos uma empresa que visa ao lucro, porém com o coração de um empreendimento sem fins lucrativos", explica o fundador, Ted Barber. "Nosso objetivo é fazer do mundo um lugar melhor."[14]

A afirmação não é palavra vazia, mas sim um objetivo explícito, que consta no contrato social da empresa. Essa é uma das maneiras que algumas companhias encontraram para chamar a atenção para decisões empresariais que incorporam uma ética de justiça e compaixão e buscam elevar o patamar ético do mercado.

Tomemos como exemplo outra *"for-benefit corporation"* [empresa de interesse para a sociedade], a Greyston Bakery, uma padaria localizada na cidade de Yonkers, estado de Nova York, que contrata, treina e abriga desabrigados, ex-presidiários, viciados em drogas, desempregados que dependiam da previdência social, mulheres vítimas de violência doméstica e analfabetos — todos em situações que levam ao desespero.

Ao aprender ofícios como a confeitaria, os funcionários conquistam um meio de vida estável. A empresa fornece grande quantidade diária de brownies à fábrica de sorvetes Ben & Jerry's, de Vermont, que os transforma em sabores como o Chocolate Fudge Brownie. O lema da Greyston é: "Nós não contratamos pessoas para fazer brownies, nós fazemos brownies para contratar pessoas".

O Dalai Lama ficou deliciado ao ouvir falar da confeitaria e da classe de negócios que ela representa. As "B Corporations" [ou *for-benefit corporations*, conforme citado anteriormente], como são conhecidas nos Estados Unidos, têm a missão explícita de beneficiar a sociedade ou o meio ambiente, além de obter lucro — prosperar e fazer o bem. Essa missão dupla estimula a empresa a cumprir objetivos voltados para o bem geral, e não apenas fazer dinheiro.

Além das B Corporations, outra forma ainda mais significativa de prosperar e fazer o bem pode ser vista no resultado líquido no "tripé da sustentabilidade": proventos, pessoas e planeta.[15] Ter objetivos além do mero lucro redefine a maneira como uma empresa faz negócios.

A Patagonia, fabricante norte-americana de roupas esportivas, por exemplo, se tornou uma B Corporation em 2012, o que permite que a empresa busque benefícios ambientais e sociais tanto quanto o retorno financeiro de suas operações (ou até mais). Assim, por exemplo, a empresa pôde apoiar pesquisas de longo prazo, que gerariam retorno apenas anos depois, para produzir a borracha de seus trajes de mergulho a partir de um arbusto do deserto, em vez de petróleo.[16]

Outro exemplo é a Warby Parker, empresa que produz armações de óculos — e doa um par de óculos a um morador de país em desenvolvimento para cada armação vendida. E a Jonathan Rose Companies, uma empresa de construção sustentável que faz casas para pobres e também cumpre com os mais altos padrões ambientais da certificação LEED [sistema internacional de certificação e orientação ambiental para edificações].

Empresas como essas recriam o capitalismo para ser significativo, não apenas lucrativo. Um dos primeiros empreendimentos sociais do tipo foi o Banco Grameen, de Bangladesh, cujo fundador, Muhammad Yunus, um notório pioneiro na concessão de microempréstimos para indivíduos que vivem na pobreza, ajudando-os a começar o próprio negócio de pequeno porte. Ao retornar ao banco, o pagamento das prestações do empréstimo pode ser novamente emprestado a outros indivíduos de baixa renda.

O Grameen representa um movimento nascente que atende por vários nomes, como "capitalismo consciente", "negócios voltados para um objetivo" e "investimento de impacto". Todos compartilham a mesma meta: transformar os negócios em uma força para o bem.

Hoje, muitas corporações de grande porte valorizam, em alguma medida, a adoção de responsabilidade social corporativa, ou RSC. No mínimo, a adoção de RSC significa simplesmente seguir práticas de negócios éticas, mas muitas empresas vão além das próprias necessidades para promover o bem-estar social.

A cultura de engenharia da Cisco Systems, por exemplo, está voltada para a produção e instalação de sistemas de redes digitais e o fornecimento dessa expertise a outras empresas. O que a maioria dos que conhecem a empresa não faz ideia, entretanto, é o quanto a empresa leva a RSC a sério.

Um terço dos 60 mil funcionários da Cisco, por exemplo, mora e trabalha na Índia. Quando 1 milhão de pessoas ficou sem teto no sul do país depois da maior enchente dos últimos cem anos, os funcionários da empresa ajudaram a reconstruir 3223 casas inundadas, bem como um centro de saúde. Nesse meio-tempo, os especialistas da Cisco forneceram conexão a quatro escolas para ensino remoto à distância.

Em resposta à crise de falta de atendimento médico para as crianças mais pobres do mundo, o braço de RSC da Cisco aplicou a expertise da empresa para projetar uma tecnologia de atendimento à distância. O sistema da Cisco permite, por exemplo, que pediatras de qualquer parte do mundo prestem consultoria a médicos de locais remotos, até mesmo para casos raros ou difíceis de tratar. Alguns foram implementados em hospitais dos Estados Unidos, mas outros estão no Brasil, na China, em Uganda — e naquela região inundada da Índia.

Contei ao Dalai Lama como algumas empresas estão se remodelando para se tornar uma força para o bem, implementando valores compassivos em operações já existentes. O conglomerado global Unilever, por exemplo, anunciou, como parte de seu objetivo maior de sustentabilidade, o plano de adquirir matérias-primas de meio milhão de pequenas fazendas do Terceiro Mundo, todas recém-incorporadas à cadeia de fornecedores da companhia — fornecendo-lhes ajuda técnica para que possam se tornar fornecedores confiáveis e passem a ter uma renda fixa.[17]

Especialistas em desenvolvimento dizem que ajudar pequenos fazendeiros a aprimorar os negócios é a melhor maneira de melhorar a saúde, a educação e a economia das áreas rurais mais pobres do mundo.

Ao ouvir isso, o Dalai Lama exclamou mais uma vez: "Realmente maravilhoso!".

"O problema é o lucro à custa da humanidade", nas palavras de Marc Benioff, CEO da empresa de computação na nuvem Salesforce, que conversou comigo poucas semanas antes de meu encontro com o Dalai Lama. "As corporações têm recursos vastos — que o peguem e usem para o bem. Com o capitalismo compassivo, é possível ter sucesso e fazer o bem."

A empresa de Benioff segue o princípio "1:1:1", e doa 1% dos lucros, 1% dos produtos e 1% da hora de trabalho dos empregados a causas significativas — um modelo que, segundo ele, deveria ser adotado por outras empresas do ramo da tecnologia.[18]

Seguindo a mesma linha, Warren Buffett e Bill Gates desafiaram outros bilionários a doar mais da metade de sua riqueza para caridade, como eles fizeram. Mais de duas centenas deles aderiram à campanha Giving Pledge, organizada por Buffett e Gates.

Existem muitos exemplos de capitalistas compassivos — embora o número ainda esteja longe de ser o suficiente. O próprio Dalai Lama, para mim, oferece um modelo de generosidade que todos podemos seguir, em alguma medida.[19] Todos podemos, da maneira que for possível, "ajudar os outros", como ele disse a um grupo de empresários.

Se é a temperatura emocional dos dias de hoje que torna os capitalistas bons ou ruins, até mesmo o local de trabalho oferece uma oportunidade para maior calor humano. Fiquei um tanto surpreso ao ouvir o Dalai Lama dar a um grupo de microempresários conselhos práticos sobre administração. Embora pudesse ter saído de um manual de recursos humanos, o aconselhamento foi baseado em seu modelo caseiro de compaixão.

Um empresário lhe disse que estava preocupado com o estresse e a desorientação de seus jovens empregados em início de carreira. O Dalai Lama respondeu o seguinte: "Para que tenham paz de espírito, deixe os funcionários mais jovens terem uma conversa interna — semanal ou mensal — sobre como se sentem, suas emoções, e não sobre o negócio". Eles podem compartilhar ideias sobre como ser mais resilientes, mais eficazes, e sobre os desafios a enfrentar, acrescentou.

Além disso, o Dalai Lama elogiou o clima emocional de algumas empresas japonesas, que estimulam um sentimento de lealdade e segurança, como se o trabalho fosse um tipo de "família". Melhorar o bem-estar dos funcionários é outra atitude benéfica que pode ser adotada pelas empresas.

Ao conversar com um grupo de CEOs, o Dalai Lama falou de um "capitalismo positivo", em que "é possível seguir adiante, mas também permitir que outros façam o mesmo".

Ele vislumbra as empresas trabalhando juntas para o benefício de todas, uma alternativa ao cruel pensamento de que o vencedor leva tudo. "As empresas precisam de senso de responsabilidade para trabalhar juntas de forma mais cooperativa — com menos ênfase no sigilo, no medo e na concorrência negativa. O fator-chave é a confiança. Precisamos de concorrência positiva: se eu progrido, eles também devem progredir para não ficar para trás.

"A economia global", diz, "é como um teto sobre todos nós, mas depende de pilares de sustentação individuais."

Isso está de acordo com os conselhos de carreira que o Dalai Lama deu a um grande grupo de estudantes universitários: "Primeiro busque sua independência financeira. Depois, passo a passo, ande com as próprias pernas para poder ajudar outras pessoas".

7. Cuide de quem precisa

"Meus amigos, venham ajudar [...] Uma mulher morreu congelada às três da madrugada no chão do Sebastopol Boulevard, agarrada à ordem de despejo que a deixara sem teto no dia anterior [...] Todas as noites, mais de 2 mil pessoas enfrentam o frio sem comida, sem pão, muitas quase nuas.

"Ouçam-me, nas últimas três horas, dois centros de ajuda foram criados [...] Já estão praticamente lotados, precisamos abrir outros por todas as partes. Hoje, em todas as cidades da França, em todos os bairros de Paris, precisamos erguer cartazes sobre uma fonte de luz na escuridão, à porta de lugares onde haja cobertores, beliches, sopa, onde seja possível ler, sob o título 'Centro de Ajuda Fraternal', estas palavras simples: 'Se você está sofrendo, seja quem for, entre, coma, durma, recupere a esperança, aqui você é amado.'"

Este apelo emocionado foi ao ar na Radio Luxembourg, ouvida em grande parte da França,[1] durante o duro inverno de 1954.

A voz no rádio era do abade Pierre, mais conhecido pelo título em francês, *Abbé*, defensor dos sem-teto da França e figura proeminente como combatente da Resistência Francesa durante a Segunda Guerra Mundial. O sacerdote era o autor do texto, que também foi reproduzido no maior jornal do país.

A reação foi avassaladora em todo o país, com a doação de centenas de milhões de francos, bem como de montanhas de cobertores e suprimentos. O Abbé Pierre imediatamente fundou as casas Emaús para os desabrigados.[144]

As casas eram parcialmente sustentadas por um vinhedo doado ao projeto, e que o Dalai Lama visitaria anos depois. O abade impressionou profundamente o Dalai Lama: "Ele era maravilhoso, um grande amigo".

Da mesma forma, quando se trata de praticar o amor e a compaixão, não é surpresa que a Madre Teresa imediatamente venha à lembrança do Dalai Lama. Os dois tiveram um breve contato, e, após a morte dela, o Dalai Lama visitou sua sucessora, a Irmã Nirmala, nas Missionárias da Caridade em Calcutá. Ele ficou emocionado com a dedicação das irmãs em ajudar os doentes e os pobres sem pensar em si mesmas. Eram exemplos vibrantes do ideal cristão.

Ele admira esses grupos de religiosos que, por exemplo, vão morar em áreas rurais remotas de lugares como a Índia e a África, sacrificando o próprio conforto para contribuir para a saúde e o bem-estar dos necessitados, montando escolas e clínicas. Missões assim são "maravilhosas", nas palavras do Dalai Lama, "uma comunidade a serviço da criação de Deus".

Ele acrescenta, porém, que é muito melhor quando o objetivo do grupo é simplesmente aliviar o sofrimento, e não atender a um projeto de conversão. Mas esses projetos raramente, se tanto, se envolvem com o trabalho de incontáveis ONGs a serviço dos pobres. As "organizações não governamentais" buscam uma ampla gama de objetivos para melhoria social. São elas que estão nas primeiras fileiras da força mundial para o bem.

Uma frase tibetana define esse tipo de compaixão em ação: *men la lhakpar tsewa*. Ela pode ser traduzida como "ter especial preocupação pelos despossuídos", defendendo os que não podem se defender, ajudando pobres, doentes, deficientes e outros que precisem de atenção.

"Mentalmente", disse-me o Dalai Lama, "às vezes os ricos olham para os que passam necessidade e de vez em quando os ajudam. Não há, porém, respeito genuíno nesse ato. Essas pessoas também são seres humanos, com as mesmas capacidades. Todos temos o mesmo potencial, mas não as mesmas oportunidades", acrescentou, observando que, nesse caso, o progresso depende de como a sociedade muda.

Isso me trouxe à mente um conjunto de dados sobre QI colhidos em todo o mundo e analisados pelo psicólogo James Flynn.[2] Ele descobriu que, em nações com grupos de privilegiados e despossuídos, as crianças de famílias mais prósperas têm grande vantagem em termos de QI.

Quando, porém, as crianças mais pobres são mais bem nutridas e recebem educação sem discriminação de grupo — por exemplo, quando a família migra para outro país —, a disparidade no QI desaparece em apenas uma geração.

Tanto os privilegiados quanto os despossuídos têm a responsabilidade de trabalhar pela mudança, diz o Dalai Lama. Os privilegiados devem, de início, entrar em sintonia com o que é necessário para ajudar os despossuídos e depois oferecer recursos para ajudar na educação, no treinamento profissional e em outros aspectos semelhantes. A meta é "ajudá-los a andar com as próprias pernas".

Os que passam necessidade, por sua vez, podem assumir a responsabilidade de ajudar a si mesmos. "Não importam as dificuldades", aconselha, "não se sinta inútil ou desesperado. Você tem o mesmo direito de todos a uma vida mais feliz."

Com esses esforços, diz ele, "as circunstâncias podem mudar para melhor". Se adotarmos a atitude da unidade de toda a humanidade, naturalmente veremos que "todos temos o mesmo direito a nos tornarmos pessoas felizes". Não podemos simplesmente fazer pouco dos problemas dos necessitados, dizendo: "Ah, você não teve sorte", e não fazer algo para ajudar.

"Quando traduzimos a compaixão em ação", disse o Dalai Lama a um grupo de universitários envolvidos em projetos de ajuda, "é preciso ter uma motivação sincera — e também alguma percepção sobre a dinâmica que criou a situação. Vá na raiz do problema." Por exemplo, o abismo de renda entre ricos e pobres. Além disso, acrescentou, é preciso ter visão clara e compaixão.

Para aqueles que acreditam em Deus, ele diz: "Aos olhos de Deus, todos os 7 bilhões de seres humanos são iguais: têm a mesma natureza, o mesmo direito à felicidade, os mesmos desejos. Assim, servir à humanidade e, em particular, aos pobres é a melhor maneira de servir a Deus".

Para quem não tem religião, a abordagem é outra: "Somos animais sociais, e até mesmo os animais praticam atos de generosidade — compartilhando comida, cuidando do grupo ou, às vezes, simplesmente lambendo um ao outro. Se você é feliz e tem comida à vontade, mas seu vizinho está passando por dificuldades, é absolutamente natural ser generoso.

"Então, seja de que forma for, precisamos ajudar e servir quem está passando necessidade. Precisamos desenvolver a generosidade."

AJUDANDO PESSOAS A SE AJUDAREM

Se você der uma boa caminhada pelas poeirentas ruas da Índia, é provável que acabe encontrando um leproso encolhido à beira do caminho, tendo ao lado uma pequena lata para receber moedas. O leproso pode não ter alguns dedos das mãos ou dos pés, ou até mesmo um dos membros — uma triste consequência da progressão da doença à medida que compromete os nervos.

O Dalai Lama costuma fazer doações a abrigos para portadores da doença. Um dos que mais o inspirou foi a comunidade Anandwan, fundada por seu amigo Baba Amte, que, quando jovem, era um devotado seguidor de Gandhi. Baba Amte acreditava que os leprosos precisavam de trabalho digno, não de caridade.

O próprio Baba Amte sofria de uma doença degenerativa medular progressiva que o relegou a uma cama a maior parte do tempo, mas, apesar do sofrimento, nunca deixou de ser um líder ativo. Baba Amte causou grande impressão ao Dalai Lama, que visitou uma comunidade Anandwan no oeste da Índia — uma vila com casas, oficinas, escolas, hospital e jardins verdejantes onde antes só havia terra improdutiva, toda construída por pessoas com hanseníase e outros deficiências.

O Dalai Lama se lembra de sentar na cama do Baba Amte e segurar-lhe a mão. "Eu disse a ele que, enquanto minha compaixão era muita falação, a dele brilhava por tudo que tinha feito. Ali estava alguém que era um exemplo vivo de compaixão em ação, uma inspiração para todos nós."[3]

Hoje, Anandwan cuida de mais de 2 mil vítimas da hanseníase e de mais de cem filhos desses doentes, centenas de crianças deficientes visuais e auditivas, além de órfãos e filhos de mães solteiras.

As normas sociais vigentes teriam tratado os residentes em Anandwan como párias, relegando-os à mendicância na crueldade das ruas. Mas não Baba Amte, que morava com eles na vila que construiu.

"Quando visitei o lugar", conta o Dalai Lama, "todos tinham muito amor-próprio e dignidade, todos eram iguais. Todos tinham um trabalho, um meio de vida. Quando envelheciam e se aposentavam, sempre havia alguém que cuidasse deles. Eram deficientes, mas tinham a cabeça erguida. Fiquei muito impressionado."

Baba Amte disse sem rodeios: "A caridade destrói, o trabalho constrói".[4]

Os moradores de Anandwan se sustentam com a produção de artigos que vão desde tapetes, cadernos escolares e cartões de visita de papel reciclado até armações de metal para camas, muletas e sapatos especiais que protegem os pés de portadores de hanseníase.

Baba Amte faleceu em 2008, mas seus dois filhos, ambos médicos, continuam o trabalho. De acordo com o relato mais recente, Anandwan e duas comunidades irmãs empregavam mais de 5 mil residentes.[5]

"A atitude mental faz toda a diferença", afirma o Dalai Lama ao rememorar a visita a Anandwan. "O trabalho lhes dá autoconfiança e amor-próprio, então todos têm muito entusiasmo."

Quando o assunto é ajudar a quem precisa, o Dalai Lama — como Baba Amte — enfatiza a importância de alguém ajudar a si mesmo. Aqui, a atitude é crucial. "Muitas vezes, os pobres acham que não podem fazer muita coisa para ajudar a si mesmos."

Ele acrescenta, porém, que são as causas primárias das dificuldades que precisam mudar. Eles têm o mesmo potencial de qualquer outra pessoa, mas precisam acreditar na própria capacidade e se esforçar. Assim, recebendo as mesmas oportunidades, podem ser iguais.

Ele me contou que representantes linha-dura do governo comunista da China divulgaram material de propaganda afirmando que o cérebro tibetano era "inferior", e alguns tibetanos passaram a ter uma visão derrotista de si mesmos. Mas, quando recebiam a mesma educação e tinham as mesmas oportunidades na vida, os tibetanos iam tão bem quanto qualquer outro povo — e isso convenceu muitos deles de que nada tinham de inferior.

Ele usou esse exemplo com o morador de uma favela de Soweto, cuja casa visitou após o fim do apartheid. O homem disse que o cérebro dos africanos era inferior, por isso eles jamais seriam tão inteligentes quanto os brancos.

O Dalai Lama ficou chocado e triste. "Argumentei que é totalmente equivocado. Se você perguntar a cientistas se há quaisquer diferenças devido à cor, dirão definitivamente que não. A questão é igualdade. Agora que você tem a oportunidade, deve trabalhar duro. Você pode ser igual em qualquer caminho."

Assim, ele argumentou com convicção para convencer o homem do grande potencial da África e que o longo período de dominação colonial roubara a autoconfiança dos africanos, mas ela podia ser recuperada — como ocorrera com os tibetanos — com igualdade social, oportunidade e educação.

Depois de muito discutir, o homem suspirou e disse, em voz baixa: "Agora estou convencido. Somos iguais. Acredito nisso".

"Senti um tremendo alívio", lembra o Dalai Lama. "Pelo menos uma pessoa tinha mudado a maneira de pensar."

AUTOCONTROLE

É claro que os ricos — como moradores de países desenvolvidos que buscam ajudar áreas empobrecidas como as regiões rurais da Índia e da África — devem ajudar com "educação, treinamento e equipamentos", diz o Dalai Lama. Ele acrescenta, porém, que essa é apenas metade da solução. Os oprimidos também precisam ajudar a si mesmos. Qualquer grupo que se veja em desvantagem econômica ou sofra discriminação precisa lutar contra atitudes derrotistas, afirma, e encontrar a energia para conquistar uma vida melhor.

"A única maneira de reduzir o abismo entre ricos e pobres", seja na África, nos Estados Unidos ou em qualquer outro lugar, diz ele, não é por reclamação e raiva, frustração e violência, mas "pela construção da autoconfiança, pelo trabalho duro e pela educação".

Vejamos o exemplo de Mellody Hobson, a caçula de seis filhos (o primogênito é quase vinte anos mais velho) de uma mãe negra e solteira de Chicago. Hobson só viu o pai duas vezes, e dinheiro sempre foi um problema em casa.

Ao relembrar como era crescer sem uma renda estável e consistente, Hobson diz: "Havia essa sufocante sensação de insegurança financeira. Às vezes éramos despejados do apartamento onde morávamos e tínhamos que levar todos os nossos móveis e pertences para o quarto e sala de um de meus irmãos mais velhos. E, durante algum tempo, quatro ou cinco pessoas se apertavam por lá.

"Vivendo nessa insegurança financeira, não era surpresa quando nosso carro era confiscado. Às vezes, quando íamos ao mercado comprar comida, víamos nossos cheques sem fundo exibidos no balcão, para que o caixa não aceitasse outros. Outras vezes, minha mãe precisava pedir cinco dólares de gasolina fiados ao dono do posto para poder me levar à escola."

Embora a família nunca tenha morado em um abrigo para sem-tetos ou dormido no carro, a falta de segurança financeira era assustadora.

Ainda assim, sua mãe era ambiciosa e esforçada e comprava apartamentos baratos e dilapidados para depois reformar. Hobson diz que herdou o espírito de "eu posso fazer" da mãe, que sempre dizia à filha que ela poderia conquistar qualquer coisa se trabalhasse duro.

"Ela sempre me dizia: 'você pode ser qualquer coisa'", lembra Hobson.

A incerteza e a vida caótica serviram de impulso para ela, que aos cinco anos de idade já dizia à mãe que nunca seria pobre.

"Eu olhava ao meu redor e dizia, isso nunca vai acontecer comigo. Eu odiava aquilo." Ela estava, como admite, "obcecada". Estudava horas a fio, trancada no banheiro e sentada no chão enquanto deixava a água correndo para diminuir o barulho da casa e conseguir se concentrar melhor nos deveres da escola. Ela sempre esteve entre os melhores alunos da turma.

Hobson estudou na Ogden Elementary School, uma das principais instituições públicas de Chicago, localizada em um bairro de classe alta. Mas a mãe não podia realmente se dar ao luxo de alugar um imóvel na região: "Eu me mudei muitas vezes — fomos despejados muitas e muitas vezes. Aquilo me deixava irritadíssima, principalmente por causa de todo o esforço que eu fazia para esconder minha situação dos amigos e de outras pessoas".

A Ogden, uma das primeiras dos Estados Unidos a oferecer os altos padrões acadêmicos do programa International Baccalaureate, era o único elemento estável de uma vida caótica. "A escola era tudo para mim naquele momento — tudo. Ela me dava a ordem e a estrutura por que eu tanto ansiava e era confiável. Eu sempre ia para a mesma escola, mas nem sempre voltava para a mesma casa", contou Hobson.

Esforçada como a mãe, desde cedo Hobson adquiriu a concentração e a garra que lhe permitiam estudar horas a fio e que até hoje comandam sua rotina. Ela se levanta às quatro da manhã para intensa rotina de exercícios — corrida, natação e spinning — e às seis já está pronta para começar o dia de trabalho.

"Sempre fui muito disciplinada", conta, "mas essa disciplina deriva de certa paranoia, eu acho. Sempre tive a sensação de que precisava ser assim para poder progredir."

Essa determinação deixou a garota independente para conseguir o que os demais alunos da Ogden School tinham de graça. Se queria ir a uma festa de aniversário, tinha que dar um jeito de comprar um presente, chegar ao local e voltar por conta própria, porque a mãe geralmente estava trabalhando.

Como a maioria dos colegas vinha de famílias ricas, Hobson "sabia como era o outro lado e queria chegar lá".

Após concluir os estudos na Ogden, Hobson foi para uma escola católica preparatória para a universidade, com uma bolsa parcial. Ela lembra que, certa vez, a tiraram da sala de aula e lhe disseram para só voltar quando a mãe pudesse pagar a mensalidade. "Fiquei apoplética", lembra. "Fui impedida de frequentar a escola por alguns dias, até que minha mãe conseguisse juntar algumas centenas de dólares."

Hobson frequentou a Universidade Princeton graças a uma combinação de empréstimos e bolsas escolares. Sua monografia de conclusão de curso na Woodrow Wilson School of Public and International Affairs tratava de crianças sul-africanas vivendo sob o apartheid, cuja luta a comovia profundamente e colocava sua vida e seus desafios em perspectiva. Os pais dessas crianças trabalhavam longe, nas cidades ou nas minas de carvão, e elas ficavam por conta própria. Muitas se tornaram adultos altamente politizados, criando parte da força política que acabou por derrubar o regime do apartheid.

Após se formar em Princeton, Hobson foi trabalhar na Ariel Investments, onde está até hoje — o que faz dela uma raridade entre os outros 1100 formados em sua turma. "Esse fato faz sentido se você levar em consideração meu desejo de estabilidade", explica. "Morei quatro anos em meu primeiro apartamento, e catorze no segundo, embora os dois fossem muito, muito pequenos. Financeiramente, eu poderia ter me mudado muito antes, mas acabei me deixando ficar, porque odeio mudança."

Ela começou a carreira no setor de atendimento ao cliente e marketing da Ariel, e rapidamente galgou posições na empresa. Com apenas 31 anos de idade, Hobson se tornou presidente da empresa, cargo que ainda ocupa. Além disso, presta serviços a vários conselhos de empresas, tais como Starbucks e Estée Lauder, e é presidente do conselho administrativo da DreamWorks Animation SKG.

"Que maravilha!", exclamou o Dalai Lama ao ouvir a história de Mellody Hobson.

Ele gostou ainda mais quando contei que ela trabalhou para estabelecer programas para crianças de poucos recursos financeiros que estudam em escolas públicas de Chicago, com o objetivo de dar-lhes a educação e a confiança necessárias para colocar suas vidas em um círculo positivo.

O programa After School Matters oferece a 22 mil adolescentes da região central da cidade uma ampla gama de atividades, desde aulas com profissionais da Ópera Lírica de Chicago ou do Joffrey Ballet até cursos sobre manutenção de computadores, robótica, animação, belas-artes, hip-hop — cerca de mil opções no total. No verão, o After School Matters fornece emprego para 8 mil jovens e é o maior empregador de adolescentes de Chicago.

Mais de 95% dos jovens pertencem a minorias e a maior parte vive abaixo da linha de pobreza. "Damos aos adolescentes a oportunidade de dar significado a suas vidas e, assim, lançamos as bases para um futuro bem-sucedido", diz Hobson, presidente da organização.

A Ariel Community Academy, uma escola pública patrocinada pela empresa de Hobson, fica em uma região que estava entre as mais violentas de Chicago e que só agora passa por um processo de revalorização. Do corpo de alunos, 98% são afro-americanos e 85% são tão pobres que recebem alimentação gratuita ou subsidiada. Ainda assim, da pré-escola ao oitavo ano, o currículo dos alunos segue os mais altos padrões acadêmicos e privilegia a educação financeira.

Em um novo projeto, a empresa de Hobson doa 20 mil dólares a cada turma para serem investidos ao longo do ensino fundamental e médio. Na formatura, os estudantes devolvem os 20 mil para a turma que vai começar o primeiro ano do ensino fundamental, para que o programa se autoperpetue.

Metade do lucro obtido é dividida entre a turma toda. Para cada criança que colocar a parte que lhe cabe em um plano de investimento para a faculdade, a Ariel Investments doa mais mil dólares.

Hobson explica: "Queremos prepará-los" para investir em fundos de aposentadoria e ensinar-lhes o valor dos fundos adicionais oferecidos pelas suas empresas, "que são dinheiro grátis". Assim, eles começam a pensar na aposentadoria desde crianças — muito antes de começar a carreira.

Quaisquer fundos remanescentes vão para uma instituição de caridade indicada pelo estudante. Expressando um sentimento que o Dalai Lama certamente aplaudiria, Hobson me contou: "Não queremos que as crianças pobres sempre pensem em si como recebedoras de filantropia. Queremos ensinar-lhes a filantropia também".

Algo nessa mistura vale a pena. Ano após ano, em provas de matemática aplicadas em nível estadual, os alunos ficam entre os primeiros, e a escola já conquistou vários prêmios por diminuir a disparidade no desempenho acadêmico entre as crianças que vivem na pobreza e as de classes mais altas.

Esses resultados mostram, de maneira veemente, que os alunos da academia estão, entre outros benefícios, trabalhando uma faculdade mental inestimável para o sucesso: controle cognitivo, o poder de manter o foco e ignorar as distrações, adiar a gratificação imediata em prol de uma meta futura e amortecer as emoções destrutivas.

Essa capacidade foi medida em crianças de apenas quatro anos em um dos mais famosos experimentos dos anais da psicologia, o "Teste do Marshmallow".[6] Realizado na Universidade de Stanford, o teste deu a crianças de quatro anos a opção de comer um marshmallow imediatamente ou esperar vários minutos para ganhar dois. As crianças participantes foram rastreadas no final do ensino médio e, surpreendentemente, as que conseguiram esperar tiveram resultados muito melhores nas provas de admissão à universidade do que as que comeram o doce na hora.

Outro estudo de controle cognitivo com duração de trinta anos descobriu que essa habilidade singular era um melhor indicativo do sucesso financeiro e da riqueza das crianças do que o QI ou a classe social a que pertenciam.[7] Citando pesquisas econômicas que mostram que aprender essas habilidades na infância fomenta ganhos financeiros por toda a vida, os cientistas que conduziram o estudo defenderam o ensino do controle cognitivo — uma habilidade que pode ser aprendida — a todas as crianças, principalmente às que vivem uma situação de desvantagem.[8]

"É muito importante", disse o Dalai Lama quando lhe contei sobre os estudos, "ajudar as crianças a melhorar nisso — ensinar-lhes como fazer."

Essa habilidade importantíssima se resume a uma única atitude, que pode ser ensinada, embora os psicólogos tenham usado diversos termos para descrevê-la. Carol Dweck, psicóloga de Stanford, usa a expressão "mindset" — a simples crença de que é possível conseguir. Se você está enfrentando um problema muito difícil, a questão é achar que "não dá para fazer" ou pensar que a solução simplesmente ainda não veio. Com a segunda atitude, você continua tentando — e tem muito mais possibilidade de conseguir. A crença de que é possível ser melhor em matemática, por exemplo, conseguiu prever com bastante precisão quais estudantes não desistiriam de um curso difícil e conseguiriam se sair bem.[9]

Na Universidade da Pensilvânia, a psicóloga Angela Duckworth estudou essa atitude de confiança como "determinação" — perseverar em metas de longo prazo apesar dos reveses e obstáculos. Combinadas com o controle cognitivo, descobriu ela, essas habilidades eram um indicativo de sucesso.[10] A determinação, por exemplo, previu com mais precisão do que o QI os estudantes que se destacariam na média de notas em universidades da Ivy League e no concurso nacional de soletração.

Ambos os conceitos são atualizações de um antigo construto da psicologia: a distinção entre sentir-se um "peão" ou uma "origem". Com a atitude de peão, o indivíduo se sente impotente diante de forças maiores. Quem se sente uma origem, no entanto, acredita que pode se esforçar para mudar as circunstâncias para melhor.[11]

Gandhi defendia algo bastante semelhante, usando o conceito hindu de *swaraj*: autocontrole ou autodeterminação. Sobre a maneira como ajudamos alguém que precisa, ele fez as pessoas se perguntarem: "Isso vai devolver a essa pessoa o controle sobre a própria vida e o próprio destino? Em outras palavras, isso vai devolver o *swaraj* aos milhões de pessoas física e espiritualmente famintas?".[12]

MULHERES NA LIDERANÇA

Em um ônibus que seguia para uma escola no remoto vale Swat, no Paquistão, um homem embarcou e chamou por Malala Yousafzai — e atirou na cabeça da menina.

Malala foi alvejada porque tinha se tornado a porta-voz da educação feminina, um movimento combatido pelos violentos extremistas do talibã. Malala, no entanto, se recuperou dos ferimentos e usou o ataque para atrair a atenção da mídia e fortalecer sua cruzada. O livro *Eu sou Malala* se tornou um best-seller em todo o mundo, e ela se tornou a pessoa mais jovem a receber o Prêmio Nobel da Paz.

O Nobel foi compartilhado entre Malala e Kailash Satyarthi, ativista indiano que combate o trabalho escravo infantil — é comum as crianças serem vendidas como escravas por suas famílias miseráveis para tecer tapetes, trabalhar em fábricas têxteis ou arriscar a vida se esgueirando por túneis minúsculos em minas de carvão.[13] Malala e Kailash têm paixão pelos direitos das crianças à educação, algo negado não só aos mais pobres, mas também, de maneira desproporcional, a meninas.

Em uma carta a Malala escrita logo após o anúncio do Nobel, o Dalai Lama expressou o quanto ficou comovido pela "força tremenda" que a menina mostrou enquanto se recuperava do tiro. "O fato de você ter continuado, destemidamente, a promover o direito básico à educação só nos faz admirá-la."

Malala encarna a liderança feminina, que o Dalai Lama clama para o futuro. É um tópico que ele menciona frequentemente, e, quando lhe fiz uma pergunta sobre o assunto, ele contou uma história que, de início, parecia uma digressão.

Um médico suíço que tratara um problema ocular do Dalai Lama ficou seu amigo e convidou-o para conhecer o chalé de caça que tinha nas montanhas.

No lugar, o médico lhe mostrou uma coleção de armas e troféus de caça — as cabeças empalhadas dos animais que abatera penduradas nas paredes.

O Dalai Lama me contou, rindo, que só pensava em chamar o médico de "açougueiro" e daí para baixo, mas, para manter o decoro, nada disse.

Depois da história, o Dalai Lama voltou à minha pergunta, destacando o fato de que a caça é tipicamente um esporte masculino — um remanescente de outros tempos, quando os homens precisavam caçar para garantir a sobrevivência da família. Isso coincidiu com um período da história, conjecturou, em que aparentemente não havia o conceito de liderança.

Alguns historiadores (em particular os que têm uma ótica marxista, observou ele) argumentam que, originalmente, os humanos não faziam distinção de classe, viviam em grupos pequenos e compartilhavam o que tinham. Com a descoberta da agricultura, a população humana cresceu e então surgiu o conceito de "minha terra, minhas posses".

Na esteira desse processo, vieram os roubos, os assaltos e outros crimes — e assim surgiu a necessidade de governantes de mão firme que conseguissem evitar crimes e impor justiça. Naqueles dias, a liderança exigia força física, o que favorecia os homens. Foi a era do "herói", que matava sem piedade, explicou.

"Os tempos mudam, a realidade muda", continuou. As normas sociais e a herança cultural já sufocaram as mulheres tempo demais. Agora "é hora de mudar as coisas. Gênero, cor da pele, nada disso faz diferença. Nos tempos modernos, vale a igualdade".

A quantidade de mulheres em posições de liderança, no entanto, ainda está longe do que se poderia considerar justo. Assim, diz, agora que a "educação trouxe mais igualdade, precisamos que as mulheres assumam mais cargos de responsabilidade e liderança".[14]

Ele argumenta que nossos tempos precisam de líderes mais sensíveis às necessidades humanas, que se preocupem com os outros, e que, acima de tudo, tenham um coração caloroso — e, biologicamente, as mulheres tendem a ser mais sensíveis ao sofrimento de outrem do que os homens.

Nesse caso, a ciência oferece uma descoberta importantíssima. Tomografias mostram que a resposta neuronal dos centros de dor do cérebro ao ver alguém que sofre é espelhar a dor que a pessoa está sentindo.

E essa sensibilidade ao sofrimento do outro — a essência da compaixão — ocorre de forma mais intensa nas mulheres.[15] A ciência também descobriu que as mulheres leem melhor as emoções do que os homens.[16]

O Dalai Lama vê nesses dados uma indicação de que as mulheres são naturalmente mais preparadas para a compaixão, "porque são mais sensíveis à dor do outro — mais empáticas. Assim, no sentido biológico, as mulheres têm mais potencial para a compaixão.

"Hoje em dia, a enfermagem e outras áreas profissionais da saúde são dominadas, em grande maioria, pelas mulheres", diz o Dalai Lama, acrescentando, de maneira um tanto maldosa, que "os açougueiros são, na maioria, homens".

Da mesma forma, líderes políticos truculentos parecem mais propensos a gerar crises como forma de demonstrar força. A julgar pela história, conjectura mais uma vez, haveria menor risco de violência no futuro se mais mulheres estivessem na liderança. E as líderes do sexo feminino teriam um papel mais ativo na promoção de valores humanos como a compaixão.

Esse tipo de liderança mais cuidadoso e preocupado com os outros pode, claro, ser encontrado em muitos homens — o próprio Dalai Lama encarna tais qualidades. Em geral, no entanto, ele, como muitos de nós, vê que a compaixão aparece mais naturalmente nas mulheres.[17]

Para que mais mulheres cheguem a posições de liderança, alerta o Dalai Lama, é preciso abolir o tratamento desigual dado ao sexo feminino em sociedades de todo o mundo, da opressão direta sofrida por Malala até outras formas, mais sutis, encontradas em outras partes.

BAREFOOT COLLEGE

Tomemos como exemplo Kamala Devi, nascida de família pobre em um vilarejo rural no estado indiano do Rajastão, mas que hoje comanda um programa que ensina mulheres pobres a construir, instalar e consertar lâmpadas elétricas alimentadas por energia solar.

Kamala conheceu a energia solar quando a escola noturna que frequentava substituiu as lâmpadas de querosene por outras, alimentadas por fotoeletricidade.[18] Ela se perguntou, maravilhada: como uma lâmpada pode gerar luz sem combustão?

Muitos anos se passaram até que ela descobrisse a resposta. Obrigada a se casar muito jovem, como era o costume local, só podia ir para a escola depois de completar as tarefas diárias — e depois de superar a resistência do marido e da família sobre sua educação formal.

Na escola noturna, Kamala teve a sorte de ser escolhida para uma oficina de treinamento em energia elétrica, que seria ministrada em uma cidade vizinha. Essa oficina mudou sua vida.

Os homens da família zombavam da ideia de que uma mulher fosse capaz de entender como montar e consertar equipamentos de energia solar — mas, após meses de treinamento, ela passou a dominar o assunto. Hoje, Kamala é chefe da escola que oferece treinamento em fabricação e reparo de unidades solares para mulheres da região.

A escola e o treinamento de Kamala Devi são parte da missão da Barefoot College, fundada em 1972 por Sanjit "Bunker" Roy, outro amigo do Dalai Lama. Ao melhorar a condição social e econômica de mulheres de regiões muito pobres, a faculdade não só muda a forma como mulheres (e homens) veem seus papéis tradicionais, mas também ajuda a saúde pública, pois as crianças passam a se alimentar melhor e a ter melhor educação.

Roy já mora há mais de quarenta anos em um vilarejo rural do Rajastão, bem distante da criação privilegiada que teve. Em 1965, logo após concluir a universidade, ele se ofereceu como voluntário para fornecer ajuda a outros vilarejos do destituído estado de Bihar, que sofria com a fome.

Inspirado pelos ensinamentos de Gandhi para ajudar os muito pobres, passou cinco anos cavando poços em Tilônia, o vilarejo do Rajastão onde, mais tarde, fundaria a Barefoot College — e seria o pioneiro do treinamento de engenheiras solares, como Kamala Devi. O treinamento é singular: as alunas em geral são mulheres sem estudo de vilarejos muito pobres. Quando regressam aos seus locais de origem, no entanto, essas mulheres subitamente adquirem respeito e um novo status social — outro objetivo do treinamento.

"Para mim, o melhor investimento é o treinamento de avós", contou Roy ao Dalai Lama.[19] "Essas mulheres, quase todas entre quarenta e cinquenta anos, são analfabetas, mas também são as alunas mais maduras e tolerantes e demonstram grande coragem."

As aulas são dadas em linguagem de sinais, por gestos e demonstrações, em vez de material impresso. Isso significa que até mesmo mulheres de áreas rurais da África podem se tornar engenheiras solares — como as moradoras de um vilarejo no Mali, ao qual só se chegava após dois dias de viagem por estrada e sete dias por barco a partir da cidade de Timbuktu, ela própria um ícone do isolamento.

Mesmo tendo sido concebido para quem não sabe ler, o treinamento não ignora os conhecimentos técnicos. Os alunos aprendem a construir equipamentos sofisticados, como controladores de carga e inversores, a instalar painéis solares e ligá-los à rede de energia.

A Barefoot College já formou centenas de engenheiras solares, que levaram esta eletrificação sustentável a cerca de seiscentos vilarejos indianos, a 21 países africanos — e até ao Afeganistão. Isso significa que os moradores desses vilarejos pobres podem complementar a renda fazendo peças de artesanato à noite, em suas casas recém-iluminadas, e mulheres mais velhas, antes relegadas à posição de pessoas de segunda classe, se tornam trabalhadoras assalariadas, graças a uma habilidade valorizada.

Isso também significa que as crianças podem estudar, frequentando a escola à noite, após cuidar dos bois ou bodes da família durante o dia. Mais de 7 mil crianças frequentam uma das 150 escolas noturnas fundadas pela Barefoot College e iluminadas por energia solar.

Entre os outros serviços prestados pela Barefoot College a moradores pobres de áreas rurais estão os fantoches de meia usados por profissionais da área de saúde "para trazer mensagens sociais como por que não bater na mulher, por que beber apenas água potável, por que mandar os filhos para a escola", contou Roy ao Dalai Lama em uma conferência sobre altruísmo e compaixão na economia, em um dos encontros do Mind and Life em Zurique.[20] Os manipuladores dos bonecos divulgam as mensagens em lugares "onde não há rádio, televisão ou impressos", como ainda acontece em muitas partes da Índia rural.

Terminado o relato de Roy, o Dalai Lama juntou as mãos e lhe fez uma reverência *gassho*, em honra a seu trabalho e sua mensagem. Depois lhe disse: "A verdadeira transformação da Índia deve começar nas áreas rurais, nos vilarejos, e foi o que você fez. Isso é um exemplo para o resto do mundo sobre como ajudar países mais pobres, particularmente no hemisfério Sul".

O Dalai Lama alertou para a importância do desenvolvimento de áreas rurais no combate à pobreza ao visitar a China em 1955, durante o período em que o governo comunista ainda o cortejava — e quatro anos antes da fuga para a Índia. Na viagem, o Dalai Lama conheceu o então prefeito de Shanghai, "um homem muito gentil", que lhe disse acreditar que a chave para o desenvolvimento econômico da China estava no fortalecimento das áreas rurais, e não de grandes cidades como a que ele governava.

"É um modo de pensar socialista", afirmou, "gastar mais dinheiro para ajudar a maioria — pessoas pobres e necessitadas de áreas rurais. Essa é uma maneira imensamente útil de construir um país."

O Dalai Lama disse ter ficado impressionado com as pequenas fazendas de Taiwan e do Japão, mecanizadas e eficientes. Os fazendeiros de lá parecem prósperos. Os vilarejos e as cidades têm hospitais e até universidades de menor porte — e tudo isso significa uma economia saudável. "Sempre digo que a verdadeira transformação de países como Índia e China deve acontecer nas áreas rurais, e não em um punhado de cidades grandes."

A China também poderia aprender mais sobre o desenvolvimento de vilarejos para os pobres de áreas rurais, acrescentou, apontando para Bunker Roy, com este "guru indiano, e não com Karl Marx!".

E, então, ele convidou Bunker Roy para ensinar engenharia solar em colônias tibetanas na Índia. Roy aceitou ali mesmo.

8. Cure a Terra

"No ápice da última Era do Gelo, quando glaciares cobriam grande parte da América do Norte, havia uma camada de gelo com cerca de 1,6 quilômetro de altura onde estamos agora e o nível do mar era quase 120 metros mais baixo." O Dalai Lama ouviu essa frase em um encontro no MIT, proferida por John Sterman, chefe do grupo de dinâmica de sistemas no instituto.[1]

A temperatura da Terra durante essa Era do Gelo era cerca de 5°C mais fria do que hoje e, em 2100, continuou Sterman, será 5°C mais quente, se mantivermos a média atual.

O grupo de pesquisa de Sterman criou um modelo em computador da ligação entre as emissões de carbono e a temperatura da Terra. Ao mostrar a relação direta — quanto mais emissões, maior a temperatura —, perguntou à plateia no MIT: "Quando precisaremos começar a diminuir as emissões para manter a temperatura do planeta dentro de uma faixa que consigamos suportar?".

O consenso ditou, por volta de 2016 — em cerca de dois anos. "Errado", respondeu Sterman. "Precisamos cortar as emissões *agora*", não só usando menos combustível fóssil, mas restaurando florestas e diminuindo os níveis de CO_2 de várias outras maneiras.

O Dalai Lama ouviu atentamente. Ele elogiou a precisão científica de Sterman e depois levou o debate a outro nível. "É uma questão de sobrevivência de todos os seres vivos do planeta", enfatizou, e é nossa responsabilidade moral manter a segurança de todos — e também das futuras gerações, em qualquer parte do mundo.

Nosso planeta é nossa casa, diz o Dalai Lama, por isso cuidar do meio ambiente significa cuidar da própria casa. Da mesma forma que queimar os móveis da sala para manter o calor seria uma grande tolice, alerta, mais tolo ainda seria manter nosso estilo de vida, que está consumindo o planeta.

"Uma preocupação genuína com a humanidade significa amar o meio ambiente."

Muitos, no entanto, só conseguem olhar para os próprios interesses imediatos. Mesmo quem sabe das consequências a longo prazo, acrescenta ele, "pensa que não importa — pois tudo está no futuro. E se preocupa apenas com o agora. Só que ninguém vai conseguir escapar desse problema".

Para tornar as coisas mais claras (como elas são para o Dalai Lama), tomemos como exemplo o glaciar Bara Shigri, cerca de 160 quilômetros praticamente intransponíveis de montanha a nordeste de Dharamsala. O glaciar está encolhendo mais de 27 metros por ano, um sinal do que está acontecendo por toda a região do Himalaia.

O Dalai Lama viu uma imagem recente do glaciar, mostrada por Diana Liverman, ex-chefe de ciências ambientais da Universidade de Oxford, que hoje leciona na Universidade do Arizona.[2] Liverman usou Bara Shigri como um exemplo de como o impacto humano em nosso planeta se acelerou nos últimos sessenta anos.

O impacto causa mais do que o derretimento de glaciares, acrescentou ela. É uma ameaça à vida, causando desde a diminuição do suprimento de água e a má qualidade do ar até a extinção de várias espécies e a acidificação dos oceanos — entre outros males.

Para alguns, o início do ataque humano ao planeta remonta à Revolução Industrial, Liverman se concentrou no que chama de Grande Aceleração, que começou na década de 1950.[3] Foi quando se deu a disparada de aspectos causadores de problemas em nível planetário, como população, quantidade de carros nas ruas e uso de água, fertilizantes químicos e papel.

Os fertilizantes, por exemplo, contaminam rios, lagos e oceanos, alterando os níveis de nitrogênio e esgotando o oxigênio necessário para a vida marinha. O papel, como sabemos, esgota as florestas. E os carros queimam o carvão que aquece o planeta e lançam partículas que matam milhões de pessoas todos os anos por doenças respiratórias.

Essa ladainha de desastres ambientais não é novidade para muitos de nós. Liverman, no entanto, foi ainda mais fundo em sua análise, mostrando como essa "aceleração" ataca sistemas específicos, cruciais para a manutenção da vida como a conhecemos. O dióxido de carbono, como costumamos ouvir, é um gás de efeito estufa que aquece o planeta — assim como o metano, que é um subproduto de fazendas e aterros sanitários, além de um punhado de outros produtos químicos industriais.

Também há os efeitos no ciclo da água, no ciclo do hidrogênio e na carga de produtos químicos tóxicos que a terra, a água e o ar conseguem suportar, e por aí vai. Além de aquecer o planeta, esses acontecimentos causam enorme perda de florestas, de espécies e da água que mantém a vida.

O Dalai Lama está particularmente preocupado com os danos ambientais ao Tibete desde a ocupação da China comunista na década de 1960. As operações de desmatamento chinesas botaram abaixo florestas outrora verdejantes, que protegiam os sistemas pluviais do assoreamento e de enchentes. Já faz muitos anos, porém, que os mesmos rios vêm causando grandes enchentes no norte da Índia, em Bangladesh e em toda a China.

"O governo central da China tentou controlar o desmatamento", contou, "mas, por causa da corrupção, muitos chineses, apenas para ganhar dinheiro, encontraram maneiras de continuar derrubando árvores."

Ele também vê problemas na exploração dos ricos recursos minerais do Tibete pela China. "É claro que vale a pena usar esses recursos", diz, "mas isso deve ser feito após um planejamento cuidadoso, para não causar tantos danos ao meio ambiente."[4]

O Dalai Lama ouviu dizer que a pesquisa de um ecologista chinês mostra que os efeitos exercidos pelo Planalto do Tibete sobre o aquecimento global são tão grandes quanto os dos polos Sul e Norte. "O Tibete é, então, o Terceiro Polo."

Uma surpresa: o maior custo do derretimento dos glaciares do Himalaia pode não estar nas enchentes, mas sim nas chuvas de monção de que tantas pessoas dependem. A maioria dos principais rios da Ásia, da China até o Paquistão, nasce no Himalaia.

"A vida de 1 bilhão de pessoas depende desses rios", observou o Dalai Lama. Assim, a conservação do Tibete — por meio de ações como o reflorestamento de áreas derrubadas para proteger os cursos d'água — ajuda a toda essa população.

Os dramas ambientais recentes do Tibete são vários e tendem a piorar à medida que o uso dos recursos da região pelos chineses cresce em ritmo acelerado. O despejo não regulamentado de produtos químicos pela indústria da mineração e outras polui uma alta porcentagem de cursos d'água. Grande parte do lítio e todo o cromo da China — usados em produtos eletrônicos como celulares — são minerados no Tibete.

"Quando fui para a Índia como refugiado tibetano, não tinha conhecimento dos problemas ambientais. No Tibete nós podíamos beber de qualquer fonte de água que encontrássemos. Foi na Índia que pela primeira vez ouvi dizerem: 'Ah, essa água é poluída, não beba'. À medida que fui conhecendo ativistas ambientais e cientistas, me dei conta de que este é um problema muito importante — uma questão de sobrevivência para todos."

Em 1986, o Dalai Lama escreveu: "Muitos hábitats da Terra, animais, plantas, insetos e até mesmo micro-organismos que sabemos ser raros podem não ser conhecidos pelas futuras gerações. Temos a capacidade e a responsabilidade de agir. Precisamos fazer isso antes que seja tarde demais".[5]

Hoje, ele diz: "Acho que a consciência sobre o meio ambiente é muito mais forte do que era cinquenta anos atrás".

O Dalai Lama vê a obsessão com o lucro a qualquer preço como um dos causadores dos danos. "Na Índia e na China, onde a questão ambiental é tão importante, há muita falta de responsabilidade", observa. "Só se fala em dinheiro, dinheiro, dinheiro", e assim as pessoas exploram os recursos naturais a qualquer custo ambiental, "para enriquecer".

O que está acontecendo no Tibete é sintomático de nossa crise mundial. Os incessantes danos ecológicos ao planeta criam um grupo diferente de vítimas indefesas — não apenas as espécies em extinção e as gerações futuras, que viverão em condições cada vez mais árduas, mas também a população dos países mais pobres, cuja saúde e meio ambiente estão sendo desproporcionalmente atingidos pelos hábitos de consumos do resto do mundo.

"Se olharmos para as pessoas mais pobres do mundo, veremos que a maioria depende da natureza para sobreviver", disse Dekila Chungyalpa, então no WWF (antigo World Wildlife Fund), ao Dalai Lama em um evento sobre meio ambiente.[6]

"Na verdade", continuou ela, "podemos considerar a natureza como a mercearia ou a drogaria dessas populações. É a ela que recorrem para obter comida, remédios e madeira usada como combustível. Muitos estudos mostram que, ao destruir a natureza, estamos essencialmente deixando os pobres mais pobres, pois a destruição da natureza contribui para a pobreza."

Muitos cientistas chamam a era geológica atual de Antropoceno (*anthropos* significa "humano" em grego), por causa da deterioração que a atividade humana provoca nos sistemas de manutenção da vida. O ciclo do carbono e o aquecimento global são os mais conhecidos, mas são apenas dois de muitos fatores. Por exemplo, a escalada na extinção de espécies afetou a biodiversidade, um desses sistemas, mais do que seria seguro. Esses impactos são um subproduto de nossas atividades diárias. Nossos sistemas de energia, transporte, construção, indústria e comércio criam uma sucessão de afrontas à natureza. Infelizmente, essas afrontas são grandes demais ou pequenas demais para nossos sentidos. Nossa capacidade de percepção não consegue sentir de maneira direta o aquecimento global ou as partículas expelidas pelo escapamento dos carros, tão prejudiciais a nossos pulmões.

Além disso, o horizonte temporal em que esses ataques ocorrem se estende por décadas e séculos — um ritmo lento demais para se notar.

"A imagem da violência, seja na vida real ou na televisão, nos deixa horrorizados, mas as mudanças climáticas e os danos ao meio ambiente não nos causam a mesma sensação, porque acontecem de forma menos perceptível."[7]

O que precisamos, acrescenta o Dalai Lama, é de compaixão em todos os níveis — pelo planeta, inclusive.

TRANSPARÊNCIA RADICAL

Como somos, em grande medida, cegos a esses impactos, afirma o Dalai Lama, precisamos de uma "transparência mais profunda".

Ao mostrar-lhe meu smartphone, sugeri que a transparência deveria ser profunda o suficiente para rastrear o ciclo de vida e os impactos ecológicos, sociais e para a saúde de todos os dispositivos eletrônicos. Esse ciclo de vida pode começar com a mineração de terras raras na China e na África — sendo que algumas regiões não são controladas pelo governo, mas por milícias que se valem de trabalho escravo.

O ciclo pode terminar na "reciclagem", quando moradores pobres de algum vilarejo da Índia, por exemplo, se expõem a produtos químicos tóxicos ao desmontar o celular para recuperar peças valiosas (por exemplo, pingar uma mistura tóxica de cianeto sobre placas de circuito para recuperar o ouro).[8]

Ainda assim, "temos a ilusão", eu disse ao Dalai Lama, "de que sabemos tudo sobre o aparelho".

Para destacar todos esses impactos, a avaliação do ciclo de vida, um novo método para transparência ecológica, mede cada uma das várias consequências de, vamos dizer, um copo, em todos os passos da produção — recolher a areia, misturar os produtos químicos, cozinhar tudo a altas temperaturas e por aí vai. Cada um dos quase 2 mil passos, medidos em fatias ultrafinas, pode ser analisado em termos de nível de emissões poluentes no ar, na água e no solo — entre outros incontáveis impactos ambientais.

Hoje, essas informações já estão disponíveis para software e comparam determinado produto — como um celular — a concorrentes, classificando-os em termos de danos causados ao planeta. Uma avaliação do ciclo de vida detalharia uma gama de impactos muito mais ampla, desde as partículas emitidas até a água contaminada liberada.[9]

Outros exemplos são as formas como produzimos aço, cimento, vidro e tijolos, semelhantes ao que fazemos há séculos ou até mesmo há milênios: misturar matérias-primas e submetê-las a altas temperaturas durante horas ou dias a fio. A enorme pegada de carbono causada por essa tecnologia da Era do Bronze é só o mais óbvio de muitos impactos negativos.

E não podemos nos esquecer das terríveis condições a que muitos seres humanos se submetem. O Dalai Lama citou os mineiros que arriscam a vida em ambientes perigosos, sem proteção, como um exemplo de exploração extrema — porém invisível — de trabalhadores. Nós dois concordamos que a divulgação total seria poderosa se tirasse o véu dos impactos causados pelo que compramos ou fazemos.

Uma transparência radical como essa quando comprássemos nossos smartphones — ou qualquer outra coisa — poderia mostrar como um simples produto nos conecta aos mais remotos rincões do mundo. Teríamos a medida do custo real ao ambiente e descobriríamos como nossa compra poderia apoiar, sem nosso conhecimento, atividades criminosas, condições de trabalho deploráveis ou práticas arriscadas para trabalhadores e comunidades.[10]

Essa transparência em relação ao sofrimento embutido na produção dos bens que adquirimos e que, de outra forma, seria invisível pode ser encontrada na página do projeto Social Hotspots Database,[11] cujas informações permitem que empresas (ou consumidores) rastreiem as cadeias de produção de seus produtos, para ver se envolvem condições de trabalho perigosas, jornadas longas demais, salários baixos demais e trabalhos forçados, entre outras.

"Hoje em dia, as grandes empresas estão bastante preocupadas com a própria imagem", disse o Dalai Lama. "Manter a confiança dos consumidores é muito importante para o sucesso."

Isso favorece que as empresas abracem a transparência sobre tais realidades ecológicas e laborais, escolhendo práticas éticas. À medida que as grandes companhias se tornam cada vez mais sensíveis à imagem que têm diante do público, a transparência pode motivar outras empresas a fazer o mesmo.

Como vimos, muitas empresas já estão tomando medidas de sustentabilidade e responsabilidade por conta própria. Até mesmo elas, porém, seriam beneficiadas por uma força de mercado para o bem — consumidores votando com dinheiro por uma alternativa melhor — estimulada pela transparência ecológica total.

Além disso, se essas medidas se traduzissem em melhores escolhas para a cadeia de abastecimento da indústria, as melhorias se multiplicariam. E a virtude ecológica se traduziria em vantagem competitiva.

O conselho do Dalai Lama a um grupo de diretores-executivos que se reuniu com ele foi o seguinte: "Pensem na reputação de suas empresas".

TRADE-OFF, INOVAÇÕES E EDUCAÇÃO

Durante a Guerra Indo-Paquistanesa de 1965, o Dalai Lama foi levado para o sul da Índia, por segurança. Lá, conheceu um discípulo de Gandhi que era inflexível ao afirmar que os indianos não deviam usar automóvel, mas usar carros de boi, então comuns, para se locomover.

Aquilo pareceu um exagero ao Dalai Lama, as pessoas precisavam se locomover de forma mais rápida. Olho para o itinerário cumprido por ele em todo o mundo, para citar um exemplo, como algo que oferece grandes benefícios àqueles que participam de seus eventos.

Existe, porém, um *trade-off* entre o fato de viajar com rapidez e seu custo em emissões de carbono. Quanto maior a velocidade, mais carbono é emitido, e as viagens pelo ar são as que causam os piores impactos. Para entender melhor como avaliar esses *trade-offs*, podemos nos valer de um método que analisa o "custo real" de nossas atividades e dos produtos que usamos em razão do peso que representam para os recursos da Terra.

Uma viagem de avião, por exemplo, pode ser analisada pelo custo real em impactos como emissões de carbono. Cada trecho do itinerário cria determinada quantidade de emissões — que podem ser compensadas, vamos dizer, pela plantação de certo número de árvores em uma região árida ou desmatada.

Com a ajuda de um site fácil de usar, calculei o total de carbono lançado no ar pelos voos que fiz para este livro: 15,79 toneladas de CO_2. De forma incrivelmente rápida, consegui fazer o cálculo e adquirir compensações de carbono, o que me custou 184 dólares pelas seis viagens de avião, algumas para minha esposa e eu, entre elas uma viagem transatlântica de ida e volta. Essas compensações vão assumir a forma de ações de reabastecimento de carbono, como a distribuição de fogões mais eficientes para famílias de Gana.[12]

Qual a importância de um fogão mais eficiente? Grande parte da metade mais pobre da população mundial — cerca de 3 bilhões de pessoas — depende de lenha para cozinhar e se aquecer. Isso lança uma enorme quantidade de carbono na atmosfera. Ao longo de sua vida útil, os fogões que minha compensação comprou reduzirão o CO_2 atmosférico em cerca de duas toneladas.

Os benefícios vão além. Cerca de 4 milhões de pessoas morrem prematuramente a cada ano por causa da exposição ao ar poluído. Mulheres e crianças são as que mais sofrem em razão da parcela relacionada à fumaça na hora de cozinhar. Outro bônus é a redução do desmatamento, porque as famílias param de cortar lenha antes usada para cozinhar e aquecer. Além disso, os fogões são produzidos por oleiros da região, impulsionando a economia local.

Tudo isso se presta a uma conta simples de benefícios e danos. O Dalai Lama tenta dar mais atenção às consequências de alguns hábitos e mudá-los para melhor. Ele decidiu, por exemplo, não tomar mais banho de banheira. Existe, porém, um *trade-off*: ele toma uma chuveirada todas as manhãs e todas as noites, e por isso, diz, brincando: "Talvez não faça diferença!".

Segundo o padrão norte-americano, uma banheira cheia consome entre 115 e 150 litros de água, enquanto um chuveiro consome de 20 a 75 litros por minuto. Assim, a compensação depende de quanto dura o banho de chuveiro, de quanto o chuveiro consome por minuto e do tamanho da banheira. Por raspar a cabeça, o Dalai Lama não precisa lavar o cabelo — então duas chuveiradas rápidas por dia ainda gastam menos água que um banho de banheira.

Pico Iyer, velho amigo do Dalai Lama, conta de uma vez em que os dois saíram juntos dos aposentos do monge. Estavam caminhando quando o Dalai Lama subitamente se virou e voltou correndo ao cômodo — e apagou a luz.[13]

E, quando lhe ofereceram várias folhas de papel-toalha para secar as mãos, me disseram que o Dalai Lama respondeu: "Basta uma".

Esses gestos podem parecer pequenos, em vista da situação atual, mas qualquer mudança de hábito, se feita por todos e atingir uma escala global, pode fazer uma grande diferença. Além desses pequenos esforços, existem muito mais ações que podemos tomar para ajudar o planeta, mas poucos de nós fazem alguma coisa. O problema se resume à falta de motivação.

Como aponta o Dalai Lama, nossa dieta contínua de más notícias, como as provas científicas de graves danos ao meio ambiente, não tem como contraponto ações concretas que poderíamos adotar para enfrentar esses perigos. E assim nos sentimos indefesos e pensamos que as coisas estão fora de controle.

Elke Weber, cientista cognitiva no Earth Institute da Universidade Columbia, disse ao Dalai Lama que a pegada de impactos negativos faz as pessoas se sentirem culpadas, envergonhadas ou, no mínimo, incomodadas. Isso, acrescentou Weber, pode levar muitos a fazerem vista grossa a esses problemas para conseguirem se sentir melhor.

Para evitar essa vista grossa, Weber aconselhou o uso de um indicador chamado *handprint* [impressão manual] como maneira de rastrear o impacto que causamos e a soma de nossas boas práticas ecológicas — como apagar lâmpadas, usar a bicicleta em vez do carro — e continuar a melhorar nossa nota final. O conceito de *handprint* foi criado por Gregory Norris, da Harvard School of Public Health, como uma maneira de estimular nossas motivações positivas e nos levar à ação.[14]

REPENSANDO CADA DETALHE

O gráfico parecia uma complexa teia de aranha sobreposta a um mapa-múndi. A teia mostrava a cadeia de abastecimento de um produto que quase todos trazemos conosco hoje em dia: um celular. O Dalai Lama acompanhou com fascínio enquanto Gregory Norris explicava os detalhes mais complexos dos dados exibidos no 23º Encontro Mind and Life.

As linhas da teia tocavam 131 países de todo o mundo. A rede de abastecimento para um único telefone, pelo que se viu, envolvia impressionantes 6175 processos independentes, como a extração de coltan, um minério raro, em um local remoto no leste do Congo.

Fatos alarmantes emergem de locais assim: grupos armados que, segundo se conta, financiam conflitos nessa região do Congo, cobram "impostos" dos mineiros e extorquem os responsáveis por fundir o coltan para produzir tântalo,[15] o mineral usado nos celulares. Outros "*hotspots* sociais" são locais que expõem trabalhadores a produtos tóxicos ou situações de risco, pagam salários baixos demais ou exploram o trabalho de crianças que deveriam estar na escola.[16]

Norris ensina os estudantes a lidar com esses dados na aula de Avaliação do Ciclo de Vida (ACV) de um produto. O método permite que um especialista interprete, com notável precisão, o impacto oculto de determinado produto sobre um amplo espectro de fatores ambientais, sociais e de saúde.

A ACV nos mostra a pegada de um produto manufaturado, mostrando o quanto ele afeta a saúde do planeta. Segundo Elke Weber, essas pegadas podem nos deixar deprimidos. Foi o que Norris descobriu ao pedir a seus alunos de Harvard que calculassem a própria pegada — o impacto de tudo o que tinham ou faziam. Muitos tiveram a sensação de que o mundo ficaria melhor sem eles.

Isso levou Norris à seguinte conclusão: "Percebi que ninguém jamais teria pegada zero, porque tudo o que compramos traz um histórico de impactos".

Usar menos é útil, notou ele, mas não é suficiente. "Como dar mais do que eu tiro?", perguntou-se. A resposta: a *handprint*, um indicador que nos mostra o impacto positivo de tudo o que fazemos para ajudar o planeta, desde reciclar o lixo até estimular que grandes empresas — e seus muitos fornecedores — adotem boas práticas. Através da Harvard T. H. Chan School of Public Health, Norris reuniu cinco empresas — entre elas, a Johnson & Johnson e a Owens

Corning — para experimentar o uso da *handprint* para diminuir impactos.[17] Como formam uma comunidade de aprendizado coletivo, as empresas estão compartilhando formas de aplicar o conceito a suas operações bem como as dificuldades de oportunidades do método. O objetivo: abrir caminho para que mais empresas façam o mesmo.

Quando disse ao conselho que pretendia deixar a balança ecológica da empresa positiva — com a *handprint* maior do que a pegada —, o CEO da Owens Corning foi aplaudido por todos. "Funcionários de todas as áreas da empresa estão dizendo que querem participar", contou Norris.

A iniciativa da *handprint* levou a Owens Corning a doar trezentas mantas para aquecedores de água a um projeto escolar sobre economia de energia no Maine, nos Estados Unidos. Essa medida de isolamento térmico pode reduzir sensivelmente a perda de energia, gerando economia na conta de calefação. O plano é estimular um "círculo virtuoso" em que as famílias que receberem as mantas doariam o valor economizado ao projeto escolar, que repassaria o dinheiro a outra escola, que, por sua vez, compraria mantas e repetiria o processo — criando, assim, uma cadeia contínua de economia energética de bairro a bairro, cidade a cidade.

As mantas fazem mais do que apenas reduzir o consumo de energia. Gregory Norris fez a ecomatemática da *handprint*, que calcula o ponto em que a pegada da fabricação e do transporte das mantas passa a ter um saldo positivo. Para impactos no clima e na biodiversidade, as mantas se pagam em apenas dois meses, e para impactos na saúde humana causados por partículas poluentes, em sete meses.

Uma única manta economiza cinco dólares por mês em cada casa na região nordeste do estado. As mantas duram cerca de dez anos, gerando uma economia total de seiscentos dólares.[18] Como o programa permite que uma escola doe mantas a outra, esta a uma próxima, e assim sucessivamente, em uma cadeia contínua, os ecobenefícios se multiplicam. Depois de cinco rodadas, por exemplo, o programa terá evitado 23 anos de vida perdidos por causa de problemas respiratórios causados pela poluição do ar.

Sem contar a oportunidade empresarial de reinventar nosso mundo material para que ele se entrelace à natureza. Plástico e isopor, por exemplo, nunca se decompõem completamente e fluem de volta à natureza. O centro dos grandes oceanos tem redemoinhos com alta concentração da decomposição parcial de plásticos e isopores, que matam a vida marinha e pioram a composição do mar, entre outros impactos negativos.

O Dalai Lama ficou intrigado com a alternativa inventiva criada por dois universitários, um substituto do isopor 100% biodegradável. Por quê? Porque é feito com resíduos agrícolas, tais como casca de arroz e folha de milho, combinados com micélio, o sistema de raízes de cogumelos.[19]

A Ecovation, empresa fundada pelos dois universitários, pode ter desenvolvido um dos primeiros produtos com saldo positivo na balança ecológica: um isolante feito com o mesmo tipo de ingredientes. Norris diz que outro candidato é o forno solar feito com lixo descartado no Terceiro Mundo. Tanto o isolante quanto o forno têm uma *handprint* que só aumenta à medida que são usados.

Quando soube dessas inovações radicais, o Dalai Lama ficou entusiasmado e concordou que este é exatamente o tipo de mudança de pensamento de que precisamos para tudo que é produzido pelo homem — e precisamos desde já.

Ele observou que, com os recursos naturais sob intensa ameaça e cada vez mais habitantes na Terra, a urgência em repensar velhos hábitos é agora maior do que nunca. Ao descobrir que a solução não está tão distante, as pessoas se tornam mais capazes de enfrentar grandes problemas sem perder o impulso de tomar alguma atitude.

Embora nossa trajetória ecológica pareça sombria, destaca o Dalai Lama, o problema está atraindo cada vez mais atenção, gerando maior conscientização sobre desastres climáticos. Pensando nisso, perguntei a ele: "Existe um papel para a atenção plena na compaixão pelo planeta — por exemplo, ter mais atenção ao que compramos?".

"Antes de tudo", respondeu, "é preciso abrir os olhos e saber o que requer nossa atenção. Depois podemos reagir adequadamente ao nos depararmos com situações que correspondam ao que aprendemos."

COMO ISSO CHEGOU AQUI?

Em um dia frio e nublado de dezembro em Northampton, no estado de Massachusetts, Estados Unidos, Robbie Murphy comprou uma pequena caixa de tangerinas para dividir entre seus alunos do segundo ano da Smith College Campus School. Todos os anos, na época em que as noites se tornam congelantes, tangerinas sem caroços e fáceis de descascar ganham as prateleiras dos mercados da região.

As tangerinas, muito apreciadas naquela região, provocaram um burburinho. As crianças se sentaram em círculo, muito animadas, e a professora Murphy lhes perguntou: "Não temos plantações de tangerinas por perto. Como elas chegaram aqui?".

As crianças pensaram juntas nas etapas que as tangerinas teriam cumprido até então. Alguém as cultivou em uma fazenda, colheu-as, colocou-as na caixa, colou etiquetas nelas e enviou-as para o mercado onde a professora as comprou.

A professora pegou um globo terrestre, mostrou aos alunos de onde vinham as tangerinas — do Marrocos — e perguntou: "Por quantas pessoas as tangerinas passaram para chegar até nós?".

A turma elaborou a seguinte lista: um fazendeiro, colhedores, construtor da caixa, motorista do caminhão, piloto do avião ou do barco, funcionários da loja — e depois fabricantes de caminhões, navios e aviões, construtores de lojas, as pessoas que produzem o combustível para os caminhões, navios e aviões e os fabricantes do aço que foi usado nos veículos...

Quantas pessoas no total? As respostas variaram de vinte até centenas.

"Pensem só que coisa incrível", disse a professora. "É preciso muita gente para trazer uma tangerina a Northampton em dezembro."

Outra ideia incrível: ela lembrou à turma que "tem raios de sol nas tangerinas" do mesmo jeito que "tem nuvens nas folhas de papel" — ou seja, é preciso água para fazer papel — e que "tudo no mundo está conectado". Essas crianças de sete e oito anos estavam vislumbrando como os sistemas naturais da Terra estão entremeados nos tentáculos da cadeia de abastecimento global.

A srta. Murphy entregou uma tangerina para cada criança, depois as conduziu por várias etapas de atenção plena: "Descasquem, cheirem, olhem com cuidado para todas as partes da fruta e vejam como ela é bonita. Prestem muita atenção à tangerina".

Depois, orientou: "Pensem em uma das pessoas que tornaram isso possível. Fechem os olhos, imaginem essa pessoa e enviem um obrigado em pensamento [...] depois escolham outra pessoa e agradeçam [...] desejem alguma coisa para ela".

Após um ou dois minutos de silêncio, ela perguntou: "Vocês pensaram em quem?". No piloto do barco. Na pessoa que cultivou a árvore. Em alguém da loja. Em quem fez o metal do avião...

E os desejos: "Que tenha uma vida boa. Que seja feliz. Que não fique chateado".

Esse exercício estimulou a mente desses alunos do segundo ano de pelo menos três maneiras. Prestar atenção à tangerina exercitou o músculo mental do foco. Desejar o bem para as pessoas que tornaram possível saborear aquela fruta e lhes agradecer por isso ampliou o círculo do afeto. A consciência da cadeia de indivíduos que levaram a fruta do Marrocos até a escola exercitou o pensamento sistêmico.[20]

Pesquisas atuais mostram que a preocupação com o meio ambiente não está entre as prioridades da população. No entanto, com a escalada das crises ecológicas no futuro, as crianças de hoje viverão consequências cada vez mais nefastas e, por isso, terão muito mais consciência e serão muito mais motivadas a agir.

Por isso, diz o Dalai Lama: "É muito importante dar mais educação". É preciso, acrescenta, educar as crianças para que assumam a responsabilidade sobre o meio ambiente, sobre cuidar da Terra. Isso significa "uma educação baseada nas explicações de especialistas sobre problemas que são cada vez maiores" — não só os invisíveis, mas também os óbvios.

Quando chegar o momento, digamos, em que a poluição seja tanta que os olhos ardam e tenhamos dificuldade para respirar, alertou, "pode ser tarde demais. Precisamos de uma educação em que zelar pelo planeta seja parte natural da vida".

Em um evento sobre o meio ambiente, o Dalai Lama afirmou: "Acredito que uma das diferenças entre os mais jovens e os mais velhos é a flexibilidade e a cabeça aberta. Jovens dão atenção a ideias novas, enquanto o pensamento de velhos como eu tende a ser mais fixo".

E acrescentou: "Sou do século passado, e nossa geração criou muitos problemas. A juventude deste século é a verdadeira humanidade do planeta agora. Mesmo com o aumento na intensidade do aquecimento global, os jovens podem trabalhar juntos em um espírito de fraternidade, compartilhando ideias e encontrando soluções. Eles são a nossa verdadeira esperança".[21]

9. Um século de diálogo

Os conflitos na Irlanda do Norte passavam por um momento emblemático, em que jovens soldados foram enviados ao país para acalmar os ânimos da rebelião contra o domínio britânico. O impasse, de certa forma, podia ser resumido em linhas religiosas: católicos contra protestantes.

Poucos meses antes, em uma cidade próxima, 26 manifestantes pacíficos e desarmados — e alguns passantes — tinham sido baleados por soldados britânicos. Catorze pessoas morreram. Aquele "Domingo Sangrento" marcou um dos piores momentos dos conflitos.

Uma multidão de jovens atirava tijolos e pedras em alguns soldados, que tentavam se proteger em um abrigo. Um desses soldados, Charles Innes, estava alocado no destacamento da Artilharia Real britânica em Londonderry, onde a tensão e a raiva estavam especialmente acirradas. Innes estava com medo, como ele mesmo viria a admitir.

O soldado viu-se diante de três alternativas. Poderia sair do abrigo e tentar afastar os garotos no grito — correndo o risco de ser morto por algum atirador escondido rua abaixo. Poderia atirar com sua arma, mas talvez pudesse ferir alguém.

Ou usar sua arma de balas de borracha. A curta distância, as balas eram bastante perigosas. A partir de vinte metros, o dano é cada vez menor. Balas de borracha raramente feriam alguém — crianças norte-irlandesas as coletavam como suvenires dos campos de batalha.

Pelo menos, foi o que Innes pensou. Naquele dia, no entanto, ele disparou uma bala de borracha que acertou um passante a dez metros de distância: Richard Moore, dez anos de idade, que voltava a pé da escola. A bala acertou entre os olhos do menino, que acabou ficando cego (e, como dissemos no capítulo 3, tornou-se amigo do Dalai Lama anos mais tarde).

Aquilo foi uma tragédia dupla para a família de Richard. Seu tio fora uma das vítimas fatais do massacre no Domingo Sangrento. E, agora, a vítima era o jovem Richard. Mas, como já vimos, depois que os tormentos iniciais se apaziguaram, Moore não ficou com pena de si mesmo e logo trocou o ressentimento pelo perdão em relação ao soldado que disparou a bala, seja lá quem fosse.

Innes, ao descobrir o que acontecera com o menino, foi tomado de tristeza e arrependimento — sentimentos que levaria consigo por décadas. E então, 21 anos após o fatídico disparo, recebeu uma carta de Moore, que o havia localizado e queria marcar um encontro.

Na comovente conversa, Innes contou de seu profundo tormento, e Moore lhe disse que não guardava mágoas: "Não podemos desfazer o que aconteceu, mas podemos seguir em frente".

Depois de falarem de seus sentimentos em relação ao trágico incidente que os unira, o tema da conversa seguiu para suas vidas pessoais e famílias — e uma amizade acabou nascendo ali.

Ao longo dos anos, a dupla vem contando essa história de tragédia e perdão a muitas plateias, entre elas a de um colégio em Dharamsala, onde dividiram o palco com o Dalai Lama — que apresentou Moore como "meu herói".

Charles Innes voltou à Irlanda do Norte muitas vezes para visitar o amigo. Na primeira vez que os dois deram uma palestra naquele país, conta, o clima entre os ouvintes era de hostilidade em relação a ele, mas, ao final, muitos acabaram em lágrimas.

Essa amizade é um exemplo da mudança que o Dalai Lama idealiza para onde quer que haja ódio e violência entre grupos de visões distintas.

Quando se trata de alterar a mente e as emoções, é muito pertinente contar a história de pessoas como Moore e Innes, segundo o Dalai Lama. "Pois a iniciativa deve partir do indivíduo. Na mudança de uma sociedade bélica para uma pacífica em nível global, o mundo de paz nascerá do indivíduo. Por quê? Porque é necessária uma mudança emocional: a compaixão."

A partir do momento em que a compaixão estiver viva em nossa mente, afirma o Dalai Lama, "ninguém verá motivo para matar, oprimir, enganar. Essas infelizes formas de agir se baseiam no conceito de 'nós e os outros'. Todos pensamos que temos que cuidar de nossa vida: tenho que cuidar de mim, sem ligar para os outros. Pior ainda: exploramos os outros".

Se começarmos a controlar nossa natureza destrutiva, insiste o Dalai Lama, podemos seguir com mais facilidade pelo caminho do respeito ao próximo. "Se considerarmos uns aos outros como irmãos da família humana", ele acrescenta, "é possível estabelecer um diálogo significativo."

Não temos controle imediato sobre as decisões tomadas por nossos governantes, mas temos, sim, controle sobre nossas ações. Em nossa vida, podemos escolher o diálogo em vez do conflito. Podemos estender a pausa entre o impulso e a ação, para termos tempo de pensar no que precisamos de verdade a longo prazo.

Não há dúvida de que o diálogo nem sempre significa concordância, reconhece o Dalai Lama. "Temos pontos de vista diferentes; sempre haverá discordâncias. É preciso paciência, mas não paciência tola", ou seja, não é preciso aguentar qualquer coisa. "Não se abandona as próprias necessidades e os próprios interesses. Isso não é paciência."

No entanto, a resposta é o diálogo, e não a violência, insiste ele. "Invariavelmente, a violência cria mais problemas do que soluções. A única maneira de resolver problemas é por meio de conversa, e não pelo uso da força. Por isso digo que esse século deve ser o do diálogo."[1]

Veja o que aconteceu com o rio Mekong, que percorre 5 mil quilômetros desde a nascente, no planalto Tibetano, até a foz, no mar da China Meridional, cortando a província chinesa de Yun-nan e Mianmar, Laos, Camboja, Tailândia e Vietnã. Segundo rio mais rico em biodiversidade no mundo, o Mekong é uma linha vital de transporte, água e proteínas para mais de 3 milhões de pessoas.

Tudo isso estava ameaçado por propostas de construção de usinas hidrelétricas ao longo do rio. O represamento, porém, interromperia a migração reprodutiva de 150 espécies de peixes, alteraria dinâmicas fluviais sazonais que sustentam agricultores e impediria que sedimentos se depositassem no delta do rio, que já sofre erosão devido ao aumento do nível do mar, desalojando milhões de pessoas.

O Dalai Lama soube desses problemas por meio de Dekila Chungyalpa, indiana nascida no estado de Sikkim. Dekila trabalhava havia muitos anos para o WWF e, naquele momento, participava da equipe que tentava conciliar todos os interesses em jogo — e em conflito — ao longo do rio Mekong.

O WWF tinha identificado que instituições seriam, como aponta Dekila, "as melhores plataformas[2] para promover mudanças nas políticas, beneficiar a comunidade ou favorecer as espécies que tentávamos proteger". E assim foram formadas parcerias.

A equipe trabalhou junto a comunidades ribeirinhas para verificar a sustentabilidade da pesca, junto a bancos regionais que investiriam nas represas, e até mesmo com a Coca-Cola, interessada na preservação da água potável na área. A Rede WWF se tornou consultora técnica da Mekong River Commission, uma organização intergovernamental, e convenceu o supremo patriarca do budismo *theravada* do Camboja a atuar como porta-voz da preservação do rio — naquela região, quando ele fala, as pessoas escutam.

Em seguida, o WWF mapeou as áreas de pesca do rio, mostrando quais seriam as consequências de uma represa no leito principal (trágicas) e em um de seus muitos afluentes (bem menos prejudiciais). Ao chamar a atenção para o impacto da construção de represas em determinados lugares e com determinados projetos, o WWF simplificou o processo de tomada de decisão — e deixou claro que o retorno financeiro seria dos bancos que financiavam os projetos.

Resultado: os primeiros-ministros de três países — Vietnã, Camboja e Tailândia — decidiram não construir represas no leito principal do Mekong. O Laos, país mais pobre da região, seguiu com a construção de uma controversa barragem no leito principal do rio.

Ainda assim, segundo Dekila, outras autoridades relevantes passaram a privilegiar as necessidades da biodiversidade, das comunidades regionais e seus próprios interesses de longo prazo, em lugar de ganhos econômicos imediatos. Além disso, os grupos afetados diretamente pelo rio foram mobilizados e estão engajados na preservação do futuro do Mekong.

Diálogo e negociação, conclui ela, foram de suma importância.

ALÉM DO "NÓS E ELES"

Recém-chegado do Havaí, o Dalai Lama contou a alunos da Universidade Estadual de San Diego sobre uma cantiga nativa que conheceu naquela ilha:

"Seus ossos são meus ossos, seu sangue é meu sangue". Essa postura, disse ele, reflete a atitude de que necessitamos com urgência: "Sua vida é minha vida, sua saúde é minha saúde".[3]

Esse conceito se encaixa naquele reconhecimento profundo da igualdade e interconexão de todos os seres humanos, chamado por ele de "unidade da humanidade". Sem essa sensibilidade inclusiva, os desafios coletivos cada vez maiores que se impõem diante de nós — como as mudanças climáticas e a disputa por recursos naturais, a explosão demográfica e, em especial, os atritos entre povos e culturas — ficarão cada vez mais problemáticos.

O século passado foi marcado pela violência promovida por pessoas que se apegam à diferença, não à semelhança. "O conceito de guerra em si", disse o Dalai Lama aos estudantes, deriva de uma ênfase exagerada no "nós e eles". "Se desenvolvermos de fato a percepção de unidade da humanidade, não há motivo para guerra, não há motivo para violência."

Certa vez, o Dalai Lama protestou ao ouvir alguém falar das diferenças entre as pessoas do "Ocidente" e do "Oriente", dizendo que as pessoas dão muito peso a esse tipo de divisão. "Não acho que isso esteja certo. Somos todos seres humanos, temos as mesmas emoções. Enfatizamos muito a demarcação entre 'nós e eles'. A sensação de que alguém é de certo modo diferente limita nossa compaixão."

O que nos divide, insiste ele, é muito mais superficial do que as características que compartilhamos: apesar das diferenças de etnia, idioma, religião, gênero, riqueza e outras, somos iguais na humanidade. O Dalai Lama cita pesquisas genéticas que mostram, por exemplo, que as diferenças de "raça" correspondem a uma porção mínima do nosso genoma. Compartilhamos a imensa maioria dos genes. Então, por que dar tanta atenção a diferenças tão mínimas?

Ficamos míopes quando nos atemos ao nível secundário e damos muita importância ao que, na verdade, são apenas diferenças superficiais. Por causa disso, "temos muitos problemas. O legado é a violência, e quem sofre mais são as crianças e os idosos".

No entanto, se enfatizarmos nossas semelhanças, argumenta ele, podemos ser empáticos uns com os outros, além das fronteiras que nos dividem. Nossa humanidade em comum significa que é possível encontrar nossos pontos de conexão, em vez de nos concentrar nas diferenças.[4]

Se mantivermos essa atitude, é mais fácil construir empatia e confiança. E a conexão pessoa a pessoa torna isso mais fácil.

A atitude desdenhosa de culpar a vítima, comum entre ricos em relação a pobres, por exemplo, poderia ser superada com mais contato, sugere o Dalai Lama. Ele imagina um lugar em que as crianças ricas possam se encontrar e brincar em pé de igualdade com as crianças das favelas. E assim seria feito em relação a outros estereótipos danosos.

Por exemplo, quando o cipriota Vamik Volkan era menino, seu país vivia em meio a acirrados conflitos entre cidadãos de origem grega e turca. Uma guerra civil provocou a divisão do Chipre entre os dois grupos. Volkan cresceu em uma família turca, antes da cisão, e se lembra dos rumores que cercavam um padre grego das vizinhanças: cada nó em seu cinto representava uma criança turca enforcada por ele. Sua família também desprezava os gregos por comerem carne de porco, considerada suja pelos turcos.

Anos depois, o dr. Volkan, psiquiatra na Universidade de Virgínia, cita essas memórias de formação como exemplo de como o ódio entre grupos é alimentado ao longo de gerações, dando origem a preconceitos hostis. Segundo sua teoria, quanto mais apegados à identidade de nosso próprio grupo, maior a necessidade de demonizar os demais grupos.

Estranhamente, essa demonização é mais forte quanto mais similares somos "nós e eles". A genética de gregos e turcos do Chipre é tão parecida que ambos são propensos a uma mesma e rara doença sanguínea, e estrangeiros têm dificuldade em diferenciar gregos e turcos à primeira vista.

O mesmo ocorre no mundo inteiro, sem dúvida. A violência entre a minoria usbeque e a maioria quirguiz, no Quirguistão; entre hindus e muçulmanos, no Punjab; entre católicos e protestantes, na Irlanda do Norte — todos são exemplos atuais dessa questão.

Freud denominava essa ênfase excessiva nas discrepâncias entre grupos praticamente iguais de "narcisismo das pequenas diferenças". Ele observou que diferenças triviais entre pessoas muito semelhantes acabam sendo exageradas para justificar hostilidades mútuas. Quando essa parcialidade se cristaliza em um preconceito escancarado, qualquer aspecto que desminta o estereótipo negativo é rejeitado ou ignorado.

Ainda assim, em meio ao ódio entre grupos, sempre existe alguém que tem amigos "do outro lado". Para descobrir o que pode reparar essas divisões nós-eles, o psicólogo social Thomas Pettigrew revisou mais de quinhentas pesquisas realizadas em 38 países sobre essa questão — com respostas de 250 mil pessoas.[5] Os dados eram claros: quando há envolvimento emocional, como amizade ou romance, entre pessoas de grupos diferentes, os preconceitos herdados são superados.

Negros e brancos do sul dos Estados Unidos que brincaram juntos na infância — ainda que estudando em escolas segregadas — viraram adultos mais tolerantes, da mesma forma que donas de casa africânderes ficaram amigas de suas empregadas domésticas africanas.

O efeito do afeto não deriva apenas de contatos casuais, mas também da intensidade do vínculo emocional. O carinho que sentimos por um membro do outro grupo expande-se gradualmente para todo o grupo, mesmo em meio a tensões. Embora os estereótipos possam permanecer guardados no armário mental, a forte negatividade que os acompanhava desaparece. E, se os sentimentos mudam, o comportamento também muda.

O mundo está cada vez menor e mais interdependente. "Antigamente, éramos indiferentes a isso, perdidos em interesses próprios", reflete o Dalai Lama. "Mas, no mundo de hoje, Norte, Sul, Leste e Oeste são altamente interdependentes."

Na realidade de hoje, com um mundo interconectado, diz ele, temos que viver juntos — mesmo que não gostemos de nossos vizinhos, temos que conviver bem. A economia mundial conecta todos nós, de modo que dependemos dos outros, mesmo de nações hostis.

"Nessas circunstâncias, é sempre melhor viver de forma harmoniosa, amistosa, do que sustentar uma atitude negativa", explica ele. "Nossa sobrevivência depende inteiramente de outros. Dessa forma, mostrar preocupação pelos outros traz benefícios para nós."[6]

O Dalai Lama usa como exemplo o que poderia acontecer se esse sentimento de conexão tomasse regiões e grupos africanos envolvidos em conflitos. Se fizessem as pazes e se unissem, poderiam se "tornar uma verdadeira potência", acredita. Essas nações juntas têm potencial para se transformar em uma força mundial, "uma União Africana, como a União Europeia". O continente poderia se tornar uma área desmilitarizada entre seus países, acrescenta, com um exército unificado para autodefesa.

A tendência oposta — o pensamento "nós e eles" — cria obstáculos a uniões como essa. Na busca por uma compaixão global, sem excluir alguém, a divisão de pessoas por nacionalidade, religião, etnia e demais categorias acaba se tornando um obstáculo, pois enfatiza as diferenças. Como diz o Dalai Lama, esses limites não existem na compaixão genuína.

O PODER DA VERDADE

O Dalai Lama recebeu o Prêmio Nobel da Paz em homenagem à postura de repúdio à violência na resolução dos conflitos entre o povo tibetano e os comunistas da China, que ocupou e anexou o Tibete na década de 1950.

Em vez de conclamar uma revolta violenta, o Dalai Lama buscou o diálogo com o governo chinês e propôs um caminho do meio pela não violência: o Tibete se submeteria à autoridade de Pequim, mas como uma zona pacífica semiautônoma, com garantia de proteção da religião e da cultura tibetanas. A indicação ao Nobel sublinhou suas "propostas construtivas e visionárias para a solução de conflitos internacionais" como modelo universal.

De seu refúgio na Índia, o Dalai Lama passou décadas como chefe de governo exilado — e buscou, em vão, negociar com os comunistas chineses no intuito de proteger seu povo e seu patrimônio cultural.[7]

Ao comentar esses anos de tentativas aparentemente infrutíferas, ele afirmou: "A China se fia no poder das armas, que se vale do medo. Nossa luta se vale do poder da verdade". Ele considera a preservação das tradições tibetanas como a luta pela sobrevivência de uma cultura de compaixão para benefício da humanidade como um todo.

No entanto, o Dalai Lama vê, nas autoridades chinesas, a diferença entre os responsáveis pela brutalidade e os seres humanos, por quem tem compaixão e deseja o bem. "Eles também querem ter uma vida feliz. Querem harmonia, paz. Mas a harmonia vem daqui", disse ele, apontando para o coração. "Isso leva a amizade, confiança. Mas, se eles usam da força, não chegarão à confiança."

Portanto, continua ele, "qualquer reação de nossa parte, como criticar as atitudes deles, se devia a um sentimento de compaixão pelo bem-estar deles.

A longo prazo, o poder da verdade, da honestidade, da compaixão, é muito mais forte do que o poder das armas".

"Isso não quer dizer", perguntei, "que, como você acredita que o poder da compaixão vai vencer no final, que você ainda tem esperança, mesmo que eles não estejam dispostos a dialogar?"

"Fazemos uma distinção entre o governo e o povo da China", respondeu ele. Desde a crise de 2008 no Tibete, com manifestações acontecendo em vários lugares, "o povo chinês está prestando atenção, e então eles se dão conta de que os tibetanos são muito confiáveis, mas que o governo da China não é.

"Dos cerca de mil blogs e artigos de internet sobre o Tibete escritos pelos chineses em chinês", continua ele, sendo que aproximadamente duzentos estão baseados na China continental, "todos apoiam a nossa abordagem pelo 'caminho do meio' e fazem muitas críticas à política de seu próprio governo. Conheci, em outros países, muitos chineses que são solidários aos tibetanos, e esse contingente aumenta ano a ano."

E acrescenta: "O mundo pertence às pessoas do mundo, e não a reis e rainhas ou governos. Os Estados Unidos pertencem a 300 milhões de cidadãos, e não aos partidos Democrata ou Republicano. Portanto, a China pertence ao povo chinês, e não ao Partido Comunista.

"Eles são muito poderosos, mas não vão permanecer para sempre. São as pessoas que permanecem. Os comunistas têm que usar muita censura, o que, na verdade, é um sinal de fraqueza e revela o medo deles, revela que têm algo a esconder. Nosso lado é completamente transparente. Esse é um dos motivos por que nunca perdemos a esperança."

O princípio de *ahimsa* — não violência — de Mahatma Gandhi é uma inspiração para o Dalai Lama. Da mesma forma que Gandhi seguiu por esse caminho na luta pela independência da Índia (e Martin Luther King, no movimento pelos direitos civis norte-americanos, e Nelson Mandela, na África do Sul), o Dalai Lama coloca essa filosofia em prática nas tentativas de restaurar a liberdade e os direitos humanos dos tibetanos.

No início, a não violência de Gandhi em nome da liberdade foi motivo de risadas e desprezo. Hoje, a não violência se tornou uma estratégia comum no mundo todo, especialmente em protestos contra injustiças.

"Esses [protestos] são exemplos claros do poder da verdade, sinceridade e honestidade. Esses são os motivos principais, porque não estamos trabalhando por interesse próprio, mas pela vida em si", explica o Dalai Lama.

A violência como estratégia pode levar a ganhos de curto prazo e resolver problemas imediatos, observa o Dalai Lama. Mas esses ganhos tendem a ser temporários, levando a outros problemas com o passar do tempo. Logo, a não violência pode tomar mais tempo, mas gera benefícios maiores a longo prazo.

No entanto, na esfera política, a não violência significa mais do que simplesmente se abster da agressão. A verdadeira expressão da não violência, na visão do Dalai Lama, é a compaixão. E a compaixão não é apenas uma postura de passividade, mas também um estímulo à ação.

Ele acrescenta: "Experimentar a compaixão genuinamente é desenvolver um sentimento de proximidade em relação ao outro, como dizia Gandhi-ji, combinado com um senso de responsabilidade pelo bem-estar do outro. Sua grande conquista foi mostrar, através do próprio exemplo, que a não violência pode ser implementada de forma efetiva não apenas na arena política, mas também em nosso dia a dia".[8]

Com muita clareza quanto à futilidade da guerra, o Dalai Lama afirmou, no primeiro aniversário do Onze de Setembro: "Os ataques aos Estados Unidos foram terríveis, mas retaliar com uso de mais violência não é a melhor solução a longo prazo".[9]

Esse insight, como sabemos, provou-se premonitório. Como a violência não é capaz de trazer soluções duradouras — nem um mundo melhor —, o diálogo aparece como uma alternativa potencialmente construtiva diante de ameaças de guerra e das inevitáveis questões de paz.

E, com a falência da guerra, o Dalai Lama prevê, num futuro distante, um mundo completamente desmilitarizado, em que os exércitos serão dispensados e as indústrias armamentistas fechadas, com seus recursos alocados para usos melhores. Ele menciona, satisfeito, uma fábrica de brinquedos sueca que decidiu parar de vender armas de brinquedo — um pequeno passo na direção certa.

O Dalai Lama não deixa, no entanto, de reconhecer a complexidade da nossa realidade política: "Armas destroem vidas, mas, em nível global, o mundo livre tem que ser forte".

Para minha surpresa, ele diz que a guerra pode ser relativamente humanizada se for conduzida com impulso compassivo, com cuidado para minimizar baixas e a morte de civis. E contrapõe essa proposta à destruição mecanizada, impessoal, "cheia de ódio", em que "assassinatos são vistos como uma forma de heroísmo".

Ainda assim, diz ele, o uso da força nunca atinge as causas subjacentes do conflito, não as resolve e, muitas vezes, as agrava — sem falar do rastro de dor, sofrimento e destruição desnecessário.

HARMONIA ENTRE RELIGIÕES

Em uma experiência radical feita em 1958 no país insular então conhecido como Ceilão, um professor de ensino médio levou seus alunos — oriundos de famílias privilegiadas — a um vilarejo pobre para ajudar os moradores. Aquele primeiro *shramadana* suscitou um movimento em todo o Sri Lanka, que envolveu quase 1500 aldeias, quase metade das existentes no país. E aquele professor, o dr. A. T. Ariyaratne, fundou e dirige o Sarvodaya Shramadana (algo como "doando tempo para a melhoria de todos"), a organização que conduz esse trabalho por todos estes anos.

A filosofia do Sarvodaya reflete a visão do Dalai Lama: a melhor forma de ajudar os necessitados é empoderá-los para que ajudem a si mesmos. Nas aldeias em que a entidade atua, todos se reúnem para identificar suas necessidades mais prementes, como água potável, construção de escolas ou esgotamento sanitário, e trabalham juntos para resolvê-las.

Os moradores aprendem habilidades como atendimento básico em saúde, instalação de bombas d'água e construção de casas e estradas. Em um país cujo governo ignora há tempos muitas necessidades básicas, ações como essas também trazem a sensação de que as pessoas têm o poder de determinar o próprio destino. As iniciativas do Sarvodaya ajudaram a população a construir cerca de 5 mil pré-escolas, ambulatórios, bibliotecas e até estradas, a fundar bancos locais e a perfurar poços e fossas sanitárias.

O lema "Nós construímos a estrada e a estrada nos constrói" fala da sensação de empoderamento dos moradores quando trabalham juntos nos projetos. E o fortalecimento dos laços entre grupos étnicos diferentes numa mesma aldeia — budistas cingaleses e hindus tâmeis, cristãos e muçulmanos — mostrou-se inesperadamente sólido durante um dos períodos mais sombrios do Sri Lanka.

O movimento pela independência do norte do Sri Lanka, alimentado pelos hindus tâmeis, começou a tomar corpo na década de 1980 e acabou explodindo, dez anos depois, em uma sangrenta guerra civil contra os budistas cingaleses no poder. Desde o início dos confrontos, o dr. Ariyaratne, conhecido como "Gandhi do Sri Lanka", vem organizando marchas e comícios a fim de protestar contra a guerra.

Quando o governo ampliou os combates, em 2005, o dr. Ari (como é conhecido), convocou uma gigantesca manifestação pela paz. Centenas de milhares de pessoas se reuniram nas ruínas de Anuradhapura, a capital histórica da ilha. Entre os manifestantes estavam ambos os lados da batalha, além de outros grupos étnicos e religiosos do país.

Em certo momento, o dr. Ari conduziu os presentes em uma meditação de afeto e bondade em que mentalizaram o bem de todos, inclusive daqueles que, como descreveu o doutor, "pegaram em armas e assassinaram conterrâneos, para que suas mentes se livrem do ódio". O Dalai Lama enviou uma mensagem saudando os manifestantes, que reuniram pessoas de todas as diversas religiões e etnias em nome da paz, mesmo em meio a uma violenta guerra civil.

Depois dos ataques terroristas do Onze de Setembro, o Dalai Lama vem se manifestando em defesa do Islã. Na cerimônia em memória das vítimas no primeiro aniversário do ataque, realizada na Catedral Nacional de Washington, ele declarou que o fato de os agressores terem origem muçulmana não justifica o preconceito e os estereótipos contra essa religião.

Se uma religião tem maus agentes, é injusto culpar toda uma comunidade pelos atos de uma minoria ou de um indivíduo.

Como sabemos, não se trata apenas de uma questão inter-religiosa — muitos conflitos ao redor do mundo se dão entre grupos étnicos de mesma crença. Mesmo pequenas diferenças podem se tornar combustível para conflitos. O Dalai Lama se vale de sua proeminência como figura religiosa para protestar contra esse ódio e essa violência, em especial entre credos diferentes — mas também dentro de um mesmo credo.

"Quando escuto os dois lados clamando 'Deus' ao matar uns aos outros, isso não faz sentido", diz ele, destacando "o ódio entre católicos e protestantes, quando ambos acreditam em Jesus Cristo. Mesmo entre os budistas, já tivemos conflitos e até nos matamos por isso."

Quem alimenta a atitude de "nós e eles" no âmbito das crenças religiosas, afirma o Dalai Lama, está distorcendo essas crenças. Essa patologia do instinto natural de cuidar do próprio grupo se dá à custa dos outros. Isso equivale a ter um egocentrismo desagregador em comum, com a religião a serviço do ódio.

O que parece acontecer nesses casos é que, em vez de "usar a própria fé e os próprios recursos para transformar a si mesmos, essas pessoas impõem suas personalidades sobre a religião. É muito complicado quando a religião é manipulada dessa forma".[10]

"Há muitos conflitos em nome da religião", completa. Onde a voz da religião semeia a discórdia — considerando os praticantes de outras religiões como "inimigos" —, o Dalai Lama enxerga a ação da falta de princípios morais. Ele frequentemente faz declarações oficiais contra essa intolerância.

Por exemplo, embora o Ladaque seja de cultura tibetana, essa região se estende pela província indiana de Jammu e Caxemira, que foi assolada por conflitos entre separatistas muçulmanos e o Exército da Índia. O Dalai Lama disse aos muçulmanos ladaques que Farooq Abdullah, seu amigo e ex-ministro daquela região, lhe contara que o verdadeiro significado de *jihad* não se refere a atacar pessoas, mas a combater as próprias emoções destrutivas. Significa ter autodisciplina para se abster de ferir os outros.[11] Ele acrescenta: "Respeito o Islã. São bons filósofos, e trata-se de uma religião muito importante".

Em meio à atual atmosfera de suspeita dos muçulmanos em relação aos outros e dos outros em relação aos muçulmanos, acredita o Dalai Lama, seria benéfico se houvesse mais contato com pessoas de boa vontade de outros grupos, bem como uma educação mais moderna no mundo árabe. Ele ficou satisfeito em saber, por exemplo, que a Jordânia deu vários passos nessa direção, e acha que isso pode contrabalançar a influência da linha dura.

Ele esteve quatro vezes em Israel e duas na Jordânia. Em ambos os países, reuniu-se com líderes religiosos, espalhando a mensagem de harmonia entre credos. Ele encoraja visitantes dos Emirados Árabes e de outras partes do mundo árabe a serem mais ativos no apoio a essa atitude, na esperança de reduzir a violência no Oriente Médio.

E não se trata apenas do Islã. Toda religião, diz o Dalai Lama, tem seus linhas-duras. Ele manifestou-se em protesto contra a violência brutal fomentada por alguns extremistas entre os budistas de Mianmar contra uma minoria muçulmana do país.

No entanto, reconhece, enquanto os humanos existirem, haverá choque de ideias e conflitos. É da nossa natureza. Por isso, precisamos de uma maneira de resolver diferenças por meio de diálogo e entendimento mútuo.

Com base na antiga prática de peregrinar a lugares sagrados de todas as religiões, o Dalai Lama confirma a unidade subjacente a todos os credos. "O verdadeiro propósito da fé é a prática do amor. É tudo a mesma coisa", afirma.

Logo depois dos ataques do Onze de Setembro, o Dalai Lama disse em nota: "Acredito que nenhuma religião endosse o terrorismo. A essência de todas as grandes religiões é a compaixão, o perdão, a autodisciplina, a fraternidade e a caridade. Todas as religiões têm o potencial de fortalecer valores humanos e desenvolver a harmonia geral".

Além disso, acrescenta, pode-se dizer que o desafio de encontrar métodos efetivos para controle dos recônditos indomáveis da nossa mente se tornou mais urgente do que nunca. A gama de armas engenhosas gerada por nossos cérebros astuciosos significa que, quando emoções negativas como o ódio controlam a inteligência humana, os resultados são desastrosos.[12]

"Vejam os graves problemas do mundo", comenta o Dalai Lama a respeito das crises em pauta naquele dia, no caso na Ucrânia e no Oriente Médio. "São todos problemas criados pelo homem devido às emoções fora de controle." Ele aponta o egocentrismo, o pensamento "nós e eles" e o ódio. E duvida que um adepto dessa política de hostilidade, ainda que sinta alguma satisfação ao matar alguém, esteja, no fundo, feliz consigo mesmo.

O desarmamento externo começa com o desarmamento interno. A paz interior não é benéfica apenas a nós mesmos, mas a todos à nossa volta.

RUMO A UM SÉCULO DE DIÁLOGO

Quando o Dalai Lama foi convidado a falar em um *think tank* conservador em Washington, ouviu muitas objeções. "Quando soube disso", comentou ele sobre os protestos, "pensar que somos de esquerda, e que eles são de direita, e que não devemos falar com eles — isso é errado!"

Apesar dos alertas, ele compareceu, esperando apresentar outra visão, mais compassiva. Ambos os lados, esquerda e direita, comentou ele, têm um objetivo comum: o que é melhor para as pessoas. Deveria haver diálogo entre os lados, e não silêncio ou hostilidade. Compartilhe seu ponto de vista, faça críticas à outra posição.

"Diálogo. Esse é o único caminho." No entanto, dialogar significa defender nossos valores, e não abrir mão deles.

Em uma reunião com cientistas ambientais, o Dalai Lama ouviu o relato de uma ativista sobre sua própria evolução: "Quando eu era mais jovem, sempre gritava, 'Todo mundo tem que mudar!'. A experiência me ensinou que, sem gritar, é possível criar parcerias em que o outro responde, e isso acabou se mostrando muito mais benéfico".[13]

A colocação da ativista impressionou o Dalai Lama, que respondeu: "Você precisa procurar pessoas receptivas, enfatizando os benefícios em comum".

O diálogo, observa ele, se tornou essencial para atacar os problemas globais que enfrentamos hoje: população crescente e recursos naturais em declínio, abismo entre ricos e pobres e danos ambientais. Essas questões não podem ser resolvidas por meio da força, nem por um ou dois países. Exigem cooperação entre a humanidade como um todo.

Se pensarmos na humanidade como uma — "nós" —, é possível dar início a conversas e negociações em que todos saiam vencedores. "O diálogo", disse o Dalai Lama a uma multidão na Eslovênia, "não é um luxo que podemos escolher, mas uma necessidade básica."[14]

Nos dias que antecederam a segunda invasão norte-americana no Iraque, houve um momento crucial em que o Dalai Lama poderia ter intercedido, segundo avaliação do próprio. Ele poderia ter ido a Bagdá (como foi encorajado a fazer na época) junto a outros ganhadores do Nobel da Paz para conversar com Saddam Hussein. O grupo poderia argumentar que entrar em guerra contra os Estados Unidos seria suicídio e que Saddam deveria esfriar os ânimos, até mesmo por interesse próprio.

No entanto, o Dalai Lama percebeu que não tinha qualquer conexão pessoal com o Iraque e que a ideia seria impraticável. Ainda assim, isso despertou seu projeto de reunir um grupo de Prêmios Nobel e outras personalidades respeitadas para empreender intervenções de alto nível como aquela.

Ex-presidente da Tchecoslováquia e amigo do Dalai Lama, Václav Havel deu início ao processo ao fundar o Fórum 2000, um grupo de pessoas de várias nações, culturas, religiões e formações acadêmicas que se reunia anualmente para identificar questões globais prementes e procurar formas de mitigar conflitos.

No fórum, o Dalai Lama — ao lado de Havel, do príncipe jordaniano El Hassan bin Talal e de Frederik de Klerk, que conduziu o fim do apartheid — deu início à Shared Concern Initiative, que abordava desafios mundiais relevantes, como violação de direitos humanos. A iniciativa fez apelos em defesa dos direitos humanos em Mianmar, na Rússia e na China.

O impulso do Dalai Lama por se empenhar em problemas globais continua forte. Ele acredita que há espaço para um grupo de ganhadores do Nobel da Paz, ao lado de pensadores, cientistas e personalidades políticas que não estejam vinculadas a governos. Além de conhecidos e respeitados, os membros deveriam ter caráter irrepreensível, sem a menor sombra de objetivos ocultos, e completamente honestos e confiáveis, altruístas e sinceros.

Em uma situação de tensões crescentes, o grupo poderia intervir e apaziguar os ânimos. Poderiam tentar, de qualquer forma. Se o resultado for positivo, "ótimo; se não, nada a perder".

Grupos como esse representam um novo tipo de liderança no cenário mundial — sem origem em interesses nacionais nem ligação com qualquer governo, não suscetível a veto (como costuma acontecer na ONU) e inteiramente transparente, sem qualquer outra agenda além do benefício da humanidade. Essa entidade representaria os bilhões de pessoas do mundo, e não os governos do mundo. Seu poder derivaria do respeito e da estima das pessoas pela entidade e por suas recomendações acerca de problemas globais.

VOLTA POR CIMA E TODOS GANHAM

O ano era 1987; o lugar, uma festa da alta sociedade no elegante apartamento de um estilista de moda na 57th Street, em Manhattan, onde havia um convidado muito improvável: A. J. Ayer, um dos mais famosos filósofos de seu tempo. Aposentado pela Universidade Oxford, passaria o ano como professor visitante na Bard College.

Ayer conversava com outros convidados perto da porta do salão quando uma moça surgiu esbaforida, dizendo que a amiga estava sendo atacada em um dos quartos.

Ao correr para o tal quarto, Ayer se deparou com Mike Tyson (segundo a biografia do filósofo)[15] tentando estuprar Naomi Campbell, na época ainda desconhecida.

Ayer insistiu que Tyson parasse, até que o boxeador lhe disse: "Você não sabe quem eu sou, seu _____. Sou Mike Tyson, campeão mundial dos pesos pesados".

O filósofo peso-pena retrucou: "E eu sou ex-professor da cadeira Wykeham de lógica. Nós dois somos proeminentes em nossas áreas. Sugiro discutirmos como homens racionais".

Enquanto o diálogo acontecia, Naomi Campbell fugiu do quarto.

Esse encontro amplamente divulgado me fez lembrar do episódio relatado por um professor de uma escola de ensino fundamental em New Haven.

Três garotos seguiam para a aula de educação física, onde haveria um jogo de futebol. Um deles, rechonchudo e pouco atlético, estava sendo ridicularizado pelos outros dois, ambos excelentes atletas, que seguiam logo atrás do primeiro.

Um dos atletas provocou: "Ah, então quer dizer que *você* vai jogar futebol?".

O gorducho se deteve, respirou fundo, como quem toma coragem diante de um confronto, e respondeu: "Vou jogar futebol, sim. Não sou muito bom nisso. Sou bom mesmo é em artes: desenho qualquer coisa. Já vocês são muitos bons em futebol. Um dia eu quero ser bom assim".

Ao ouvir aquilo, o jovem que havia provocado mudou o tom de voz e disse, cordial: "Ah, você nem é tão ruim assim. Quem sabe eu não lhe ensino uns dribles para você jogar melhor?".

E botou o braço sobre os ombros do gorducho, em um gesto de amizade, e os dois caminharam juntos para a aula.

Alguns golpes emocionais no embate entre Tyson e Ayer e entre os dois garotos são os mesmos. A intervenção: dizer algo positivo sobre a outra pessoa (Ayer reconhecendo a "proeminência" de Tyson) e dizer algo positivo sobre si mesmo (Ayer anunciando sua alta posição em filosofia).

A estratégia retórica ocorrida na escola não se deu por acaso. Essa manobra é ensinada como uma resposta imediata a provocações violentas. Chamada de "volta por cima", o recurso tende a minar a energia por trás das humilhações lançadas pelos intimidadores.

Já que o desarmamento começa em nós e depois se espalha, podemos nos valer de mais habilidades na hora de desarmar outras pessoas.

No contexto desse microcosmo de pacificação, métodos como esse são ensinados na escola de New Haven como parte do "desenvolvimento social", uma extensão do currículo regular. Um espectro ainda maior de ideias e ferramentas para desarmar hostilidades entre colegiais é oferecido pelo programa Resolving Conflict Creatively (Resolvendo conflitos criativamente), cujas raízes se estendem à década de 1980, quando um superintendente escolar percebeu a necessidade de um programa de fomento à paz entre alunos.

Naquela época, a Guerra Fria apavorava algumas crianças, por causa do risco de guerra nuclear, e a violência perpassava a vida de muitos estudantes — cerca de dezoito morriam violentamente a cada dia nos Estados Unidos. O superintendente buscava uma abordagem que começasse ensinando os alunos a controlar seus impulsos agressivos e, depois, se irradiasse para toda a sociedade, com os estudantes já adultos.

Uma das pessoas que atendeu esse chamado foi Linda Lantieri, ex-professora e ex-diretora de escolas de Nova York que, à época, trabalhava desenvolvendo currículos escolares. Vivia-se um momento fértil para abordagens não violentas para resolução de conflitos. Marshall Rosenberg tinha começado a ensinar seu método de Comunicação Não Violenta, e professores da Faculdade de Direito de Harvard tinham acabado de publicar um compêndio sobre negociação positiva, *Como chegar ao sim*.

Inspirada por essas fontes, Lantieri juntou-se a Tom Roderick, diretor do Morningside Center for Teaching Social Responsibility, para compilar maneiras de ensinar essas habilidades a crianças desde o jardim de infância até o ensino médio.[16] "No caso das crianças pequenas", contou-me Lantieri, "um exemplo de conflito comum é decidir quem sobe primeiro num brinquedo do parquinho.

"Usamos bonecos para encenar uma discussão entre crianças sobre quem vai primeiro no brinquedo e para mostrar desfechos diferentes: ou todos perdem, pois as crianças acabam brigando e o professor diz que ninguém vai brincar; ou um ganha e outro perde, pois uma criança agride a outra. Em seguida, os bonecos conduzem um exercício de imaginação com as crianças, para bolar desfechos em que todos ganham, como tirar na moeda quem vai primeiro, organizar turnos nos brinquedos e por aí vai."

Com crianças mais velhas, o programa ensina a "escuta ativa", em que o aluno exercita a escuta do que o outro diz em um conflito, evita julgá-lo reativamente e lhe comunica que entendeu, parafraseando-o. Outro exercício é "falar em primeira pessoa" ou "mensagem-eu", em que, em vez de acusar ou jogar a culpa no interlocutor, o aluno diz como se sentiu quando o outro o magoou, o que abre o caminho para a resolução. Esses e outros métodos são usados por alunos mais velhos, que agem como mediadores, circulando pelo pátio da escola para resolver conflitos imediatamente.

O programa Resolving Conflict Creatively também ensina formas de aumentar a aceitação e valorizar a diversidade,[17] além de anular preconceitos. As crianças mais novas conversam em pares sobre suas semelhanças e diferenças. A partir do quarto ano do ensino fundamental, os alunos organizam painéis em que crianças de grupos e origens diferentes contam suas histórias — entre elas, relatos sobre como ficam chateados quando outras crianças os chamam disso ou daquilo.

"Isso ajuda as demais crianças a entenderem que podem estar magoando determinado grupo", comenta Lantieri. Em um desses painéis, contou-me ela, Lisa, uma menina de origem coreana, relatou que, pouco tempo depois de se mudar para os Estados Unidos, um jovem afro-americano quase a jogou nos trilhos do metrô. O resultado? "Nunca toquei em um negro", confessou a menina.

Ao ouvir aquilo, Abdul, um colega de turma negro, foi até ela e disse: "Vou oferecer a mão a você". Tremendo, ela pegou a mão dele — e os dois se abraçaram.

Esse tipo de programa vem sendo aplicado em cada vez mais escolas norte-americanas e até mesmo entre meninos de rua no Brasil e em Porto Rico, onde a violência juvenil, segundo Lantieri, "ultrapassou os limites".

Certa vez, em uma escola de ensino médio em East Harlem, bairro de Nova York, o assunto foi como lidar com confrontos — uma tensão comum aos jovens de lá. Foram ministrados exercícios sobre como administrar as próprias emoções de forma a manter a calma e ficar aberto para tomar boas decisões.

Na semana seguinte, Raymond, um dos alunos do último ano, ao sair do metrô a caminho da escola, foi cercado por três sujeitos pedindo que lhes desse seu casaco de pele de carneiro novinho.[18] Um deles mantinha a mão dentro da jaqueta, talvez para esconder um revólver ou uma faca. Naquela época, esse tipo de casaco era muito desejado. Pessoas eram baleadas por causa deles.

Raymond manteve a calma, dizendo em tom amistoso: "Não dá para acreditar. Era justamente isso o que eu ia fazer". Enquanto falava, ele abriu o casaco, e depois perguntou a quem entregá-lo. Um dos sujeitos agarrou o casaco e os três fugiram.

Quando chegou à escola, depois de ter andado três quarteirões num frio congelante, o rapaz estava bufando de raiva. Um professor reuniu um grupo de alunos para ouvi-lo contar o que havia acontecido. Raymond estava com muita raiva, pois, apesar de ter ficado calmo, acabou perdendo o casaco.

Foi então que algo completamente inesperado aconteceu. Um dos garotos perguntou: "Quanto custou o casaco?".

"Cento e dezenove dólares", respondeu Raymond. Um valor que a mãe tinha economizado com dificuldade.

"Somos 92 alunos no último ano", disse outro colega. "Dá pouco mais que um dólar para cada um."

Três dias depois, a turma tinha coletado dinheiro suficiente para comprar um casaco novo para Raymond.

"Cada um tem uma responsabilidade", diz o Dalai Lama. "Se você se empenhar agora, conseguiremos um mundo mais pacífico ainda neste século."

No entanto, em razão da realidade de grandes e pequenos conflitos no mundo todo, perguntei ao Dalai Lama se a proposta de diálogo em vez de conflito não seria um pensamento ilusório.

"As pessoas do século XX" — como ele chama aqueles que estão chegando ao fim da vida nos dias de hoje — "não são muito abertas a mudanças. Suas mentes são fixas. Para elas, não há muita esperança de transformação. A única esperança é a geração mais nova. A educação é capaz de superar as formas distorcidas de pensamento. Essa é a única maneira.

"Não chegarei a ver isso", reconhece ele. "Esses problemas continuarão. Mas sigam educando as crianças devagar. A próxima geração, as gerações futuras..."

"É essa a esperança?", perguntei.

"Sim!", foi sua resposta enfática.

10. Eduque o coração

Os alunos do quarto e do quinto ano da Walter Moberly Elementary School, em Vancouver, no Canadá, estavam visivelmente alvoroçados com a visita ilustre. Mas, bem-comportados, aguardavam a vinda do Dalai Lama sentados em círculo. Ao chegar com sua comitiva de seguranças e autoridades tibetanas, ele circundou o grupo de crianças, cumprimentando-as e sorrindo de forma afetuosa.

Convidado pela professora Jennifer Erikson, juntou-se àquele "círculo de gratidão", uma atividade a que os alunos estavam acostumados. As crianças passavam uma pedra de mão em mão, e cada uma, em sua vez, externava sentimentos de gratidão: "Sou grato", diziam, "por estar vivo", "por conhecer o Dalai Lama", "pelo oceano", "pela paz mundial", "pela minha família", "pelos esportes".

Quando a pedra chegou ao Dalai Lama, ele parou por um instante e então falou às crianças: "Somos basicamente os mesmos em uma grande família humana. Quando nos conhecemos, descobrimos que temos as mesmas emoções, a mesma mente, o mesmo corpo. Todos amamos as mesmas coisas, como a amizade".

Então, olhando para a pedra que tinha em mãos, acrescentou: "Sou grato pela alegria". E entregou o objeto ao menino a seu lado.

Completado o círculo, a professora perguntou-lhes: "Como a gratidão nos ajuda?".

A resposta veio de uma menininha: "Ela ensina que temos muita coisa por que agradecer, em vez de ficar reclamando que não temos tudo".

E um menino: "Liberando uma substância química chamada dopamina, que me faz ficar alegre".

O Dalai Lama, gostando da perspectiva científica, exclamou: "Absolutamente certo!".

Uma menina acrescentou: "Ela deixa outras pessoas alegres também".

E outra: "E me deixa calma".

"Calma. Isso mesmo", concordou o Dalai Lama. "É um sentimento muito importante. Maravilha!"

"Quando eles são gratos", explicou a sra. Erikson, "aprendem a entender como os outros se sentem." O crescente sentimento de proximidade também aumentou a confiança dos alunos, que, assim, puderam relaxar e aprender juntos, em vez de se retraírem por medo.

Então, todos posaram para uma foto, reunindo-se em torno do Dalai Lama, radiante por ter conhecido a turma antes de seguir para seu próximo compromisso.

Aquele círculo de gratidão, organizado especialmente para o Dalai Lama, aconteceu na biblioteca da John Oliver High School, a instituição de ensino médio que recebe os alunos que terminam o ensino fundamental na Moberly Elementary. Ambas ficam num bairro operário habitado por imigrantes das Filipinas, do Sudeste Asiático e da China, entre outros.

Como muitos filhos de imigrantes ao longo dos anos, os alunos da Moberly e da John Oliver lutam para realizar os sonhos de sucesso dos pais dedicando-se com empenho aos estudos. Mas o êxito acadêmico em si, questiona o Dalai Lama, não significa uma educação completa.

Ele acha que o sistema educacional moderno precisa de uma reforma fundamental, além do currículo tradicional. O Dalai Lama propõe a educação do coração, com ênfase na ética e numa vida pautada pela compaixão.

Essa educação incluiria noções básicas sobre o funcionamento da mente e da dinâmica das emoções, regulação saudável dos impulsos emocionais e cultivo da atenção, da empatia e do afeto, gestão de conflitos de forma não violenta e sentimento de unidade com a humanidade.

Repetidamente, o Dalai Lama volta à ideia de que, a longo prazo, o tipo certo de educação ajudará a resolver muitos problemas importantes, desde aquecimento global e destruição ambiental até desigualdades e conflitos econômicos. Ele considera essa reformulação radical do nosso sistema educacional uma das chaves para respostas duradouras.

Educar o coração fortaleceria o sistema cerebral de compaixão e cuidado, que, por sua vez, poderia levar aqueles que fossem educados assim a um comportamento econômico completamente novo, por exemplo. Em resumo, essa visão para o mundo seria passada às gerações futuras pela educação escolar.

TREINAMENTO DA MENTE

Simran Deol, aluna do penúltimo ano da John Oliver, sentou-se com os olhos fixos num ponto à sua frente, e o aparato de encefalograma em sua cabeça projetou uma linha numa grande tela, registrando o nível de concentração.[1] Quando a mente estava concentrada, a linha se movia para cima; quando a menina se distraía, a linha baixava. O Dalai Lama a observava com muito interesse.

Um professor-assistente, aluno da Universidade da Colúmbia Britânica, explicou ao Dalai Lama que Simran tentaria se concentrar enquanto outros alunos lhe chamavam a atenção. Em seguida, duas amigas começaram a falar com a garota e mexeram em sua blusa — e a linha na tela desceu.

Então, o Dalai Lama orientou Simran. "Quando treinamos nossa mente, é útil fazer uma distinção entre o nível mental e o sensorial. Quando você olha para o ponto, o principal trabalho é mental, mas também há o sensorial — 'consciência do olho'. Se você depende da consciência do olho, ela é muito limitada — o que está diante de você é um acessório.

"Mas, em nível mental, é possível ignorar a consciência do olho. Se o objeto da concentração estiver na sua mente, você consegue se concentrar melhor, mesmo com perturbações à sua volta", aconselhou ele, dizendo-lhe para manter a imagem no olho da mente.

Simran fechou os olhos para se concentrar melhor na imagem mental, e a linha subiu um pouco. O registro voltou a descer quando suas amigas a distraíram outra vez, mas se ergueu novamente quando a concentração ficou mais forte.

O Dalai Lama aconselhou a garota a praticar o foco em um ponto em face de tais desafios: quando vir alguém que a irrita, ou quando vir amigos.

Ele escutou, fascinado, a professora Joanne Martin perguntar à turma o que estava acontecendo no cérebro de Simran. E ficou satisfeito com a resposta de alguém: "Quando ela está concentrada, há mais neurônios conectados".

Aquela aula de concentração tem implicações mais amplas na educação: tanto o foco quanto a habilidade de desligar impulsos destrutivos ativam os mesmos circuitos neurais, o que também é crucial para a prontidão ao aprendizado.[2] Como mostram mapas emocionais, emoções negativas fortes são distrações poderosas. Quanto mais concentrados nos tornamos, menos força essas emoções exercem sobre a nossa concentração.

Diante da pergunta "Como podemos estar concentrados e felizes todo dia?", o Dalai Lama, a princípio, pareceu tergiversar: "Imagine um grande avião voando. É muito difícil compreender todas as partes que ajudam a mantê-lo no ar".

Mas ele logo trouxe a metáfora para perto: "É o mesmo com a mente e as emoções. Algumas emoções perturbam nossa mente, e outras são muito úteis — por exemplo, nos ajudam a ter calma".

Depois disso, ele lhes sugeriu formas de como aplicar o mapa das emoções que encorajara Paul Ekman a desenvolver. "Para desenvolvermos paz de espírito duradoura, deveríamos conhecer melhor o mapa das emoções. Sem nos preocuparmos com o que é bom ou ruim — simplesmente tomar consciência. E então, de acordo com nossa experiência diária, aplicá-lo.

"A partir do momento que tivermos alguma consciência sobre isso, podemos perceber, a cada experiência diária, quando estamos irritados, e não alegres. Podemos analisar", insiste ele, enfatizando que a irritação faz parte de uma família de emoções que inclui o medo, a suspeita e a raiva, entre outras. O grupo oposto reúne mente calma, autoconfiança, compaixão e afeto.

Esses estados positivos, disse aos estudantes, trazem paz de espírito. Medo e raiva nos consomem. "A mente perturbada é prejudicial — a pressão sanguínea sobe, nos sentimos estressados, o sono fica destruído, temos sonhos amedrontadores. E qual é o contraponto? Não são drogas, álcool nem qualquer artifício externo."

Temos que tirar um tempo para desenvolver paz de espírito, aconselha. A mudança emocional não chega da noite para o dia. "Portanto, é preciso um pouco de treino."

REINVENTANDO A EDUCAÇÃO

O Dalai Lama fora à John Oliver High School para uma sessão interpessoal sobre Educar Corações e Mentes. Centenas de jovens lotavam o ginásio da escola para o evento, que foi transmitido ao vivo para outros 33 000 estudantes de toda a província.

Lá, ele disse à jovem plateia: "Já estou bem velho, com quase oitenta anos. Minha vida está praticamente completa. Mas a de vocês está só começando. Cabe a vocês viver uma vida feliz, fazer uma contribuição positiva para o bem-estar da humanidade.

"Tive a oportunidade de conhecer todo tipo de pessoa — líderes, mendigos, cientistas respeitados e espiritualistas. Estou convencido de que uma vida feliz não depende de riqueza nem de uma boa família.

"Escuto a BBC todos os dias. O noticiário me diz que há muitos problemas no mundo, muita dor e violência. Esses problemas são criados pelos homens." E, no entanto, as pessoas que os causam costumam ser bastante inteligentes.

Isso, acrescentou ele, mostra que a educação contemporânea não traz paz interior nem princípios morais. Não podemos mudar isso à força, e sermões religiosos não são capazes de alcançar os bilhões de pessoas do planeta, sem contar os céticos. A única maneira é por meio de uma educação que mire o bem universal: todo mundo quer ser feliz.

Mil anos atrás, no Ocidente, os sistemas educacionais no mundo eram domínio da Igreja, observa ele. Conforme a primazia da religião sobre a educação enfraqueceu ao longo dos séculos, o mesmo aconteceu com o ensino da gentileza e da responsabilidade. O estudo da ética aplicada ficou em segundo plano, em especial a partir do século passado, com o desenvolvimento da ciência e da tecnologia. E, hoje, os fundamentos da educação são, primordialmente, materialistas.

"Quem cresce nesse sistema não aprende a importância de valores internos, e sim a pensar que progresso, dinheiro e valores materiais são mais importantes", afirmou ele. "Então, como podemos equilibrar isso?"[3]

Em vez de basear a educação na crença cega em valores como a compaixão, o Dalai Lama aponta para as pesquisas recentes que mostram como a paz de espírito e um corpo saudável estão relacionados com a preocupação pelos outros. Com base nisso, diz ele, tais valores podem ser devolvidos ao espectro da educação.

O Dalai Lama, como vimos, tem a firme convicção de que todos nascemos predispostos à bondade. "Em crianças bem jovens, isso é muito vivo", disse ele, mas essa parte de suas naturezas pode acabar não sendo desenvolvida. "O sistema educacional atual não dá muita ênfase a isso."

Pelo contrário: as crianças são expostas a influências que dão origem a desconfiança, raiva — ao oposto de suas naturezas. "Precisamos de uma educação voltada para o que há de positivo nelas. Senão, esses aspectos ficam dormentes. Precisamos de uma educação que enfatize esse lado positivo."

Todos conhecem o lema *mens sana in corpore sano*, disse ele, para então apontar que o sistema educacional moderno negligencia a parte da mente sã.

Ele vê uma necessidade urgente de reorientar a educação. O sistema atual, em seu ponto de vista, deixa a desejar em educação moral, ética e, segundo ele, na "unidade da humanidade" — o senso de uma família humana única, com todos iguais na busca pela felicidade. "O que falta são os princípios morais."

Em tempos antigos, a noção tribal de separação das pessoas predominava. No entanto, no mundo interconectado de hoje, temos que usar da razão para estender a compaixão para além do nosso próprio grupo, para um sentimento de preocupação com todos. O Dalai Lama recorre à educação como uma ferramenta para estender nosso instinto biológico de compaixão para as pessoas queridas, para todos.

Muitos estudam administração e economia com o objetivo de ficar ricos, continua ele. Para tanto, trabalham "sem descanso, sem dormir o suficiente, sempre ocupados, ocupados, ocupados. Não há compaixão nisso — é apenas para eles mesmos.

"Se tudo o que você quer é lucro, se o que importa é o dinheiro, então há esse crescente abismo entre ricos e pobres. Quer você chame de compaixão ou apenas de sentimento de responsabilidade, se a humanidade padece, se há violência demais, então há um enorme sofrimento. Então, é de seu interesse ajudar o mundo."

A reinvenção da escolarização das crianças tem sido um tema a que o Dalai Lama retorna sempre ao explicar praticamente todos os aspectos de sua visão de força para o bem.

"O futuro de todos depende do enfrentamento desses problemas. Então, quando surgir a questão, 'o que fazer?', mostre o método", contou-me ele.

"O método?", perguntei.

"Educação", respondeu, acrescentando: "Mas, se nosso sistema educacional não prestar atenção aos problemas que enfrentamos, eles vão aumentar. Ninguém quer isso".

Não basta que alguns vanguardistas falem das mudanças necessárias, diz. Ele convoca um movimento, "uma revolução na educação moderna", baseada em novas ideias e novo pensamento.

APRENDIZADO SOCIAL E EMOCIONAL

Victor Chan conheceu o Dalai Lama em 1972, após uma improvável aventura pela Europa que incluiu ser sequestrado no Afeganistão. Juntos, escreveram dois livros.[4] Em 2004, Chan levou o velho amigo a Vancouver pela primeira vez, para ministrar palestras públicas sobre a necessidade de educar o coração.

A visita levou Chan a fundar o Dalai Lama Center for Peace + Education [Centro Dalai Lama para Paz + Educação]. Aquela visita também desencadeou um movimento para incluir a "aprendizagem social e emocional" (ASE) em escolas de toda a província. Esse tipo de matéria logo se tornou o foco principal do centro. Em 2013, 90% das escolas da Colúmbia Britânica adotavam programas dessa natureza.[5]

A ASE pode assumir muitas formas. Há mais de cem currículos em uso em escolas do mundo todo, ensinando habilidades como empatia, cooperação e como lidar com aborrecimentos — em resumo: higiene emocional e compaixão.[6]

Em outra visita a Vancouver, o Dalai Lama, embora satisfeito com a expansão da ASE, ficou surpreso ao saber que os professores não recebiam qualquer treinamento para ensinar esses programas nas faculdades de educação. Depois disso, a Universidade da Colúmbia Britânica não apenas inclui o treinamento em ASE na formação de professores, como também oferece um dos primeiros mestrados no assunto.

Na John Oliver High School, o Dalai Lama disse: "Alguns podem começar esse trabalho com ceticismo, mas aguardem e os resultados aparecerão.

Comecem com uma escola, depois dez, depois cem. Vocês aqui estão implementando um projeto piloto". Ele destacou que ficou realmente satisfeito com o envolvimento de professores e alunos.

"A cada dia, esse tipo de educação pode ensinar afeto, um sentimento de responsabilidade. Isso é muito importante para nossa própria felicidade, para nossa família. E, conforme as famílias ficarem mais compassivas, a sociedade também ficará. Trata-se da sobrevivência da humanidade."

Victor Chan me disse que o Dalai Lama "quer que deixemos uma marca nas 1600 escolas e nas 500 mil crianças da Colúmbia Britânica. Precisamos de provas concretas, portanto estamos trabalhando ao lado de pesquisadores da Universidade da Colúmbia Britânica".

Os cientistas daquela universidade, como a dra. Kimberly Schonert-Reichl, estão investigando os efeitos da ASE. Ela desenvolveu, por exemplo, o Índice Coração-Mente, que avalia a habilidade de crianças de cinco anos em resolver conflitos de forma pacífica, de se relacionar bem e de ser gentis[7] com os outros. Competências interpessoais como essas caracterizam os alunos de jardim de infância que estão prontos para continuar a escolarização.

Os melhores programas vão além da sala de aula para promover uma cultura escolar orientada para as emoções, que inclui os pais e oferece atividades além do horário escolar.[8] A pesquisa de Schonert-Reichl mostra, por exemplo, que os alunos demonstram mais otimismo, autocontrole e bem-estar quando recebem apoio emocional dos professores. E que adolescentes de bairros pobres (que têm maior risco de doenças cardiovasculares a longo prazo) que fazem tutoria escolar voluntária de crianças mostram uma melhora na saúde do coração.[9]

Milhões de crianças já passaram por programas de ASE. A meta-análise de mais de 270 mil estudantes, comparando os que passaram e os que não passaram pelos programas, mostrou que a ASE aumentou em 10% aspectos positivos, como comparecimento escolar e comportamento em sala de aula, e também reduziu em 10% problemas como bullying e violência — com mais benefícios entre os alunos mais carentes.[10]

E mais: as notas em testes de desempenho acadêmico aumentaram em 11%. Quem limpa a mente aprende melhor.

CHAMADA AO CUIDADO

Na Smith College Campus School, os alunos da turma de quinto ano da professora Emily Endris estão sentados em círculo. Cada um recebeu o nome de um colega, a quem deve observar com atenção, para depois anotar o que admira nele ou nela. Neste momento, as crianças estão contando suas impressões ao colega selecionado.

A professora os instrui a olhar nos olhos um do outro ao dar e receber os elogios: "Você escuta sem interromper." "Você nunca desiste na aula de educação física." "Quando fomos beber água, você me deixou usar o bebedouro que funcionava melhor, e isso me deixou feliz." "Você sorri muito e está alegre quase o tempo todo."

A criança que recebe o elogio agradece e então elogia o próximo, e assim os elogios percorrem o círculo. Depois, todos refletem sobre como se sentem ao observar alguém com cuidado e fazer um elogio verdadeiro — e recebê-lo também.

O veredito: muitos sorrisos e muito bem-estar. Mas, na discussão que se segue, a turma concorda em peso que os elogios têm que ser sinceros, para que não sejam palavras ao vento — um "você é ótimo" genérico não serve. Outra unanimidade: quando presta atenção de verdade na pessoa, você enxerga aspectos que ainda não tinha percebido.

Esses exercícios fazem parte de uma força-tarefa de pesquisa e desenvolvimento nessa escola-laboratório da Smith College, onde futuros professores exercitam suas competências e alunos de disciplinas como desenvolvimento infantil observam crianças de diferentes faixas etárias. Como local de pesquisa, a escola sempre testa inovações pedagógicas.

Essas duas turmas participam de um experimento inovador mais amplo. Alguns professores, entre eles Robbie Murphy e Emily Endris, estão desenvolvendo e testando oportunidades de aprendizado, como os exercícios da tangerina e do apreço mútuo dentro da iniciativa Call to Care[11] [Chamada ao cuidado], que visa à elaboração de um currículo de ensino fundamental que estimule a atenção plena e a compaixão.

Embora a atenção plena esteja atualmente em voga nas escolas — bem como em empresas e na medicina —, a Call to Care amplia essa atenção cuidadosa para os relacionamentos e acrescenta a reflexão, a consideração pelos outros e a compaixão.

A necessidade de aumentar a capacidade de concentração das crianças "foi amplificada neste mundo de distrações", diz Sam Intrator, diretor da escola, professor da faculdade e reputado pensador na área de educação. "Agora, mais do que nunca, as escolas têm que ensinar como monitorar o cenário 'atencional' e como ele se conecta a outros.

"A atenção plena ensinada nas escolas é voltada a estudantes individuais, dando-lhes ferramentas para trabalho interior. No entanto, a sala de aula é um espaço cheio, lotado", acrescenta ele.

"No contexto escolar, a atenção plena funciona melhor quando ajuda a pensar os relacionamentos. Você acalma, mas, e depois, como compartilhar, se conectar e integrar?"

A Smith College foi convidada a fazer parte do projeto-piloto da Call to Care pelo Mind and Life, cuja sede, por acaso, fica a alguns quilômetros, numa cidade vizinha. Embora a missão original do instituto fosse o fomento do diálogo entre cientistas e o Dalai Lama, este vem ultimamente insistindo para que o presidente do instituto, Arthur Zajonc, amplie o leque de objetivos, tais como a educação.

Parte dos fundos que permitiram o lançamento da Call to Care foi doada pelo Dalai Lama. Ao fazer isso, ele pediu que o currículo pudesse ser aceito em qualquer lugar. Para tanto, algumas escolas nos Estados Unidos, no Vietnã, no Butão, na Noruega e em Israel em breve entrarão no projeto.

As escolas vão desenvolver exercícios como os do colégio de aplicação para um guia curricular com sugestões aos professores sobre como podem integrar o programa em cada escola dentro do que já fazem. A Call to Care representa uma evolução na aprendizagem socioemocional.

O Dalai Lama vem falando do programa em suas viagens pelo mundo e está se dedicando a conectar à iniciativa educadores interessados. Ele pediu a Arthur Zajonc um relatório de progresso, que, no momento em que escrevo este texto, está quase concluído.

Outro ponto muito importante: é imprescindível que a Call to Care obedeça a padrões científicos impecáveis. Conforme mais escolas entram no projeto-piloto, os respectivos dados sobre como o programa afeta, por exemplo, o sentimento de ligação com a escola e os colegas de turma serão cruzados com parâmetros como presença e idas à coordenação por brigas, bullying etc. O objetivo é um programa verificado empiricamente.

O Dalai Lama tem suas próprias ideias de como o programa será um dia. O mapa das emoções, sugere ele, poderia entrar no currículo. Então, depois que os alunos dominassem esse tema, ele prevê que suas respostas a estados não saudáveis seriam tão automáticas quanto lavar as mãos após se sujar — com a higiene emocional tão arraigada quanto a corporal. Ele espera que, um dia, essa abordagem faça parte dos padrões universais de educação, da mesma forma que os padrões de ensino de matemática.

Essa educação das emoções poderia fazer parte do currículo de qualquer criança desde o jardim de infância, propõe o Dalai Lama. Se ensinada ao lado da ética compassiva, as crianças teriam ferramentas internas que lhes permitiriam agir prontamente dentro desses valores, em vez de apenas recitá-los.

Às vezes, os pais têm expectativas de que, um dia, aquela criança de jardim de infância se torne um grande cientista, e sabem que isso levará anos de educação, passo a passo, diz o Dalai Lama. O mesmo acontece com a educação do coração. "A mente da criança se desenvolve de forma semelhante, passo a passo, ao longo dos anos, cultivando gradualmente uma atitude compassiva."

Em todas as etapas, as aulas seriam divididas igualmente entre teoria e aplicação prática. Parte do currículo poderia se basear na psicologia indiana ancestral, combinada a descobertas psicológicas recentes, para ampliar e aprofundar a compreensão sobre as emoções e fundar as bases da mudança. Isso, sugere ele, poderia se tornar uma matéria acadêmica em si.

Enquanto assunto acadêmico, a base de conhecimentos da ASE ficaria mais robusta.[12] O currículo seria adaptado para o nível de compreensão, de empatia e de capacidade de regulação emocional da criança, ficando cada vez mais complexo nos anos seguintes e chegando à articulação plena no ensino superior.

O Dalai Lama imagina a higiene emocional sendo introduzida, a princípio, de forma indutiva, permitindo que a criança descubra por si as coordenadas principais de seu mapa interno. Afinal, observa, desde o nascimento o bebê conhece a felicidade de estar ao seio da mãe, e toda criança se sente mais segura no colo dos pais. As crianças conhecem, intuitivamente, a base de seu terreno emocional.

Portanto, sugere ele, o professor poderia mostrar, a crianças bem pequenas, dois rostos, um sorrindo e outro raivoso, e perguntar: "Que rosto você prefere?".

As crianças responderiam: "Ah, o rosto sorrindo".

O Dalai Lama ressalva, porém, que o sorriso deve ser genuíno, e não um "sorriso cínico", uma distinção que ele aprendeu com a pesquisa de Paul Ekman: o sorriso de coração faz rugas em torno dos olhos, e o sorriso forçado, não. Dados como esse seriam uma característica do aprendizado da complexidade do mapa das emoções.

Como na ASE, de forma geral, as aulas se aplicariam imediatamente à vida das crianças. O Dalai Lama exemplifica: quando as crianças se desentendem, a reação imediata deveria ser, em vez de brigar, "resolver o conflito por meio de um diálogo significativo", e não pela força. Essa resposta deveria ser uma parte natural de seu raciocínio.

E, acrescenta, as crianças deveriam implantar esses métodos em casa. "Ao ver os pais brigando, elas lhes diriam 'Não, não! Não é assim que se faz. Vocês deveriam conversar, não brigar.'"

A ênfase no ensino de habilidades emocionais e sociais de forma alguma significa reduzir o peso das disciplinas acadêmicas. O Dalai Lama também reconhece o lugar de uma competição intelectual saudável entre os estudantes — por "saudável" entenda-se uma motivação como a autocompaixão, sem impedir que os outros sejam bem-sucedidos.

O objetivo da educação imaginada pelo Dalai Lama não é apenas formar mentes boas, mas boas pessoas. Como disse à plateia de Princeton: "Nosso sistema educacional moderno é orientado para valores materiais. Precisamos de educação sobre valores internos para levar uma vida saudável".

Seu conselho em Princeton: "Mantenham o alto padrão acadêmico, mas isso seria ainda mais completo se incluísse um pouco de empatia".

Parte 4

Olhe para trás, olhe para a frente

11. Visão de longo alcance

"Quando nasci, em 1935",[1] relembra o Dalai Lama, "a Guerra Sino-Japonesa já tinha começado e foi seguida pela Segunda Guerra Mundial, a Guerra Civil Chinesa, a Guerra da Coreia, a Guerra do Vietnã e por aí vai. Durante a maior parte da minha vida, testemunhei guerra e violência acontecendo em alguma parte do planeta."

No entanto, ele acredita que, no fim das contas, uma mudança positiva ocorreu no século XX. "Na época da Primeira Guerra Mundial, pensava-se que a única maneira de solucionar problemas era por meio da força." No passado, quando nações declaravam guerra, a população tinha orgulho de tomar parte no esforço de guerra.

"No fim do século, no entanto, mais pessoas começaram a não suportar mais a violência, e surgiram grandes movimentos pela paz. Povos que antes se consideravam inimigos históricos passaram a se enxergar como simples vizinhos."

Essa nota de otimismo, alimentada por uma visão de longo prazo da história, serve de pano de fundo quando o Dalai Lama fala sobre sua visão.

Ele redireciona nosso olhar, tirando o foco do que existe de ruim para que nos concentremos no que pode ser melhor. Ele olha além do que é urgente para nós, agora, e nos chama a tomar atitudes que serão importantes para todos, incluindo as gerações que virão.

As notícias diárias, como vimos, destacam guerras, crises, assassinatos e outras crueldades humanas. Visto por esse prisma, o mundo parece mais violento do que nunca. Dados mais objetivos, entretanto, nos contam uma história diferente, em consonância com essa visão otimista do que virá.

Para uma visão científica, consideremos estudos dos riscos de morte violenta em períodos distintos da história humana. Ian Morris, historiador da Universidade Stanford, pesquisou dados arqueológicos que se estendem por milênios e descobriu que, durante a Idade da Pedra tardia, cerca de 10 mil anos atrás, 10 a 20% das mortes eram assassinatos — provavelmente causados por violência entre clãs.

O paradoxo, diz Morris, é que, na aurora da civilização, os grandes impérios forjados por guerras acabaram se tornando uma força pela paz dentro das próprias fronteiras. A taxa de mortalidade desabou — muito provavelmente, explicou Morris, porque sufocar a violência tornava mais fácil governar.

Hoje, de acordo com estatísticas das Nações Unidas, apenas 0,7% da população mundial sofre mortes violentas — e esse número inclui todos os pequenos conflitos que ainda espocam pelo globo. O declínio na taxa de mortes violentas ao longo de 10 mil anos foi de 1 em cada 5 a 10 mortes para 1 em cada 140, aproximadamente. É provável que vivamos na era mais segura de todas, e não na mais perigosa.

Assim, o legado trágico do século XX é que, apesar dos grandes saltos tecnológicos, foi um período de violência sem paralelos, que causou a morte de mais de 200 milhões de pessoas por causa de hostilidades. Ainda assim, durante a Guerra Fria, com ambos os lados de posse de armas nucleares que poderiam aniquilar a humanidade, conseguimos evitar um conflito mundial.

Morris acredita que nossa capacidade de evoluir culturalmente nos permite viver em paz em sociedades cada vez maiores e mais interconectadas. O historiador da guerra conclui: "O velho sonho de um mundo sem guerras ainda pode se tornar realidade".[2]

AS COISAS ESTÃO MELHORANDO OU PIORANDO?

"Em 1996, conheci a Rainha-Mãe, alguém cujo rosto eu conhecia desde a infância", contou o Dalai Lama. "Como alguém que havia testemunhado quase todo o século XX, perguntei se ela considerava que as coisas estavam melhorando ou piorando. Ela respondeu sem hesitação que estavam melhorando.

Ela disse, por exemplo, que, quando era jovem, ninguém falava em direitos humanos ou direito à autodeterminação, como se faz hoje."[3]

Esse olhar esperançoso temperou as declarações do Dalai Lama em Matera, uma cidade quente, poeirenta e pobre no sul da Itália, considerada um dos possíveis locais para abrigar o depósito de lixo nuclear do país. Em vez disso, Betty Williams, amiga do Dalai Lama e colega laureada com o Prêmio Nobel, sugeriu outra forma de ajudar a economia do lugar: um plano para transformar a cidade no local de um orfanato para crianças refugiadas.

Ao visitar Matera com Williams para escolher o prédio que abrigaria o projeto, o Dalai Lama disse: "Nesta parte da Itália e nesta parte do mundo, este projeto será como uma semente de paz. Precisamos plantar mais em outros lugares. Este é o início de uma maneira de criar um mundo mais feliz".[4]

Uma mulher disse ao Dalai Lama que estava desestimulada porque não via conexão entre qualquer coisa que fizesse e o que poderia acontecer cinquenta anos depois. A resposta mostrou sua visão de longo prazo.

O falecido Carl Friedrich von Weizsäcker, filósofo alemão e tutor de física quântica do Dalai Lama, disse a ele que testemunhou, em questão de décadas, alemães e franceses deixarem de ser inimigos ferrenhos que matavam uns aos outros. E décadas mais tarde, Charles de Gaulle, que liderara o exército da França Livre na luta contra o nazismo, e o chanceler alemão Konrad Adenauer se tornarem amigos próximos. Os dois uniram esforços para apoiar o conceito que levou à criação da União Europeia.

"No início do século XX, isso era algo impensável, mas aconteceu poucas décadas depois", observou o Dalai Lama. "Coisas impossíveis se tornaram possíveis. Então, o que lhe parece impossível no momento pode mudar com seus esforços."

Na maior parte do mundo, por exemplo, o século XVIII foi um período em que crianças, animais, doentes mentais, pobres, endividados, prisioneiros e escravos eram tratados com crueldade. No fim do século XIX, essa crueldade ficou mais rara — e no fim do século XX já havia se tornado crime em quase todo o mundo.

Os últimos dois séculos viram melhorias no bem-estar em nível mundial, segundo dados sobre saúde, educação, desigualdade e segurança. Há duzentos anos, por exemplo, apenas uma pessoa em cada cinco não era analfabeta. Em 2000, quatro em cada cinco pessoas sabiam ler. Nos últimos 130 anos, a expectativa de vida mundial saltou de menos de trinta para cerca de setenta anos.

O Dalai Lama destacou que muito do que é comum hoje já pareceu um sonho inalcançável em outros tempos: educação universal, proibição da escravidão, reação mundial e envio imediato de ajuda diante de desastres graves em qualquer parte do mundo, acesso instantâneo ao conhecimento mundial. Nos últimos dois séculos — ou nas últimas duas décadas — cada um deles deixou de ser sonho para se transformar em realidade.

Talvez seja essa a razão de as más notícias vindas do Tibete — como, por exemplo, a onda de tibetanos se imolando para protestar contra a dominação chinesa — não parecerem tirar o otimismo do Dalai Lama sobre o futuro de seu país no longo prazo.

É verdade que o regime comunista chinês deixou a cultura e o meio ambiente do Tibete (e da própria China) em frangalhos. Ele, no entanto, afirma que, um dia, os chineses também terão a responsabilidade de reparar o dano que causaram. O que os tibetanos podem oferecer são os valores e uma perspectiva cultural singulares, tais como viver em harmonia e coexistência pacífica.

A preocupação do Dalai Lama em relação à repressão chinesa à cultura tibetana se concentra menos em valores externos, como vestimentas, e mais em valores espirituais e culturais, "que já mostraram trazer verdadeiros benefícios para tibetanos e estrangeiros".[5]

Ele percebeu que, enquanto o governo chinês reprime os tibetanos em sua terra natal, uma parcela cada vez maior dos 400 milhões de budistas da China segue professores tibetanos, entre eles intelectuais e membros da elite que ocupa o poder. "Isso é um sinal positivo."

Ainda assim, a atitude do Dalai Lama nada tem de Poliana. Ele alerta contra a complacência e quer que encaremos os fatos.

AS HISTÓRIAS QUE CONTAMOS A NÓS MESMOS

É possível reverter a onda de negatividade que recebemos todos os dias pelo noticiário por meio da visão otimista do Dalai Lama?

E, novamente: as notícias refletem com fidelidade nossa realidade diária? Será que esse desequilíbrio negativo em relação a acontecimentos — ao que é possível — se deve a uma miopia compartilhada? Vamos repensar essa ameaçadora onda por um instante.

Imagine uma fração que reflita a relação entre atos compassivos e cruéis no mundo. No número de cima, faça uma estimativa da quantidade de atos de crueldade cometidos em todo o mundo em um dia — desde bullying até assassinato.

Para o número de baixo, pense em quantos atos de bondade de todos os tipos acontecem no mundo todo no mesmo dia — dos incontáveis gestos de carinho e cuidado que pais têm para com os filhos até atos cotidianos de civilidade, como ajudar alguém que precise. Em qualquer dia do ano, o denominador de bondade será muito maior que o numerador de crueldade.

E, mesmo que você olhe apenas para atos de crueldade, outra fração reveladora pode ser escrita. Em cima, coloque o mesmo número de atos de crueldade. Embaixo, coloque a quantidade de crueldades que *poderiam* ter sido cometidas, mas não foram, tais como: impulsos, assassinos ou não, que não foram levados a cabo, discussões acaloradas que não acabaram em briga física ou violência, entre outros. O *potencial* de crueldade é muito maior do que as agressões efetivamente perpetradas.[6]

Isso pode parecer difícil de visualizar por causa da avalanche de insensibilidade, corrupção e crueldade exibida em nossa ração diária de notícias. A mídia distorce nossa percepção ao se concentrar nos atos negativos, menos numerosos, e se afastar dos numerosos atos de bondade ocorridos em todo o mundo.

No entanto, o fato de a mídia se concentrar no que está errado no mundo, em vez de no que está certo, é um subproduto da função perene das notícias: chamar a nossa atenção para o que precisa de conserto, o que pode ser perigoso, e nos alertar para possíveis ameaças.[7] O errado faz a notícia; o certo, não. A lente de "o que é notícia" distorce inevitavelmente a imagem, invertendo a relação entre bondade e crueldade.

Algo semelhante acontece em nossa mente. A maior parte das informações que absorvemos jamais chega ao nosso consciente. Da pequena parte que chega, uma fração considerável traz problemas, enganos ou ameaças — para que possamos encontrar soluções, corrigir o que está errado e nos preparar melhor.

Uma das principais funções da atenção, diz a ciência cognitiva, é perceber e corrigir esses percalços da vida. Quando tudo vai bem, não precisamos dar muita atenção a eles. O cérebro se acostuma à vida como ela é, ignorando o que é conhecido e rotineiro.

Isso permite que o cérebro economize glicose, sua fonte de energia, mas também que deixe relativamente invisível a enorme parcela de aspectos positivos de nossa vida pessoal. Da mesma forma, em nível coletivo, as manchetes mostram principalmente a parcela do que está errado.

"Eu sempre digo aos profissionais da mídia que eles são responsáveis", afirmou o Dalai Lama. "Sempre dão destaque às coisas negativas, sensacionalistas, enquanto ignoram o que é positivo. Por aí se vê que quem sempre ouve o que há de negativo vai passar a agir conforme a crença de que a natureza é negativa — e assim o futuro da humanidade estará condenado.

"Porém, se analisarmos verdadeiramente", apontou, "os atos de compaixão são muito, muito maiores que os de raiva."

O remédio que ele propôs me surpreendeu. Em vez de simplesmente dizer que a mídia deveria mudar a relação entre notícias boas e ruins para favorecer as primeiras, sugeriu outra coisa.

"Eu digo o seguinte aos representantes da mídia: nestes tempos modernos, eles têm a grande responsabilidade de trazer consciência à população, em vez de simplesmente relatar as más notícias. Eles devem trazer esperança.

"É preciso noticiar o que há de ruim", insistiu, esclarecendo, "mas, ao mesmo tempo, é preciso também mostrar a possibilidade de mudar ou superar tais acontecimentos. Caso contrário, todas as notícias muito ruins se tornam insuportáveis e desmoralizantes.

"É preciso reclamar", aconselhou, acrescentando que "os homens de mídia deveriam ser mais sérios — não ficar apenas nos anúncios, na foto da mulher bonita, nos assassinatos e escândalos e todos os outros acontecimentos negativos, mas tratar de assuntos sérios."

Como jornalista, eu pensava que, apesar de uma mudança como essa me agradar, é bastante improvável que a mídia jornalística mude (para ser justo, umas poucas fontes de notícias já fazem isso, talvez outras também consigam abraçar essa nova diretriz).[8]

Fale do lado positivo, sugira soluções, insistiu o Dalai Lama. Temos, por exemplo, o problema ambiental, mas eis as medidas preventivas que podemos adotar, em vez de continuar com as coisas como são.

Se só o lado negativo vira notícia, as pessoas se sentem desamparadas. O Dalai Lama sugere mostrar a elas que "temos a capacidade de mudar" a história. "Isso vai servir de motivação."

PENSANDO EM NOVOS CAMINHOS

O Dalai Lama se lembra de uma conversa que teve na Inglaterra, em 1973, com professores universitários que lhe contaram sobre as enormes diferenças de riqueza entre as pessoas mais ricas e mais pobres do mundo, particularmente o hemisfério Norte, industrializado, e o hemisfério Sul, agrícola. Mesmo eles questionavam se havia recursos suficientes para todos.

Hoje, com a rápida melhora no padrão de vida de nações antes pobres, como China, Índia e Brasil, e a previsão de 10 bilhões de pessoas no mundo até o fim deste século, o problema da falta de recursos se torna cada vez maior.

"Não deveríamos dizer: 'Ah, até agora as coisas foram assim, então tudo deve se resolver'. Isso está errado! A população está aumentando, o número de grandes desastres e a temperatura global também, enquanto os recursos são progressivamente mais limitados. É quase certo que haverá cada vez mais problemas e possibilidade de conflitos por razões econômicas ou recursos essenciais" comandados pelo interesse das potências ocidentais, da Rússia e da China.

Além disso, com o número crescente de desastres naturais de grandes proporções (ou pelo menos uma maior consciência global sobre eles), "a natureza parece estar nos dizendo que o mundo precisa de mais cooperação", observou o Dalai Lama.

"Temos de pensar sobre isso com seriedade", alertou. "Agora é completamente errado acreditar que podemos manter este modo de vida, esta maneira de pensar. As próximas décadas serão muito difíceis. Precisamos pensar diferente." Quando estava na Austrália, por exemplo, o Dalai Lama viu que a adoção do sistema de irrigação por gotejamento, projetado em Israel, estava criando terras férteis no sertão australiano à taxa de duzentos quilômetros por década.

Ele propôs que "terras áridas podem se tornar cultiváveis" mais rapidamente se a nova irrigação for acompanhada da construção de usinas de dessalinização da água alimentadas por energia solar. Juntas, essas técnicas poderiam tornar verdes áreas ainda mais vastas de deserto. A imaginação do Dalai Lama, no entanto, não parou aí.

"Assim", disse ele aos australianos em sua mais recente visita, "você podem acolher mais imigrantes pobres."

Os problemas da África, em particular, o preocupam muito. Um de seus grandes amigos, o arcebispo Desmond Tutu, o mantém atualizado sobre os dramas do continente. Essa é uma das razões por que o Dalai Lama protestou contra as dívidas que deixam os países pobres nas mãos dos mais ricos. E ele propõe que as crises de imigração da Europa seriam minoradas se houvesse mais incentivo à economia dos países africanos e do Leste Europeu dos quais os imigrantes fogem.

O Dalai Lama sabe que haverá uma inevitável resistência a um pensamento tão inovador. Quando ele disse a um cineasta russo que as vastidões desabitadas na Sibéria poderiam absorver vários chineses, a reação foi "não, não, não", contou, rindo.

A receptividade a novas ideias significa abrir mãos de antigas formas de pensar. Ele deu como exemplo o tradicional funeral hindu, em que o corpo é cremado em uma pira de madeira. Ele elogiou o pensamento criativo do falecido amigo Baba Amte, que iniciou uma nova prática em seu próprio último desejo: enterrar o corpo em um pano, sem caixão, e plantar uma árvore no local.[9]

"O corpo acaba se dissolvendo na terra e vira adubo para a árvore", contou o Dalai Lama, em tom de aprovação. "Nenhum dano ao meio ambiente, nenhuma árvore usada em cremação. Em vez disso, uma árvore cultivada. Muito bem!"

Ele aplaude novas maneiras de pensar como essa. "Meu corpo pertence ao século XX", diz, "mas tento manter minha mente no século XXI."

Seja de que forma consigamos criar uma mudança positiva, uma marca do sucesso surge quando a nova maneira de agir vira norma e se torna natural — como aconteceu, por exemplo, com a criminalização da escravidão e do trabalho infantil. Aquilo que, de início, parece distante, até mesmo inalcançável, pode se transformar em realidade.

A visão do Dalai Lama de um mundo radicalmente diferente do que conhecemos hoje pode parecer idealista e impossível. Ainda assim, como disse certa vez o Baba Amte: "ninguém tem o direito de organizar um funeral para o futuro".[10]

UMA TEORIA DA MUDANÇA

Cerca de 30 mil pessoas vivem em Ain El-Sira, uma enorme favela do Cairo. A maioria mora em casas improvisadas, sendo que algumas não passam de cômodos que parecem caixas coladas com compensado. Esses retalhos de casas abrigam famílias inteiras em um cômodo ou dois.

Os habitantes de Ain El-Sira que têm a sorte de arranjar emprego geralmente fazem trabalhos braçais e pouco seguros. São quase todos analfabetos, e cerca de metade dos moradores dos barracos improvisados enfrenta graves problemas de saúde.

Esses dados foram coletados por um professor da Universidade Americana no Cairo.[11] Indicadores demográficos lamentáveis como esses poderiam ter sido coletados nas partes mais pobres de praticamente todas as cidades de grande parte do mundo.

Esse estudo, porém, chamou a atenção de uma aluna da mesma universidade, Samar Soltan. Ela se concentrou no fato de que dois terços dos moradores daquela região praticamente não tinham habilidades com valor de mercado. Mesmo quando encontravam trabalho, não conseguiam ganhar o suficiente para sobreviver.

Por isso, Soltan se juntou a uma colega, Bassma Hassan, para criar um espaço de treinamento laboral para mulheres que moravam na favela. Usando camisetas para demonstrar habilidades básicas como alinhavar e costurar, as universitárias ensinaram às mulheres não só a parte têxtil, mas também sobre direitos básicos dos trabalhadores — um tipo de conhecimento ao qual teriam dificuldade de acesso devido à atmosfera política do país.

Soltan e Hassan receberam um aporte de 5 mil dólares para o projeto quando foram escolhidas para participar do Dalai Lama Fellows [Colégio de Pesquisadores Dalai Lama], um programa sobre liderança ética, graças a uma indicação da Universidade Americana.

Junto com o Tata Institute of Social Sciences, em Mumbai, a Universidade Ashesi, próxima a Accra, em Gana, e algumas faculdades dos Estados Unidos, a Universidade Americana faz parte do grupo de entidades que podem indicar estudantes para o Dalai Lama Fellows.[12] Dos atuais 65 pesquisadores, 25 vêm de outros países.

O Dalai Lama, que emprestou o nome e deu suporte inicial ao programa, espera que esses jovens líderes concentrem esforços nos problemas dos pobres da África, do mundo árabe e de outras partes do planeta. Ele os encoraja a partir do sentimento de compaixão para a ação. E foi o que fizeram.

Titus K. Chirchir é um dos nove filhos de uma família de agricultores de subsistência de um vilarejo no vale do Rift, no Quênia. Durante os dezessete anos que viveu na região, Titus viu rios começarem a secar e as áreas de vegetação verdejante começarem a adquirir um tom amarronzado. A explosão populacional na região, chamada Tiboiywo, deixou sem trabalho e sem terra um número cada vez maior de moradores, que, desesperados, derrubaram árvores das florestas próximas para abrir novas áreas de cultivo.

Apesar do benefício no curto prazo, as consequências de longo prazo do desmatamento foram a seca dos rios e da terra, a perda de espécies e menor produção agrícola para todos. A reação do governo foi expulsar os habitantes da região, mas isso, como testemunhou Titus, aumentou a raiva e a agitação — fomentando mais violência. Em retaliação, os fazendeiros expulsos incendiaram as florestas.

Assim, Titus, que apesar das origens conseguiu entrar na Amherst College, regressou a Tiboiywo como associado do programa Dalai Lama Fellows. Ele desenvolveu um plano para ensinar métodos agroflorestais aos fazendeiros, que consistem em cultivar árvores para crescer lado a lado com as plantações. Quando alcançassem altura suficiente, as árvores seriam distribuídas aos fazendeiros para reflorestamento de Tiboiywo.

Titus se inspirou em uma frase atribuída a Albert Einstein: "O mundo é um lugar perigoso para se viver. Não por causa de quem comete crueldades, mas por causa de quem não faz nada para evitá-las".

Se pensarmos em um "líder" como alguém que influencia ou guia outras pessoas rumo a um objetivo comum, a liderança está em toda parte — todos temos alguma esfera de influência, como atesta o programa Dalai Lama Fellows. Seja em família, entre amigos, nas mídias sociais, em uma empresa ou na sociedade como um todo, somos todos líderes de uma forma ou de outra, mesmo que esporadicamente.

Cada um de nós pode assumir um papel nessa rede de influência e impacto. A análise do Dalai Lama mostra que as mudanças de que precisamos são sistêmicas e têm um nível de abrangência com que os governos não conseguem ou não querem lidar.

Todos nós, juntos, podemos promover essas mudanças. Estamos em todos os lugares.

O mapa para um mundo melhor previsto pelo Dalai Lama não depende de determinada pessoa ou determinado governo, mas de todos nós, com cada um fazendo sua parte em uma ampla orquestração de energias coletivas.

Contei ao Dalai Lama que, durante o período mais sombrio da Segunda Guerra Mundial, um jovem cientista norte-americano foi recrutado para trabalhar no Projeto Manhattan, que estava desenvolvendo a bomba atômica. Logo após o fim da guerra, no entanto, ele se juntou ao grupo de físicos nucleares que se recusaram a continuar trabalhando em armas[13] e mais tarde, durante a Guerra Fria, se tornou um dos primeiros cientistas norte-americanos a participar de diálogos com seus pares russos sobre como evitar um conflito nuclear.

O Dalai Lama aplaudiu a mudança de hostilidade empedernida para colaboração interpessoal. Esses diálogos, e os relacionamentos construídos entre cientistas de posições políticas conflitantes, estão entre as primeiras tentativas de alinhavar o acordo que, décadas depois, finalmente deu término à Guerra Fria.

Pense em como as sociedades mudam. "Sociedade" é apenas a soma de todos nós. Na visão do Dalai Lama, sociedade, governo e empresas não podem existir sem os esforços acumulados dos indivíduos. Um governo, diz, "não tem cérebro nem boca — escritórios e papéis. Assim, um governo, como uma empresa, se resume a indivíduos" e, obviamente, às interações entre eles e seu objetivo comum.

A teoria da mudança do Dalai Lama tem menos fé no poder dos governantes de promover mudanças duradouras nesses sistemas do que no poder do povo. Essa transição não virá de sanções governamentais, mas das pessoas, quando estas começarem as mudanças para melhor, por conta própria e com o apoio espontâneo de outras.

Enquanto divisa um século mais justo e pacífico que o anterior, o Dalai Lama enfatiza que isso não acontecerá enquanto estiver apenas no plano dos desejos. É preciso que as pessoas se movimentem para fazer a mudança.

"Às vezes parece que todos os problemas do mundo são imensos", observou o Dalai Lama. "Mas quem cria esses problemas? A humanidade é apenas um coletivo de indivíduos, então a mudança deve vir de cada um de nós. Eu mesmo sou um dos 7 bilhões de seres humanos, então tenho a responsabilidade moral e a oportunidade para dar uma contribuição, que começa no nível mental, com menos emoções destrutivas — e mais construtivas.

"Depois devemos compartilhar com amigos, com todos que conseguirmos. É assim que a mudança começa a se disseminar. No fim das contas, cada indivíduo tem responsabilidade. Essa é a única maneira de fazer a mudança acontecer."

Se pensarmos "Ah, eu não posso fazer nada", continuou ele, nada acontecerá — o mundo continuará o mesmo. "Não podemos culpar nossos líderes se a sociedade como um todo só fala "eu, eu, eu." E não podemos depender de algum líder totalitário para demandar que sejamos mais compassivos — isso é hipocrisia. Impossível! Impossível!

"Todas essas mudanças devem acontecer de maneira voluntária e vir de pessoas que percebem o próprio valor", acrescentou. Tudo se resume à mobilização de cada um e à união de todos. "O indivíduo é muito, muito importante, mas o verdadeiro efeito só vem de um movimento de massa."

Ele dá o exemplo de um movimento de cunho científico para estudar a prática contemplativa, dizendo que começou com cientistas que, graças a amizades e a discussões em conferências, formaram uma rede ativa. Isolados e por conta própria, os cientistas não chegariam nem perto da influência da rede como um todo.

"Ninguém consegue mudar o mundo sozinho. Jesus Cristo tentou e não teve pleno sucesso. Agora estamos em uma era moderna, democrática, então é realmente a voz das pessoas como um todo, o coletivo, que fará a diferença."[14]

Se a trajetória da história humana tiver um vetor positivo, imagine o que poderemos conquistar. Cabe a nós fazê-lo.

PLANTE AS SEMENTES PARA UM MUNDO MELHOR

E o desalento que muitos sentem, perguntei ao Dalai Lama, ao se darem conta de que talvez não vejam os resultados de tanto esforço? Por que fazer alguma coisa?

A resposta trouxe uma reviravolta inesperada: "Isso é egoísta. Essa postura significa falta de compaixão". É preciso agir com a perspectiva de "não na minha geração, mas na próxima. Temos que pensar a longo prazo".

Vai demorar algumas gerações para mudar a sociedade, afirma ele. "Talvez em vinte ou trinta anos começaremos a ter uma sociedade melhor."

Há muito tempo, em 1774, o capitão James Cook navegava pelo Pacífico Sul pela segunda vez quando, em uma ilha a nordeste da Austrália, topou com uma espécie de árvore que o espantou pela altura e pela retidão do tronco. Ele imaginou que essa madeira seria perfeita para fazer mastros de navio, uma mercadoria valiosa à época — e que poderia salvar a vida de tripulações inteiras pegas em tempestades que destruíam os mastros dos navios.

Diz-se que Cook pegou sementes do pinheiro-de-norfolk (batizado com o nome da ilha onde o capitão viu a árvore pela primeira vez, perto da Nova Caledônia) e plantou-as em outras ilhas do Pacífico, imaginando que, dali a décadas, aqueles pinheiros poderiam se tornar mastros salvadores.[15]

O rosto do Dalai Lama se iluminou ao ouvir essa história, que ilustra bem sua visão de que é preciso plantar as sementes para um mundo melhor, mesmo que não vejamos os frutos.

Quando um grupo de pesquisadores e ativistas ambientais ficou desanimado diante das dificuldades para atrair a atenção do público para as ameaças ao planeta, o Dalai Lama aconselhou: "Às vezes, vemos pessoas darem início e se dedicarem a algo importante. Mas, se isso não se materializa de imediato, elas perdem o interesse". Porém, observa ele, os objetivos mais importantes são quase impossíveis de obter instantaneamente. "Estamos falando da humanidade, e ao longo do tempo a humanidade pode mudar."[16]

Mudanças como essas são graduais. "Mas alguém tem que começar. Nossa geração tem que dar início a esses esforços importantes, mesmo que os resultados não se materializem durante nossa existência. E tudo bem. É nossa responsabilidade começar a moldar o mundo para melhor, mesmo que, no presente, isso seja apenas um sonho. Mas, por meio da educação e da conscientização, temos que inspirar a geração mais jovem."

Como aconselhou aos alunos do MIT, "essa geração tem a responsabilidade de remodelar o mundo. Temos a capacidade de pensar muitos séculos adiante".

E, acrescentou, eles não devem desanimar diante do objetivo. "Se nos esforçarmos, isso pode ser possível. Mesmo que pareça um caso perdido hoje, nunca desistam. Ofereçam uma visão positiva, com entusiasmo e alegria, e uma perspectiva otimista."

O Dalai Lama afirmou, em relação ao alcance de seu programa, que "não espera ver o resultado. Pode levar vinte, trinta anos ou até mais — sempre digo a estudantes de vinte e poucos anos que talvez eles consigam ver os resultados. Mas temos que agir agora, mesmo que jamais vejamos os frutos dos nossos esforços".

Pense a longo prazo, pelos nossos filhos, ou pelos filhos deles. Não temos que deixar para eles o mesmo mundo que encontramos.

12. Aja agora

Em fevereiro de 1993, sete ganhadores do Prêmio Nobel da Paz se reuniram na Tailândia para protestar contra a prisão domiciliar de Aung San Suu Kyi em Mianmar. Embora tivesse ganhado o mesmo prêmio dois anos antes, ela continuava sendo mantida praticamente como prisioneira pelo governo mianmarense.

Para o Dalai Lama, a visita de 27 horas foi mais uma etapa da campanha que ele vem promovendo por Suu Kyi há décadas. Algumas de suas iniciativas foram particulares: ele lhe escreveu cartas, louvando sua fortaleza e seus princípios firmemente defendidos — resistência passiva determinada e busca por diálogo com os opositores —, encorajando-a e oferecendo apoio.

Parte da campanha vinha sendo pública: em reuniões de ganhadores do Nobel, um assento foi simbolicamente deixado vazio para ela. E o Dalai Lama várias vezes apelou publicamente pela libertação.

"Como meu próprio povo no Tibete, país vizinho [a Mianmar]", declarou ele no ano 2000, em um desses apelos, "vocês sofrem sob um regime opressor, além do alcance da ajuda internacional. Só é possível alcançar uma solução duradoura para nossa luta por meios não violentos. Isso não torna nossos esforços mais fáceis. De fato, requer determinação imensa, pois protestos não violentos, por natureza, dependem de paciência."[1]

Quando finalmente foi libertada, a ativista teve um feliz encontro com o Dalai Lama na Europa, que se repetiu várias vezes desde então. Mas, para ele, o espírito determinado dessa campanha continua — agora em nome de outro

Nobel da Paz, Liu Xiaobo, ativista dos direitos humanos preso pela República Popular da China por declarações em que protesta contra o sistema de partido único e clama por reformas.

Por enquanto, um dos assentos dos prêmios Nobel permanece desocupado — agora, por Liu Xiaobo.

O empenho do Dalai Lama pelos dois dissidentes é um exemplo do que ele nos convida a fazer, cada um à sua maneira: aja agora e persista. Aja mesmo que a causa pareça perdida — e jamais desista.

Sua visão, como vimos, sugere "o quê" e "como": comece tendo mais controle sobre suas emoções destrutivas, em vez de agir motivado por elas; depois transforme em ação a preocupação com o bem-estar dos outros, a partir de um sentimento de unidade da humanidade.

O Dalai Lama vê a compaixão se manifestar de várias maneiras, como assumir responsabilidade moral pelos necessitados, mas também, por exemplo, acusar e responsabilizar velhas raposas que corrompem governos ou reinventar nosso mundo material de forma a não mais ameaçar a vida no planeta.

Seus principais conselhos: cultive um coração caloroso; estimule valores humanos. Ele sugere que tudo que fizermos após obtermos isso terá consequências positivas — mas as palavras "dever" ou "obrigação" não aparecem em seus conselhos. Em vez de ditar especificamente quais passos devem ser tomados, ele deixa os detalhes a cargo de cada um.

Mesmo quando nos estimula a fazer trabalhos benéficos, acredita que as ações devem ser voluntárias, motivadas por um verdadeiro sentimento de compaixão.

A visão do Dalai Lama para mudar nossa realidade social nasce de um lugar estranhamente subestimado na maioria dos cenários do futuro da humanidade: dentro de cada um.

Ele nos lembra que esse futuro melhor começa em nossa mente. "Se você quiser mudar o mundo", afirma ele, tente antes melhorar — mude internamente. "Isso ajudará a mudar sua família. A partir daí, o movimento aumentará cada vez mais."[2]

Podemos acelerar a transformação da nossa sociedade, diz o Dalai Lama, nos transformando. Isso começa quando mudamos o centro emocional para nos tornarmos um melhor canal para a compaixão, e continua ao longo de gerações com o remodelamento da educação, de forma a incluir ferramentas para essa mudança interna.

Comece consigo mesmo, mas não pare aí. Aja pelos outros, com positividade.

Veja o exemplo de Dekila Chungyalpa. Ela passou a infância em meio às belezas naturais do Himalaia, em Sikkim, mas aos quinze anos foi estudar nos Estados Unidos, levada por uma tia que trabalhava na ONU. A cultura de Sikkim já traz arraigado um olhar compassivo em relação a todas as formas de vida.

"Sikkim é muito verde, com muita natureza selvagem", conta Dekila. "Sempre tive a natureza como um lugar curativo, e, além do Central Park, não havia outros lugares aonde ir. Aquilo foi um golpe para mim."

Dekila passava muito tempo no Central Park, seu refúgio. "Minha atitude em relação à natureza, desde a infância, sempre foi ansiar por ela quando me afasto."

Sentindo-se muito conectada ao meio ambiente, a menina juntou-se ao Greenpeace ainda no colégio e logo deu início a uma campanha, mobilizando os colegas a escreverem cartas de protesto contra a matança de baleias — sua primeira incursão no ativismo, aos quinze anos.

Ao voltar para casa, ela se uniu a um grupo que lutava contra a criação de uma usina hidrelétrica. Foi a primeira ação de um movimento ambiental em Sikkim.

"O lago da usina obrigaria muitos habitantes da região a se mudar e seria extremamente danoso ao ecossistema local, causando a perda de uma enorme área de florestas", explica ela. "E teria inundado uma estupa e parte de uma montanha sagrada."

Ao regressar aos Estados Unidos para fazer faculdade em Ohio, Dekila criou para si mesma uma especialização em política ambiental internacional. Na faculdade, implantou o primeiro programa de reciclagem estudantil, chamado Greenhouse, em que voluntários iam de dormitório em dormitório coletando recicláveis. "Foi minha primeira experiência em gerenciamento de projeto ambiental."

O gosto pelo ativismo só fez crescer desde então. Após concluir a graduação, foi para o Nepal e trabalhou para o WWF, estudando maneiras de acabar com a caça ilegal de animais selvagens em áreas de preservação. A visão predominante entre funcionários do WWF era que a raiz do problema estava no povo da região. Dekila, no entanto, tinha outra opinião.

"Todos os guias eram da região e a maioria conhecia as florestas, os padrões da vida selvagem e a ecologia melhor do que ninguém. Em termos puramente práticos, afastá-los seria um desperdício de recursos e aliados. Porém, ainda mais importante, se não trabalhássemos junto às comunidades para proteger a vida selvagem e administrar os recursos naturais, quem continuaria o trabalho quando fôssemos embora?"

Ela percebeu que, "para proteger o meio ambiente, é preciso se concentrar nas pessoas".

Ao fazer pós-graduação na Universidade Americana, ela se concentrou em política do desenvolvimento e meio ambiente. Ao voltar para o WWF, usou o conhecimento adquirido para influenciar instituições como o Banco Mundial a adotar práticas ambientalmente mais corretas, e depois seguiu para o programa Mekong Maior, que negociou acordos para impedir a construção de represas no leito principal do rio, como vimos no capítulo 9.

Em um pequeno desvio de rota, Dekila ajudou a criar diretrizes ambientais para mosteiros e conventos budistas comandados pelo 17º *karmapa*. Isso naturalmente a levou a lançar um programa piloto no WWF chamado Sacred Earth [Terra sagrada], que trabalha com líderes religiosos em causas ambientais.

Na última vez em que nos falamos, Dekila estava na Escola de Administração Florestal e Estudos Ambientais de Yale, tendo recebido o McCluskey Fellowship (entre os antigos contemplados estão os ganhadores do Prêmio Nobel Wangari Maathai, ativista queniana dos direitos das mulheres e do meio ambiente, e R. K. Pachauri, chefe do Painel Intergovernamental sobre Mudanças Climáticas). Dekila continua a comandar o Sacred Earth.

Em um encontro Mind and Life sobre meio ambiente, ela explicou o segredo de sua trajetória de ativismo ao Dalai Lama: "Se temos um objetivo de longo prazo e vemos que estamos avançando, mesmo que seja com um pequenino passo de cada vez, isso faz uma grande diferença. Se o objetivo for de curto prazo e estivermos agindo apenas para impedir alguma coisa, ou se protestarmos por raiva, nunca chegaremos a lugar nenhum. Então, encontrar essa alegria foi a minha solução.[3]

"Quase todo ativista que conheço é um otimista de coração. É preciso acreditar que a sociedade vai ser mais próspera", acrescentou. "Acho que temos uma ebulição natural, um entusiasmo que vem de dentro. Estamos convencidos, não importa quais sejam as chances, de que venceremos."

AMPLIE O SEU ALCANCE

O Dalai Lama lembra que foi hóspede de uma faculdade feminina em Bombaim, e ficou acomodado em um quarto com vista para a favela. O dia estava extremamente quente e úmido, e, apesar do ar-condicionado, fazia muito calor nas salas. "Reclamei que havia muito barulho e que talvez estivesse quente demais.

"Depois pensei, os moradores dos barracos também são humanos, sentem como eu, têm o mesmo desejo" de ser felizes. Ao refletir sobre os moradores da favela, ele concluiu: Só ficaremos alguns dias, mas os moradores desses barracos passarão a vida inteira aqui.

Durante um encontro com alguns estudantes, o Dalai Lama perguntou se os jovens teriam algum plano para ajudar os moradores das favelas e disse que, se tivessem, gostaria de fazer uma doação. Assim, propôs, poderiam "começar algum tipo de trabalho social com moradores de favelas próximas.

"Não partam do princípio de que a vida deles é assim mesmo", acrescentou. "Não pensem assim. Pensem em como melhorar as coisas, como mudar essa situação. Caso contrário, as crianças nascidas em favelas continuarão a crescer em lugares sujos e terão a sensação de que isso faz parte do carma ou que as coisas são assim mesmo, que é normal. Está errado!"

Sentindo que as garotas pareciam mais interessadas em ajudar, ele as encorajou a iniciar um programa educacional para as crianças da favela, servindo como tutoras e ajudando-as a conquistar a autoconfiança necessária para superar o ambiente despossuído em que vivem.

Quando uma das universitárias disse que queria tomar uma atitude, o Dalai Lama, satisfeito, foi além.

Ele aconselhou: "Há favelas por toda Bombaim e em muitos outros lugares. Você pode começar na sua região, para ajudar os pobres de lá. Depois, se seus amigos se interessarem, pode fundar uma ONG para ampliar o alcance do trabalho. Por fim, pode encontrar outras ONGs com os mesmos interesses e compartilhar experiências para agir em nível nacional".

Resumindo, amplie seu alcance, levando o bem o mais longe possível. Se quisermos embarcar em um trabalho para o bem, o Dalai Lama nos estimula a fazer da melhor forma que conseguirmos e com o máximo impacto possível.

"Diga a dez pessoas, depois mais dez e outras dez. Assim você pode chegar a 10 mil, a 100 mil."

Em outra faculdade, perguntaram ao Dalai Lama como uma única pessoa poderia fazer tanta diferença. Ao longo da história, respondeu ele, foram sempre as ações de um indivíduo que levaram às mudanças: Jesus, Buda, Gandhi, todos eram "uma única pessoa" que fez uma enorme diferença.

"Quando consideramos a enormidade dos desafios, temos vontade de desistir", reconheceu o Dalai Lama. "Mas podemos começar conosco, onde estivermos. Algo simples como apagar a luz ao sair de um cômodo já faz diferença.

"Tudo o que fazemos tem algum efeito — até mesmo o ato mais simples", diz o Dalai Lama. "Embora esse ato possa parecer insignificante, se o multiplicarmos por bilhões de outros que poderiam fazer o mesmo, alcançaríamos um enorme impacto."[4]

Ao apresentar os planos de um currículo voltado para o cultivo da compaixão em crianças — diretamente inspirado pela visão do Dalai Lama —, o grupo responsável lhe disse que o piloto seria adotado em uma escola da região.

Ele, sem hesitação, lhes disse para não pensar apenas em uma escola, uma cidade ou um país — transformem em algo global. O planeta tem 7 bilhões de habitantes. Levem o programa para todas as crianças.

Pensem grande.

A CONEXÃO HUMANA

O reverendo Bill Crews é responsável por vários projetos humanitários em Sydney, na Austrália, que vão desde distribuição de sopa e abrigos para os sem-teto até clínicas de atendimento médico-odontológico gratuito, passando por programas de auxílio ao aprendizado da leitura para estudantes pobres.

Em visita a Sydney, o Dalai Lama sentiu uma óbvia afinidade com Crews, de quem é admirador. O Dalai Lama gosta de pessoas que realmente *fazem* alguma coisa para aliviar o sofrimento humano, e assim pôs mãos à obra, colocando um avental sobre a própria roupa e ajudando Bill Crews a servir comida.

"O que importa não é aquilo em que você acredita, mas o que você faz", diz ele.

"O caminho do pensamento à ação passa pelo comprometimento com outras pessoas", explicou Marshall Ganz ao Dalai Lama em uma conferência no MIT. Ganz estuda ações sociais (e participa de muitas), desde o movimento dos direitos civis e a campanha de César Chávez pelo direito dos trabalhadores agrícolas até a crise ambiental atual.[5]

Ganz, que faz parte dos quadros da JFK School of Government, de Harvard, acrescentou: "A conexão humana é imprescindível. Lutamos juntos, não como indivíduos isolados. Trabalhamos juntos, nos comprometemos uns com os outros, agimos juntos".

"Exatamente!", concordou o Dalai Lama.

"A não violência funciona", continuou Ganz, "porque precisa da cooperação de muitas, muitas pessoas" que assumem a responsabilidade moral juntas. Temos a capacidade de dizer não juntos, "como Gandhi. Mas só seremos bem-sucedidos se agirmos juntos".

Depois da fala de Ganz, o Dalai Lama ouviu de Rebecca Henderson, que ensina inovação e meio ambiente (e também oferece um curso sobre como "reimaginar o capitalismo") na Harvard Business School.

Ela contou ao Dalai Lama sobre um movimento de mães norte-americanas contra o aquecimento global. "Todas as mães com quem falo estão preocupadas com o aquecimento", contou Henderson. "Só que entendem que não há muito a fazer sozinhas, em casa."

Assim, um grupo de mães se uniu e decidiu atacar um objetivo específico: convencer os vizinhos a escolher a opção, oferecida pela fornecedora de energia, de usar eletricidade gerada apenas por fontes ecologicamente corretas. "Começou com poucas mães em uma sala de estar, e agora são milhares, em todas as partes do país", contou Henderson.

Em seguida, Ganz contou sobre a dona de casa latina de 21 anos de idade de Chicago que se tornou ativista porque as crianças da vizinhança sofriam de asma, doença causada pelas partículas de poluição lançadas na atmosfera por duas usinas elétricas a carvão. O movimento que ela iniciou levou ao fechamento de ambas.

Atos de compaixão são contagiosos. Thomas Jefferson os chamava de "elevação moral", a inspiração que sentimos para ajudar outras pessoas quando testemunhamos um ato de bondade. Psicólogos comprovaram esse contágio inspirador em estudos, mas todos conhecemos o sentimento.[6]

O Dalai Lama talvez tenha se contagiado nessa conferência do MIT. Ele participou com entusiasmo, dizendo que as histórias o faziam se lembrar de uma reunião que tivera em Délhi com um grupo preocupado com o aumento do número de pobres e desabrigados na cidade. "Eu lhes disse", contou, "que talvez fosse a hora para uma divulgação maciça, para que todos soubessem do problema."

E, com brio, contou que os encorajou: "Se vocês organizarem essa divulgação, eu me juntarei a vocês — gritando, gritando pelo bem-estar da humanidade".

Uma demonstração de entusiasmo como essa pode ter sido a maneira que o Dalai Lama encontrou para estimular a causa. Até onde sei, ele raramente toma um lugar na linha de frente, se é que já tomou. Sua vasta agenda de atividades, embora abranja o mundo todo, é limitada por cronogramas, questões de segurança, obrigações monásticas e protocolos, entre outros.

Ele, no entanto, apoia todos os que agem em prol de um benefício maior, especialmente quando o motivo advém de um profundo sentimento de compaixão. "O altruísmo", disse ao grupo do MIT, "deve se traduzir em ação."

Há incontáveis formas de seguir esse preceito. Um pai de família do Brooklyn, por exemplo, me disse que ele e a mulher estavam procurando um lugar — um lugar de distribuição de sopa, vamos dizer — para levar as filhas regularmente, de forma que pudessem ajudar os necessitados. Ele queria, como afirmou, "mostrar a elas que a caridade deve ser parte da vida" e ensinar a verdade "sabiamente egoísta" que o "altruísmo faz bem".

Como sabemos, há uma miríade de organizações que ajudam o mundo das mais diversas maneiras. Tomar parte em uma dessas iniciativas — mesmo que por doações — traz a sua força pessoal para o bem maior.

É por isso que existe um site que espelha este livro e convida os que se sentirem alinhados à visão do Dalai Lama a se juntar a nós e dizer o que fazem ou pretendem fazer e, em massa, mostrar ao mundo a promessa de uma força para o bem: www.joinaforce4good.org.

Minha esposa, Tara Bennett-Goleman, que teve a ideia dessa plataforma na internet, perguntou ao Dalai Lama se ele acreditava que o esforço poderia fazer alguma diferença no mundo. "Com certeza!", foi a resposta imediata.

"Acho que não é uma questão de como deve ser difícil" criar uma força para o bem que se contraponha às forças negativas que estão por toda parte, acrescentou ele. Pode ser difícil conseguir, mas, sustentou: "Precisamos fazer uma tentativa. A população mundial está crescendo, os recursos são cada vez mais limitados, os desastres causados pelo aquecimento global estão aumentando. Por isso, o século XXI só será feliz se fizermos o esforço agora".

PENSEM, PLANEJEM, AJAM

"Agradeço muito a você por este trabalho inspirador", disse o Dalai Lama a uma mulher de Vancouver que desenvolvera um programa escolar sobre como educar o coração. Meio brincando, ele acrescentou: "O meu trabalho é só falar — blá, blá, blá".

E depois, assumindo um tom mais grave e sincero: "Você está fazendo acontecer. Muito obrigado".

O Dalai Lama encoraja cada um de nós a agir para fazer um mundo melhor, onde quer que estejamos, com os meios que tivermos.

Ele acredita muito mais no poder que um indivíduo tem para juntar forças com outros do que em mudanças de cima para baixo, sejam vindas de uma organização, do governo ou de um ditador. "Não dá para forçar as pessoas a ser compassivas."

Não espere que a sociedade mude. Comece agora, onde quer que você esteja. Nas palavras do Dalai Lama: "Qualquer um pode encontrar um contexto em que faça a diferença. A comunidade humana não é nada além de indivíduos combinados".[7]

A estratégia implementa a visão. A visão do Dalai Lama oferece um rico espectro de possibilidades. Se formos inspirados por ela, podemos transformá-la em estratégias práticas, adaptadas à nossa maneira de ser, nossos tempos e nosso lugar de origem, com suas necessidades específicas.

Como diz Richard Moore — que ficou cego aos dez anos de idade, mas mesmo assim formou um grupo que ajuda crianças pobres em países de várias partes do mundo: "Devemos nos concentrar no que podemos fazer — não naquilo que nos é impossível".

Alguns de nós têm acesso direto ao governo ou a grandes empresas. Outros se conectam à família mundial de ONGs dedicadas a tratar de determinadas questões ou problemas. E também há o caminho de usar leis e tribunais para alavancar a mudança.

E qualquer um de nós pode praticar o ativismo longe dos centros de poder, fazendo um trabalho de formiguinha. Há incontáveis maneiras de ajudar as pessoas que estão em nossa vida, nossa cidade, nosso bairro. Doar dinheiro aos despossuídos é uma forma de ajudar, afirma o Dalai Lama, mas ele também pede que as pessoas adotem ações mais concretas e, como disse àquela estudante universitária, se organizem, para que as iniciativas possam ter maior alcance. "Quando você vir alguma coisa errada, e se tiver algum tipo de preocupação com o bem-estar dos envolvidos, assuma a responsabilidade — e use o entusiasmo como impulso", estimula. Se você continuar indiferente, nada acontecerá.

Como dizemos, quando a inteligência opera a serviço da ganância e do ódio, nos transformamos em um perigo para nós mesmos, para outras pessoas e para o planeta. Se, no entanto, a inteligência servir à compaixão, o bem que podemos fazer juntos tem infinitas possibilidades.

Ao longo dos anos, o Dalai Lama ficou cada vez mais interessado em se encontrar com pessoas jovens — como universitários — que possam levar sua visão para o futuro. Conforme disse em um ginásio transformado em auditório lotado por alunos da Macalester College, em St. Paul, estado de Minnesota, nos Estados Unidos: "É por isso que estou aqui".

"Quando falo sobre estes assuntos com jovens estudantes, eu digo: 'vocês verão isso acontecer — eu, não", disse-me o Dalai Lama. "Então pensem, planejem, ajam. Essa é a maneira de criar a segunda metade do século XXI e transformá-la em um mundo mais feliz — se começarmos o esforço agora."

Os jovens de hoje, diz ele, são os verdadeiros cidadãos do século XXI e, assim, moldarão o curso dos acontecimentos. Não resta dúvida de que os problemas do último século desaguaram nas duas primeiras décadas do atual. Mas as causas ficaram no passado. Ainda restam muitas décadas neste século para que redirecionemos a trajetória de nosso futuro.

"Por mim, não tenho preocupação com a morte", disse o Dalai Lama aos 79 anos. "Posso viver até os 89 ou 99 anos, e depois acabou. Mas acredito que as gerações que hoje estão na adolescência ou na faixa dos vinte, trinta anos verão um mundo diferente quando chegarem à casa dos cinquenta ou sessenta anos. Dá para fazer, por isso precisamos tomar a iniciativa."

O ponto crucial: Agarrar a oportunidade agora.

"Muitas pessoas só reclamam", declarou o Dalai Lama, do que está errado no mundo, mas não fazem qualquer esforço para mudá-lo. "Isso se deve à falta de consciência e visão. Por isso, este livro pode ser útil ao tornar as possibilidades mais claras. Então não teremos qualquer arrependimento."

Nem ele nem eu, refletimos, veremos como este mapa para o futuro será aproveitado. Mas, ainda assim, concordamos em trabalhar juntos neste livro, agindo agora por um mundo melhor.

Agradecimentos

Minha gratidão vai, em primeiro lugar, para o Dalai Lama, cuja mensagem para o mundo tentei compartilhar aqui. Ele sempre me inspirou, desde que nos conhecemos, na década de 1980, e em nossos encontros ao longo dos anos.

A maior parte deste livro se baseia em várias horas de entrevista concedidas por ele, principalmente em Pomaia e Livorno, na Itália, mas também em Rochester, Minnesota e Princeton, estado de Nova Jersey, nos Estados Unidos. Durante décadas, a mensagem do Dalai Lama me guiou, e estou felicíssimo por ter a oportunidade de compartilhá-la com um público mais amplo.

A visão relatada aqui tem por base uma mistura dessas entrevistas com o que ele declarou em palestras por todo o mundo e em seus escritos, além de relatos de outras pessoas sobre ele. Por todo o livro incluí também minhas próprias observações, meus pensamentos e minha perspectiva, e confio que o leitor saberá distingui-las da articulação que o Dalai Lama faz de sua visão. Peço desculpas por quaisquer erros ou imprecisões, que são involuntários, e me alegro por todos os benefícios que meu esforço possa trazer aos leitores.

Sou grato pela ajuda de muitas pessoas na escrita deste livro.

Em primeiro lugar a Thupten Jinpa, que me trouxe este projeto e inicialmente delineou a divisão em capítulos e o tom a ser usado. Ele foi uma fonte essencial de opiniões e informações ao longo de todo o processo.

Enorme gratidão vai também para Jeremy Russell, que generosamente vasculhou e compartilhou notas de viagem e diários sobre as viagens do Dalai Lama (algumas incorporadas a este texto sem qualquer alteração) e fez todos os esforços, inclusive por meio de pesquisas em arquivos, para responder a minhas perguntas, por mais triviais que fossem.

Ao escritório particular do Dalai Lama, especialmente a Tenzin Taklha e Chhime Rigzing, que facilitaram nossos encontros, e a Kaydor Aukthong, representante do governo tibetano exilado em Washington, que tanto me ajudou na organização das entrevistas nos Estados Unidos.

Devo uma profunda reverência a Ngari Rinpoche, que ajudou este projeto de várias maneiras, e a Geshe Tenzin Sherab e Geshe Tashi Tsering, que acompanharam o Dalai Lama durante nossas entrevistas na Itália. Meu obrigado à gentil equipe do Instituto Lama Tzong Khapa em Pomaia, na Itália, em particular ao fascinante diretor Filippo Scianna, que foi incrível ao ajudar minha esposa e eu em questões logísticas, tornando mais fácil o caminho para nossas entrevistas com o Dalai Lama. Rip Gellein providenciou acomodações essenciais.

Na escrita propriamente dita, muitos outros ajudaram: Richard Davidson, pelos conselhos sobre pesquisas, Paul Ekman, pela mesma razão e também por me contar sobre os vários encontros que teve com seu amigo querido, o Dalai Lama. E houve muitos outros, tais como Josh Baran, Diana Chapman Walsh, dr. Paul Mueller, Larry Brilliant, Trinette Wellesley-Wesley e Sonam Wangchuk, para citar apenas alguns que me ajudaram com opiniões ou trechos desta história.

Obrigado a Jonathan Rose pela leitura cuidadosa e pelas críticas úteis a uma das primeiras versões deste livro, e também pelas ideias e pelas pesquisas (e pela prosa) que me trouxeram vários insights, boa parte incluída neste livro. Eu me vali muito das apresentações que meus colegas fizeram ao Dalai Lama em vários encontros Mind and Life.

Este relato da visão do Dalai Lama apresenta pessoas e projetos que exemplificam a força para o bem — alguns diretamente inspirados por essa visão, outros alinhados a essa missão por conta própria. Obrigado a Eve Ekman, Mellody Hobson, Richard Layard e Mark Williamson, Kim Reichl-Schoenert, Gregory Norris, A. T. Ariyaratne, Linda Lantieri, Dekila Chungyalpa, Sam Intrator e Marty Krasney, cada um deles me ajudou com suas histórias inspiradoras. Agradeço também aos professores Emily Endris, Robbie Murphy, Jennifer Erikson e Joanne Martin, que gentilmente me permitiram acompanhar suas aulas.

Faço um agradecimento especial a Amy Cohen por compartilhar ideias e opiniões sobre seu falecido marido, Francisco Varela, e a grande amizade que tinha com o Dalai Lama. Agradeço da mesma forma a Victor Chan, fundador do Dalai Lama Center em Vancouver, e a Arthur Zajonc, presidente do Mind and Life, e a sua talentosa equipe.

Como sempre, meu pensamento contou com as ideias e opiniões de minha esposa, Tara Bennett-Goleman, e o texto ficou melhor graças à precisa leitura que ela fez da última versão do manuscrito. Agradeço particularmente a seu indispensável apoio e carinho ao longo da escrita deste livro e por ajudar a trazer este projeto inteiro ao mundo. Foi dela a ideia inspirada de que este livro deveria ter como espelho uma plataforma na internet, que ela fundou e que pode ampliar a chamada para que outras pessoas, além do círculo dos leitores deste livro, também se unam à força para o bem.

Agradeço também a Jessica Brackman, que se uniu a Tara para encontrar o melhor lugar para a plataforma web da visão e foi uma colaboradora atenta desde o início. E a todos aqueles que aconselharam e facilitaram a campanha na internet: Jeanluc Castagner, Robyn Brentano e Diana Calpthorpe Rose, do Garrison Institute, parceiro na campanha na internet, Mollie Rodriguez, da Gere Foundation, MJ Viederman, do Mind and Life.

Gratidão também a todos da Melcher Media por executar a campanha na internet: Lauren Nathan, Shannon Funuko e Andrew Kennedy. Charles Melcher foi extremamente generoso ao cuidar de tudo a preço de custo. Obrigado à equipe de mídias sociais da MORE Partnerships, Jacob Marshall e Brian Patrick, e aos webmasters da Crossbeat, Becky Wang e David Justus.

Um enorme obrigado àqueles cujo apoio tornou possível a plataforma na internet: Connie e Barry Hershey, Don Morrison, Tara Melwani e Pierre e Pam Omidyar.

Descontadas as despesas relacionadas ao livro, todos os royalties vão para organizações sem fins lucrativos, principalmente o Mind and Life Institute e o Dalai Lama Trust, como apoio ao belo trabalho que realizam. Escrevi este livro gratuitamente, como um testemunho de amor e um presente ao Dalai Lama.

Notas

1. REINVENTE O FUTURO [PP. 11-27]

1. Peacemaking: The Power of Non-Violence, San Francisco, Califórnia, EUA, 9 a 11 de junho de 1997. No fim de cada evento em que o Dalai Lama está presente e há cobrança de ingressos, os organizadores divulgam quanto foi arrecadado, quais foram as despesas e o que será feito com a diferença, se houver. Ele não cobra por palestras e aulas e os organizadores são responsáveis pelos gastos. Qualquer excedente no montante arrecadado é dividido entre o Dalai Lama Trust (40%), o grupo organizador local (30%) e entre causas humanitárias regionais ou nacionais (30%), sempre para fins filantrópicos. Com a maior parte do prêmio Nobel, o Dalai Lama criou a Foundation for Universal Responsibility, em Nova Délhi. Dirigida por Rajiv Mehrotra, a fundação patrocina aulas anuais para indianos, ministradas pelo Dalai Lama em Nova Délhi, e outros eventos de apoio a suas iniciativas éticas naquele país. Alguns meses antes de nosso encontro para este livro, o Dalai Lama visitou outro leprosário naquela cidade, para onde prometeu doar milhares de dólares ao longo dos próximos cinco anos, conforme o que seja arrecadado pela sua instituição de caridade a partir de royalties sobre livros (inclusive este). Leprosário: <http://www.dalailama.com/news/post/1095-dalai-lama-pledges-support--to-leprosy-centers-in-capital-and-visits-lady-shri-ram-college>.

2. Daniel Goleman cedeu metade dos royalties deste livro ao Dalai Lama, que indicou como principal beneficiário o Mind and Life Institute e designou uma parte menor para o Dalai Lama Trust, sua instituição de caridade. Daniel Goleman abriu mão de seus rendimentos sobre este livro (descontadas despesas como viagens e transcrições) em prol de várias entidades filantrópicas.

3. Apesar das constantes viagens por todo o mundo, e desafiando a diferença de fuso horário, possivelmente virando seu biorritmo de ponta-cabeça, o Dalai Lama sempre segue os mesmos horários diariamente, com raras exceções.

4. Naquela época, o Dalai Lama viajava com pouco alarde. Josh Baran, um relações-públicas em Hollywood que às vezes fazia trabalhos voluntários pela causa do Tibete, tinha tentado, em anos anteriores, despertar o interesse de vários jornalistas a entrevistarem o Dalai Lama. Poucos aceitaram. Mas, naquela noite, um repórter da rede norte-americana CBS telefonou para Baran às três da manhã. Onde diabos — a CBS indagava — estava o Dalai Lama? Ele estava em Newport Beach, na Califórnia, respondeu Baran. O relações-públicas, um dos poucos homens do mundo do jornalismo que sabia seu paradeiro, pegou o carro assim que soube do Nobel e foi direto para Newport Beach, a pouco mais de uma hora de distância. Ele sabia que o Dalai Lama tinha encerrado havia pouco um encontro de três dias sobre ação compassiva, e começaria em breve outro, de dois dias, com neurocientistas. Baran chegou um pouco antes do amanhecer, ofereceu seus serviços a Tenzin Geyche Tethong, então secretário pessoal do Dalai Lama, e tornou-se o organizador da coletiva de imprensa instantânea.

5. Dalai Lama et al., *Worlds in Harmony: Dialogues on Compassionate Action*. Berkeley: Parallax Press, 1992. [Ed. bras.: *Mundos em harmonia*. São Paulo: Claridade, 2001.] No início dos anos 1980, Robert Thurman, então professor na Amherst College, apresentou-me ao Dalai Lama, que havia expressado o desejo de se reunir com cientistas. Aquilo acabou levando ao Newport Beach, um entre uma dezena, ou pouco mais, de eventos desse tipo que organizei ou moderei desde então.

6. Dalai Lama e Daniel Goleman, *Destructive Emotions: How Can We Overcome Them?* Nova York: Bantam Books, 2003. [Ed. bras.: *Como lidar com emoções destrutivas*. Rio de Janeiro: Campus Editora, 2003.]

7. O Palácio de Potala foi construído pelo quinto Dalai Lama, no século XVII. Antes disso, o Dalai Lama residia no mosteiro Drepung, nas cercanias de Lhasa.

8. A declaração do Dalai Lama deu-se no Parlamento Europeu, em Estrasburgo, na França, em junho de 1988.

9. Usei deliberadamente o termo "transformador", em vez do familiar líder "transformacional". Conforme a concepção original do falecido historiador James MacGregor Burns, o termo referia-se a líderes com visão transformadora do mundo. Mas, em uso comum hoje, a ideia ficou estreita e é usada para descrever líderes que aumentam características como motivação e desempenho — sem acrescentar algo que vise mudar o mundo. E nenhum desses termos se aplica àqueles que Burns, em contraste, chamou de líderes "transacionais", que são adeptos da filosofia de "resolver as coisas" (o presidente norte-americano Lyndon Johnson é um excelente exemplo desse tipo de liderança).

10. Michael Shellenberger e Ted Nordhaus, "The Death of Environmentalism". *Geopolitics, History, and International Relations*, pp. 121-63, 2009.

11. Paráfrase de Jonathan Swift, ensaísta britânico do século XVIII, mais conhecido pela sátira *Modesta proposta*, publicada em português em *Modesta proposta e outros textos*.

2. HIGIENE EMOCIONAL [PP. 31-46]

1. No início da carreira, Paul Ekman viajou à Nova Guiné para estudar tribos remotas ainda na Idade da Pedra, que praticamente não haviam tido contato com o mundo moderno. O psicólogo queria verificar se emoções básicas são expressas da mesma forma em todos os lugares e por todo mundo (e descobriu que são). Outro feito da relevante pesquisa de Ekman foi desenhar um mapa completo de como vinte ou trinta músculos faciais se comportam ao expressar dada emoção: como o músculo occipitofrontal, na testa, se retesa quando estamos preocupados, por exemplo, ou o que faz cada um entre seis músculos principais quando estamos alegres ou com nojo. O mapa é tão preciso que versões automatizadas dele são usadas em pesquisas para medir as emoções humanas, e deu origem a programas computadorizados que dão expressões faciais verossímeis a desenhos animados (ver https://www.paulekman.com/facs/). Ekman conheceu o Dalai Lama no encontro de 2000 do Mind and Life sobre "emoções destrutivas", moderado por mim, e desde então acumulou muitas horas de diálogo com o monge. Em 2004, Ekman aposentou-se do cargo de professor de psiquiatria na Universidade da Califórnia, em San Francisco, mas continuou a atuar em sua área.

2. Outro aplicativo poderia monitorar o rosto das pessoas ao assistirem comerciais na internet, para que publicitários saibam quais comerciais são mais atrativos. Raffi Khatchadourian, "We Know How You Feel". *The New Yorker*, pp. 50-919, jan. 2015.

3. O Dalai Lama se refere ao painel sobre Ecologia, Ética e Interdependência, co-organizado por mim junto a John Dunne, da Universidade Emory. O 23º Encontro Mind and Life foi realizado na residência do Dalai Lama em Dharamsala, na Índia, em 2011. A ata desse encontro está sendo preparada para publicação.

4. Dalai Lama et al., *Worlds in Harmony: Dialogues on Compassionate Action*. Berkeley: Parallax Press, 1992, p. 7.

5. Richard J. Davidson, "Well-Being and Affective Style: Neural Substrates and Biobehavioral Correlates". *Philosophical Transactions of the Royal Society B*, p. 359, 1449, 2004.

6. Esse foi o foco do Encontro Mind and Life de 2000, relatado por mim no livro *Destructive Emotions: How Can We Overcome Them?* A expressão "emoções destrutivas" foi escolha enfática do Dalai Lama como tema do seminário com cientistas e do livro subsequente. Embora ninguém do mercado editorial tenha gostado muito desse título, a frase suscitava um

ponto crucial: que cada emoção tem seu lugar e seu propósito, mas quando nos capturam de maneira prejudicial para nós ou para as pessoas à nossa volta, elas se tornam destrutivas. Pelo menos essa foi a regra proposta pelos psicólogos para delimitar "construtiva" e "destrutiva". A perspectiva tibetana era mais sutil, e considerava as emoções como "destrutivas" quando perturbam nosso equilíbrio interno e distorcem nossa percepção.

7. Dalai Lama, no Encontro Mind and Life sobre Ecologia, Ética e Interdependência.

8. O Dalai Lama pronunciou-se na cidade de Matera, na Itália, em 25 de junho de 2012, como relatado por Jeremy Russell (www.dalailama.com). A psicologia moderna acrescentaria a distinção de que episódios de raiva podem ser muito adequados, nos mobilizando para lidar com obstáculos a objetivos. Por outro lado, raiva e hostilidade duradouras, segundo várias pesquisas, prejudicam a saúde, como diz o Dalai Lama.

9. O Dalai Lama conheceu o dr. Aaron Beck em Gotemburgo, na Suécia, em 1993, em um congresso mundial sobre terapia cognitiva. O encontro de mentes foi forte e caloroso. Em minhas conversas com o Dalai Lama para este livro, ele ficou feliz em saber que o dr. Beck continuava vivo, com 93 anos, e logo depois visitou o psicólogo em casa, na Filadélfia, nos Estados Unidos.

10. Dalai Lama, Norman e Alexander, *Beyond Religion: Ethics for a Whole World*. Nova York: Houghton Mifflin Harcourt, 2011, p. 126.

11. Idem, p. 127.

12. Kevin Ochsner et al., "Rethinking Feelings: An fMRI Study of the Cognitive Regulation of Emotion". *Journal of Cognitive Neuroscience*, v. 14, pp. 1215-29, 2002.

13. Idem.

14. Combinar a atenção plena com terapia cognitiva provou ser uma ferramenta frutífera para remodelar hábitos emocionais como esse. Pesquisas mostram que essa combinação ajuda a reduzir a frequência e a intensidade de emoções negativas, desde as mais rotineiras até depressões de difícil tratamento. O primeiro livro sobre essa integração voltado para o público em geral foi escrito pela minha esposa (Tara Bennett-Goleman, *Emotional Alchemy*. Nova York: Harmony Books, 2001 [Ed. bras.: *Alquimia emocional*. Rio de Janeiro: Objetiva, 2001]). Mais ou menos na mesma época, um grupo de pesquisa da Universidade de Oxford publicou um livro sobre um bem-sucedido método para tratar depressão severa (John Teasdale et al., *Mindfulness-Based Cognitive Therapy for Depression*. Nova York: Guilford Press, 2001). Desde então, houve uma explosão de livros, métodos e professores como aquele.

15. Os passos dessa cadeia, grosso modo, começam com nossa primeira impressão sensorial — um som, digamos. O próximo passo envolve a interpretação desse som, e então as emoções evocadas por isso, e, por fim, a resposta manifesta. Para alguém com transtorno de

estresse pós-traumático, por exemplo, qualquer lembrança do som do trauma original pode liberar uma avalanche do que foi sentido no momento do trauma. E todos podemos ter hábitos emocionais fortes que operam da mesma forma.

16. Extraí essa versão da história, que já foi recontada muitas vezes (e provavelmente é apócrifa), de Tara Bennett-Goleman, *Emotional Alchemy*, p. 12.

17. Extraído do 22º Encontro Mind and Life, "Neuroplasticity: The Neuronal Substrates of Learning and Transformation", realizado entre 18 e 22 de outubro de 2004, em Dharamsala, na Índia. Esse encontro foi relatado por Sharon Begley (*Train Your Mind, Change Your Brain*. Nova York: Ballantine Books, 2007 [Ed. bras.: *Treine a mente, mude o cérebro*. Rio de Janeiro: Fontanar, 2008]). Phillip Shaver é diretor do Adult Attachment Laboratory na Universidade da Califórnia em Davis.

18. Sharon Begley, *Train Your Mind*.

19. Idem, p. 202.

20. Dalai Lama et al., *Worlds in Harmony*.

21. Sem dúvida, nem todo mundo quer assumir o controle da mente dessa forma e fica satisfeito — ou está acostumado — com a familiar onda de raiva, ciúme etc., que podem dar um sentimento parcial de conforto ou de segurança pessoal. O Dalai Lama, entretanto, nos encoraja a mudar nossa economia emocional em prol de uma gama mais positiva de emoções — o que demanda esforço e motivação. Ainda assim, convida apenas aqueles que tiverem interesse em seguir por esse caminho.

22. O "mapa" tem dois formatos. Um se concentra em nossas emoções e está a caminho. A iniciativa maior, um mapa da mente inteira — inclusive as emoções — integraria, conforme o plano do Dalai Lama, mapas psicológicos indianos tradicionais com dados modernos. Essa iniciativa, muito mais ambiciosa, começou há pouco tempo (http://www.mindandlife.org/research-and-initiatives-category/mapping-the-mind/).

23. Dalai Lama e Daniel Goleman, *Destructive Emotions*, p. 151.

24. Descrevi o encontro com o Dalai Lama, que mudou a vida de Paul Ekman, no livro *Destructive Emotions: How Can We Overcome Them?*

25. Dalai Lama e Paul Ekman, *Emotional Awareness: Overcoming the Obstacles to Psychological Balance and Compassion*. Nova York: Holt, 2009. [Ed. bras.: *Consciência emocional*. Rio de Janeiro: Prumo, 2008.] Paul Ekman, *Moving Toward Global Compassion*. San Francisco: Paul Ekman Group, 2014.

26. Alan Wallace continua a instruir o curso CEB para futuros professores, ao lado de Eve Ekman (ver <http://www.cultivatingemotionalbalance.org/>).

27. Paul Ekman, "Why I Don't Call the Dalai Lama 'Your Holiness'". Reflexões não publicadas, San Francisco, 2013.

28. Paul Ekman confirmou que essas cinco emoções são unânimes entre a maioria de pesquisadores da área das emoções ao compilar 248 que haviam publicado pelo menos quatro artigos sobre emoções revisados por pares entre 2010 e 2014.

29. Dan Harris, *10% Happier*. Nova York: HarperCollins, 2014. [Ed. bras.: *10% mais feliz*. Rio de Janeiro: Sextante, 2015.]

30. Dalai Lama e Alexander Norman, *Beyond Religion*, p. 62. O Dalai Lama é um ferrenho defensor da campanha da Anistia Internacional contra a pena de morte.

31. No entanto, a terceira colega, uma norte-americana que foi ordenada monja da tradição tibetana, não ficou surpresa com a franqueza dos homens. Ela já trabalhava em prisões há mais de uma década.

3. A REVOLUÇÃO DA BONDADE [PP. 47-61]

1. Kimberly Williams, "O desafio de Dalai Lama: um século XXI de paz e compaixão". *Emory Report*, 9 out. 2013.

2. http://www.childrenincrossfire.org/home

3. Sou grato a Victor Chan por sua comovente versão da história de Richard Moore no livro escrito com o Dalai Lama, *The Wisdom of Compassion*. Nova York: Riverhead Books, 2012.

4. Richard Moore, *Can I Give Him My Eyes?* North York, Reino Unido: Magna Large Print, 2011.

5. Sobre esse assunto, continua uma luta abstrata entre filósofos da ética modernos entre um absolutismo moral e uma relatividade subjetiva. O enfoque ocidental à ética é um campo amplo e complexo (ver, por exemplo, Alasdair MacIntyre, *A Short History of Ethics: A History of Moral Philosophy from the Homeric Age to the Twentieth Century*. Notre Dame: University of Notre Dame Press, 1998). Um enfoque alinhado ao do Dalai Lama argumenta que, quando estamos "em plena consciência" e, portanto, com o raciocínio e as percepções menos distorcidos, nossos julgamentos éticos mudam em direção à compaixão. Ver Jacob Davis, "Acting Wide Awake: Attention and the Ethics of Emotion." Dissertação de doutorado, City University of New York, fev. 2014.

6. Dalai Lama e Alexander Norman, *Beyond Religion*, p. 53.

7. Embora na prática isso seja um exemplo de compaixão não religiosa, marxistas genuínos também podiam melhorar nesse quesito: a compaixão global vai além de sentimentos por qualquer grupo — aí incluídos capitalistas, pessoas que não trabalham e todo mundo.

8. Como explica o Dalai Lama, a palavra "secular" é empregada aqui para descrever fiéis religiosos de todas as denominações e também quem não tem fé. Esse uso para a palavra é comum na Índia, mas pode dar margem a confusão em outras partes do mundo anglófono, em que "secular" significa "não religioso".

9. Quem lhe disse isso foi o falecido neurocientista Bob Livingston, um de seus primeiros tutores na área da neurociência. Ver também Tiffany Field, *Touch*. Cambridge, Mass.: The MIT Press, 2001. Infelizmente, essas condições são comuns entre órfãos alojados em orfanatos lotados e com deficiência de pessoal em alguns países.

10. A pesquisa com os chimpanzés foi conduzida por Harry Harlow. Anna Freud talvez tenha sido a primeira a documentar os efeitos deletérios da separação de pais e bebês. Essa linha de pesquisa foi desenvolvida pelo psiquiatra britânico John Bowlby e pela psicóloga desenvolvimentista Mary Ainsworth, e continua até hoje. Ver, por exemplo, Jude Cassidy e Phillip Shaver (Orgs.), *Handbook of Attachment: Theory, Research and Clinical Applications*, 2. ed. Nova York: Guilford Press, 2010.

11. J. Kiley Hamlin et al., "Three-month-olds Show a Negativity Bias in Their Social Evaluations." *Developmental Science*, 13, 6, pp. 923-9, 2010; J. Kiley Hamlin e Karen Wynn, "Young Infants Prefer Prosocial to Antisocial Others." *Cognitive Development*, 26, 1, pp. 30-9, 2011; J. Kiley Hamlin, Karen Wynn e Paul Bloom, "Social Evaluation by Preverbal Infants." *Nature*, 450, 22 nov. 2007.

12. Carolyn et al. Zahn-Waxler, "Development of Concern for Others." *Developmental Psychology*, v. 28, pp. 126-36, jan. 1992.

13. Ver, por exemplo, Felix Warneken e Michael Tomasello, "Altruistic Helping in Human Infants and Chimpanzees." *Science*, v. 311, n. 5765, pp. 1301-3, 2006. Ainda, Jennifer L Goetz et al., "Compassion: An Evolutionary Analysis and Empirical Review". *Psychological Bulletin*, v. 136, n. 3, pp. 351-74, 2010.

14. Ver Jerome Kagan in: Anne Harrington e Arthur Zajonc (Orgs.), *The Dalai Lama at MIT*. (Cambridge, Mass.: Harvard University Press, 2006.) Ainda, Eliot Sober e David Sloan Wilson, *Unto Others: The Evolution and Psychology of Unselfish Behavior*. (Cambridge, Mass.: Harvard University Press, 1998.)

15. Dalai Lama e Alexander Norman, *Beyond Religion*, p. 47. Essa linha de argumentação foi o tópico de um encontro Mind and Life que moderei em 1990. Daniel Goleman, *Healing Emotions*. Boston: Shambhala, 1997. [Ed. bras.: *Emoções que curam*. Rio de Janeiro: Rocco, 1999.]

16. Linda Gallo e Karen Matthews, "Understanding the Association Between Socioeconomic Status and Physical Health: Do Negative Emotions Play a Role?". *Psychological Bulletin*, v. 129, n. 1, pp. 10-51, 2003.

17. Barbara Fredrickson, "Cultivating Positive Emotions to Optimize Health and Well-being". *Prevention and Treatment*, v. 3, n. 1, 2000. Publicado online: <http://dx.doi.org/10.1037/1522-3736.3.1.31a>. A pesquisa sobre saúde e emoções continua a confirmar essas hipóteses básicas. Ver Ayse Uskul e A. D. Horn, "Emotions and Health". International Encyclopaedia of Social and Behavioral Sciences (J. Wright, Org.). Londres: Elsevier, 2015.

18. O Dalai Lama ouviu estes dados sobre os impactos deletérios da solidão de vários cientistas. Para um sumário recente que os liga à compaixão, ver Emma Seppala et al., "Social Connection and Compassion: Important Predictors of Health and Well-being". *Social Research*, v. 80, n. 2, pp. 411-30, 2013.

19. Dalai Lama; Norman, Alexander. *Beyond Religion*, p. 45.

20. Antoine Lutz et al., "Regulation of the Neural Circuitry of Emotion by Compassion Meditation: Effects of Meditative Expertise," PLOS ONE 3(3): e1897. doi: 10.1371/journal.pone.0001897.

21. Dalai Lama e Alexander Norman, *Beyond Religion*, p. 45.

22. O Dalai Lama estava se dirigindo aos participantes de uma conferência em 1989. Ver *Worlds in Harmony*. A partir de então, a palavra [self-compassion (autocompaixão)] passou a fazer parte do vocabulário do inglês, e existem programas de pesquisa psicológica sobre o tópico da autocompaixão. Ver, p. ex., Kristin Neff, "Self-Compassion: An Alternative Conceptualization of a Healthy Attitude Toward Oneself". *Self and Identity*, v. 2, pp. 85-101, 2003. O termo parece ter sido adotado como reação contra o conceito falho de "autoestima", não por causa da sugestão do Dalai Lama.

23. Pico Iyer, *The Open Road: The Global Journey of the Fourteenth Dalai Lama*. Nova York: Vintage, p. 91, 2008. [Ed. bras.: *O caminho aberto: um Dalai Lama na era global*. São Paulo: Companhia das Letras, 2009.]

24. Dalai Lama, *Ethics for the New Millennium*. Nova York: Riverhead Books, 2001, pp. 28-9. [Ed. bras.: *Uma ética para o novo milênio*. Rio de Janeiro: Sextante, 2006.]

25. Ver, p. ex., o comentário do Dalai Lama sobre o *Bodhicaryavatara* de Shantideva, publicado pela Shambhala em 1994: *A Flash of Lightning in the Dark of Night*. A visão do Dalai Lama foi profundamente influenciada por Shantideva, embora ele a estruture em termos mais modernos, com um apelo mais universal.

26. Dalai Lama. *The Good Heart: A Buddhist Perspective on the Teachings of Jesus*. Somerville, Mass.: Wisdom Publications, 1996.

27. O primeiro texto de Shantideva é *Compendium of All Practices*; o segundo, *A Guide to the Bodhisattva's Way of Life*. [Ed. bras.: *O caminho do bodisatva*. Blumenau: Makara, 2013.] Conforme relatado em *The Good Heart*, pp. 48-9.

28. No livro *Moving Toward Global Compassion*, Paul Ekman explora o que a ciência precisa aprender sobre compaixão, levantando cerca de duzentas perguntas de pesquisa, entre elas, muitas que podem ajudar na criação de métodos baseados em evidências para o cultivo de uma compaixão global — que, observa ele, é uma das mais difíceis de alcançar.

29. O Dalai Lama estava se dirigindo ao público de um encontro Mind and Life sobre ecologia, ética e interdependência.

30. Ainda assim, o Dalai Lama afirma que, entre os religiosos, a compaixão baseada na razão e na ciência pode ser reforçada pela fé — existe uma sinergia entre ambas.

4. PARCERIA COM A CIÊNCIA [PP. 62-76]

1. Helen Y Weng et al., "Compassion Training Alters Altruism and Neural Responses to Suffering." *Psychological Science*, v. 24, n. 7, pp. 1171-80, 2013.

2. Frases como essa são comumente usadas em métodos de cultivo da compaixão ou de "bondade amorosa". Ver, p. ex., Thupten Jinpa, *A Fearless Heart: How the Courage to Be Compassionate Can Transform Our Lives*. Nova York: Hudson Street Press, 2015.

3. Daniel Goleman, *Destructive Emotions*, p. xiv.

4. Flook, Lisa et al., "Promoting Prosocial Behavior and Self-Regulatory Skills in Preschool Children Through a Mindfulness-Based Kindness Curriculum." *Developmental Psychology*, publicação antecipada online, 10 nov. 2014, <http://dx.doi.org/10.1037/a0038256>. Ver também <http://www.investigatinghealthyminds.org/pdfs/Kindness%20Curriculum%20Study.pdf>.

5. Dalai Lama, *The Universe in a Single Atom*. Nova York: Harmony, 2006. [Ed. bras.: *O universo em um átomo*. Rio de Janeiro: Ediouro, 2006.] Outra área de colaboração que ele acredita ser passível de pesquisa são as práticas contemplativas e seus impactos comportamentais e neurais.

6. Por volta de 1987, Bob Livingston preparou uma cartilha sobre ciência e biologia cerebral personalizada para o Dalai Lama, que, em 1989, disse a um grupo que a ciência descobriu que "precisamos do afeto para que nosso cérebro se desenvolva de maneira adequada. Isso mostra que nossa natureza está ligada ao afeto, ao amor e à compaixão". Dalai Lama et al., *Worlds in Harmony*, p. 19.

7. Passei quinze meses na Índia como pesquisador visitante de Harvard para meu pré-doutorado. O principal texto que estudei era de Buddhaghosa (*Visuddhimagga: The Path of Purification*. Berkeley, Calif.: Shambhala, 1976. Trad. inglês: Ven. Nanamoli). Meu exemplar foi impresso em Varanasi, na Índia, por Motilal Banarsidass, um venerável editor indiano de livros acadêmicos.

8. Eu tinha uma bolsa de estudos de pós-doutorado do Social Science Research Council e passei metade do tempo no Sri Lanka, estudando com o venerável Nyanaponika Mahathera, e a outra metade em Dharamsala, estudando na Biblioteca de Obras e Arquivos Tibetanos. Resumi trechos dessa antiga ciência da mente em *The Meditative Mind* (Nova York: Tarcher/Penguin, 1988). [Ed. bras.: *A mente meditativa*. São Paulo: Ática, 1996.]

9. Na "lei dos opostos", os estados positivos neutralizam os negativos. A irritação, por exemplo, abre espaço para o crescimento da raiva. Seu oposto é a equanimidade. Se pudermos aplicar esse antídoto quando a irritabilidade surgir, podemos extinguir as centelhas mentais que dariam início a uma raiva incendiária. Essa lista parcial de opostos foi extraída de meu livro *A mente meditativa*, e a ofereço aqui só para dar uma ideia básica de como um conjunto de estados mentais se opõe a outro. Para relatos mais acadêmicos da lista de fatores mentais de completude ou incompletude de fontes do *Abhidhamma* (que é a palavra em páli; "Abhidharma" em sânscrito significa literalmente "conhecimento manifesto"), ver Bhikku Bodhi, *A Comprehensive Manual of Abhidhamma*. Kandy, Sri Lanka: Buddhist Publication Society, 2003. Ver também Asanga, *Abhidharmasamuccaya*. Fremont, Calif.: Asian Humanities Press, 2001. (Trad. inglês: Sara Boin-Webb).

10. Lobsang Tenzin Negi dirige a iniciativa. <http://www.tibet.emory.edu/>.

11. O terceiro fundador, Adam Engle, foi o primeiro CEO da organização. Faço parte do conselho e moderei três dos encontros científicos Mind and Life com o Dalai Lama. O atual presidente do conselho do Mind and Life é Thupten Jinpa; Arthur Zajonc é o atual presidente do instituto. Ver <www.mindandlife.org>.

12. Esse é o principal centro de pesquisa científica da França. Francisco Varela escreveu mais de cem artigos científicos e muitos livros acadêmicos. Duas de suas publicações particularmente seminais são: Humberto Maturana e Francisco Varela, *The Tree of Knowledge: The Biological Roots of Human Understanding*. Boston: Shambhala, 1992; e Francisco Varela, Evan Thompson e Eleanor Rosch, *The Embodied Mind: Cognitive Science and Human Experience*. Cambridge, Mass.: The MIT Press, 1991. [Ed. bras.: *A mente incorporada: ciências cognitivas e experiência humana*. Porto Alegre: Artmed, 2003.]

13. Francisco Varela não participou do 2º Encontro Mind and Life, sobre neurociência, durante o qual o Dalai Lama ficou sabendo que recebera o Prêmio Nobel da Paz. Ele, porém, não só fez uma apresentação no terceiro, sobre emoções destrutivas, como organizou o quarto, sobre sono, sonho e morte, e apresentou trabalhos em outros.

14. Conversa não publicada entre Francisco Varela e Anne Harrington. Paris, França, 12 mar. 1998.

15. Francisco Varela, Evan Thompson e Eleanor Rosch, *The Embodied Mind: Cognitive Science and Human Experience*.

16. A apresentação dos resultados de Michael Meaney ocorreu no encontro Mind and Life sobre neuroplasticidade, relatado no livro de Sharon Begley intitulado *Train Your Mind, Change Your Brain*.

17. Os grupos de Michael Meaney confirmaram esse palpite em 2009, ao encontrar alterações no DNA de suicidas que sofreram abusos na infância. Patrick McGowan et al., "Epigenetic Regulation of the Glucocorticoid Receptor in Human Brain Associates with Childhood Abuse". *Nature Neuroscience*, v. 12, pp. 342-8, 2009.

18. O Dalai Lama acrescentou que talvez tivesse sido obrigado a se alistar no Exército de Salvação do Povo, porque a região de sua cidade, embora culturalmente tibetana, tecnicamente estava dentro de território chinês. Seu interesse em filosofia, consciência, mente e assuntos afins, conclui, se deve em grande parte à educação monástica.

19. Daniel Goleman, "O Dalai Lama tem ideias para a neurociência." *The New York Times*, Week in Review, p. 1, 8 out. 1989.

20. Jon Kabat-Zinn e Richard J. Davidson (Orgs.), *The Mind's Own Physician: A Scientific Dialogue with the Dalai Lama on the Healing Power of Meditation*. Oakland, Calif.: New Harbinger Books, 2011; Jon Kabat-Zinn, *Full Catastrophe Living: Using the Wisdom of Your Body and Mind to Face Stress, Pain, and Illness*. Nova York: Bantam Books, edição revisada, 2013.

21. Para o Treinamento em Cultivo da Compaixão, ver Thupten Jinpa, *A Fearless Heart*. The Library of Tibetan Classics [Biblioteca de clássicos tibetanos]: <http://www.tibetanclassics.org/en/our-projects/library-of-tibetan-classics-lotc>. Thupten Jinpa tem graduação monástica avançada em filosofia budista e doutorado em estudos religiosos na Universidade de Cambridge. A técnica de respirar profundamente para se acalmar, por exemplo, é a adaptação de uma prática tibetana, usada para trazer calma e concentração antes de iniciar uma sessão de meditação.

22. Dirigido e fundado pelo dr. James Doty em 2009. <http://ccare.stanford.edu/ccare/>.

23. G. Ruchelli et al., "Compassion Meditation Training for People Living with Chronic Pain and Their Significant Others: A Pilot Study and Mixed-methods Analysis" (resumo). *The Journal of Pain*, v. 15, n. 4, suplemento, 2014. H. Jazaieri et al., "A Randomized Controlled Trial of Compassion Cultivation Training: Effects on Mindfulness, Affect, and Emotion Regulation". *Motivation and Emotion*, 2013. Publicação antecipada online. doi:10.1007/s11031-013-9368-z. Esses estudos não mediram se o exercício da compaixão realmente aumentou os atos altruístas.

24. Barbara Fredrickson et al., "Open Hearts Build Lives: Positive Emotions, Induced Through Loving-kindness Meditation, Build Consequential Personal Resources". *Journal of Personality and Social Psychology*, v. 95, pp. 1045-62. 2008.

25. Thaddeus W. W Pace et al., "Effect of Compassion Meditation on Neuroendocrine, Innate Immune and Behavioral Responses to Psychosocial Stress." *Psychoneuroendocrinology*, v. 34, pp. 87-98, 2009. Esse estudo piloto, baseado em correlações, está sendo acompanhado por um estudo longitudinal para avaliar melhor os impactos de longo prazo do cultivo da compaixão.

26. Thaddeus W. W. Pace et al., op. cit.; Thaddeus W. W Pace, "Engagement with Cognitively-Based Compassion Training Is Associated with Reduced Salivary C-reactive Protein from Before to After Training in Foster Care Program Adolescents." *Psychoneuroendocrinology*, v. 38, n. 2, pp. 294-9, 2012.

27. Olga Klimecki et al., "Differential Pattern of Functional Brain Plasticity After Compassion and Empathy Training". *Social Cognitive and Affective Neuroscience Advance Access*, 9 de maio de 2013, doi:10.1093/scan/nst060. Aproveitando-se dessa descoberta, o grupo de Singer embarcou em um ambicioso projeto de pesquisa, em que cem voluntários foram treinados de três maneiras. Durante três meses, praticaram a presença, usando meditação com respiração e *body scan* [exploração do corpo]; durante outros três, praticaram empatia cognitiva, entendendo as opiniões de outra pessoa (por meio de meditação em pares); no terceiro ciclo de três meses, os voluntários cultivaram a compaixão e o cuidado. <http://www.resource-project.org/en/home.html>.

28. Olga Klimecki et al., op. cit.

29. O trabalho de Eve Ekman como assistente social com, por exemplo, equipes de prontos-socorros a inspirou a conseguir uma bolsa de estudos de pós-doutorado na escola de medicina da Universidade da Califórnia em San Francisco. Ela planeja adaptar o programa CEB para formatos reduzidos, que possam ser usados mais facilmente em situações médicas.

30. Olga Klimecki et al., "Functional Neural Plasticity and Associated Changes in Positive Affect After Compassion Training". *Cerebral Cortex*, publicação online, 5 jun. 2013, doi:10.1093/cercor/bhs142.

31. Por outro lado, embora tenha aumentado a empatia com o sofrimento alheio, o treinamento em compaixão de curta duração tem seus limites. Se a pessoa em necessidade também for rude, o treinamento em compaixão não resultou em ajuda. Paul Condon, "Cultivating Compassion: The Effects of Compassion-and Mindfulness-based Meditation on Pro-social Mental States and Behavior." Dissertação de Ph.D., Universidade Northeastern, 2014. Os primeiros resultados sobre os efeitos positivos do cultivo da compaixão são encorajadores, mas, como alerta Paul Ekman, a ciência só começou a entender as melhores maneiras de estimular a compaixão — e a variedade global parecer ser o maior desafio de todos.

32. Conforme relatado por Daniel Siegel.

5. COMPAIXÃO ROBUSTA [PP. 79-92]

1. Os chinelos e a camiseta surrada foram notados por Thomas Laird, coautor com o Dalai Lama de *The Story of Tibet: Conversations with the Dalai Lama* (Nova York: Grove Press, 2007).

2. Ver, p. ex.: <http://www.washingtonpost.com/news/morning-mix/wp/2014/03/28/how-the-bishop-of-bling-spent-43-million-renovating-this-house/>; <http://www.reuters.com/article/2014/03/26/us-vatican-germany-idUSBREA2P0SJ20140326>; <http://en.wikipedia.org/wiki/Franz-Peter_Tebartz-van_Elst>; <http://ncronline.org/blogs/francis-chronicles/pope-francis-i-would-love-church-poor>.

3. "Bangalore, Karnataka, Índia, 6 jan. 2014." Blog de Jeremy Russell em <www.dalailama.com>.

4. A primeira vez que ouvi o Dalai Lama dizer essa frase — que costuma repetir com frequência — foi no seminário Harmonia Mundi, em 1989. Dalai Lama et al. *Worlds in Harmony*, p. 96.

5. Dalai Lama et al. *Worlds in Harmony*, p. 113.

6. Dalai Lama e Paul Ekman, *Emotional Awareness*; Richard Lazarus, *Stress and Emotion: A New Synthesis*. Nova York: Springer, 2006.

7. Extraído do prefácio do Dalai Lama. (Sangeeta Kochhar, *My Life, My Words: Remembering Mahatma Gandhi*. Nova Delhi: Natraj, 2007.)

8. Dalai Lama no seminário Ecologia, Ética e Interdependência.

9. Idem.

10. John C. Coffee, professor de lei de valores mobiliários na Universidade Columbia, citado por Stewart, James B. "Processo contra o Barclays lança luz sobre o comércio das sombras." *The New York Times*, 4 jul. 2014, p. B1.

11. Entre os pecados de alguns dos maiores bancos do mundo nesses anos e desde então, segundo um jornalista financeiro, estão: "lavagem de dinheiro, criação de condições falsas de mercado, sonegação de impostos, venda de produtos financeiros lesivos, desrespeito aos direitos de proprietários de imóveis e aumento de operações de alto risco". (Peter Eavis, "Regulatores investigam Wall Street, com preocupação". *The New York Times*, 12 mar. 2014. <http://dealbook.nytimes.com/2014/03/12/questions-are-asked-of-rot-in-banking-culture/?_php=true&_type=blogs&_r=0>.)

12. Michael Kraus e Dacher Keltner, "Signs of Socioeconomic Status." *Psychological Science*, v. 20, n. 1, pp. 99-106, 2009.

13. Gerben A. Van Kleef et al., "Power, Distress, and Compassion." *Psychological Science*, v. 19, n. 12, pp. 1315-22, 2008. Embora a descoberta mostre o efeito também na Europa, não

sabemos se culturas coletivistas como as do leste da Ásia também demonstram essa lacuna de empatia. Essa é uma pergunta empírica, mas as desigualdades sociais que a lacuna parece fortalecer são encontradas em todo o mundo.

14. Larry Brilliant cunhou essa feliz expressão e o citei em meu livro *Focus* (Nova York: HarperCollins, 2013, p. 256). [Ed. bras.: *Foco*. Rio de Janeiro: Objetiva, 2014.]

15. Anthony J Parel (Org.), *Gandhi, Freedom, and Self-Rule*. Lanham, Md.: Lexington Books, 2000, p. 15.

16. Comentários do Dalai Lama em Nova Délhi em 13 de setembro de 2012, conforme relatado por Jeremy Russell em <www.dalailama.com>.

17. Floyd Norris, "History Gives Other Cases of G.M.' Behavior". *The New York Times*, 27 mar. 2014, p. B1.

18. Elinor Ostrom recebeu o Prêmio Nobel de Economia por documentar como recursos compartilhados foram regulamentados. Ostrom, Elinor. *Governing the Commons: The Evolution of Institutions for Collective Action*. Nova York: Cambridge University Press, 1990.

19. Extraído do prefácio do Dalai Lama para o livro de Kochhar, *My Life, My Words: Remembering Mahatma Gandhi*.

6. A ECONOMIA QUE LEVA AS PESSOAS EM CONSIDERAÇÃO [PP. 93-109]

1. Thomas Piketty, *Capital in the Twenty-First Century*. Boston: Harvard University Press, 2014. [Ed. bras.: *O capital no século XXI*. Rio de Janeiro: Intrínseca, 2014.] Essa crítica técnica parece corroborar a noção expressa por Marx de que o capitalismo torna os proprietários (seja de investimentos ou negócios) mais ricos à custa dos trabalhadores — aqueles que possuem pouco ou nada. Os ricos ficam cada vez mais ricos, os pobres, cada vez mais pobres. Economistas como Piketty, que compartilham essa escola de pensamento, consideram essa tendência culpa de uma atitude muito *laissez-faire* e divisam como ação corretiva reger os mercados de maneira que proteja os pobres e desestimule o capitalismo clientelista, por exemplo.

2. Arthur C Brooks, "Capitalism and the Dalai Lama", *The New York Times*, 17 abr. 2014: <http://www.ny-times.com/2014/04/18/opinion/capitalism-and-the-dalai-lama.html>. Os cínicos talvez vejam o apoio dos conservadores à compaixão como um mero "jogo de cena" para se ligar a uma ideia atraente e tirar proveitos políticos. A prova, diria o Dalai Lama, será dada com ações, não com palavras.

3. Richard Layard e David M. Clark, *Thrive: The Power of Evidence-Based Psychological Therapies*. (Londres: Allen Lane, 2014). A "revolução" que Layard gostaria de ver é o estabelecimento de uma organização semelhante a uma igreja em que pessoas que compartilham o objetivo de ajudar os outros a levar vidas felizes pudessem se encontrar e trabalhar juntas

— uma expressão da bondade aplicada. O lorde Layard foi um dos fundadores da Action for Happiness, um movimento cujos membros trabalham para criar mais felicidade e aliviar a tristeza. Em 2014, a organização tinha alcançado a marca de 30 mil membros em cem países.

4. Para entender as opiniões da economia comportamental e da psicologia sobre esse paradoxo, ver, p. ex., Daniel Kahneman, *Thinking, Fast and Slow* (Nova York: Farrar, Straus and Giroux, 2013). [Ed. bras.: *Rápido e devagar*. Rio de Janeiro: Objetiva, 2012.] Kahneman é psicólogo e Prêmio Nobel de Economia.

5. Xavier Sala-i-Martin e Maxim Pinkovskiy, "Estimativas paramétricas da distribuição de renda mundial". *Vox*, 22 jan. 2010. <http://www.voxeu.org/article/parametric-estimations-world-distribution-income>.

6. Oxfam, "Riqueza: ter tudo e querer ainda mais". Relatório publicado no Fórum Econômico Mundial em Davos, na Suíça, em 19 jan. 2015.

7. Dalai Lama no encontro Mind and Life sobre Ecologia, Ética e Interdependência.

8. Simon Kuznets desenvolveu o PIB em 1934 para o Congresso dos Estados Unidos, como uma ferramenta para aquecer a economia e tirar o país da Grande Depressão.

9. Layard baseia o raciocínio para avaliação do bem-estar no trabalho do psicólogo Edward Diener. "Subjective Well-Being: The Science of Happiness and a Proposal for a National Index". *American Psychologist*, v. 55, n. 1, pp. 34-43, 2000. Ver também Paul Dolan et al., "Measuring Subjective Well-being for Public Policy". United Kingdom Office for National Statistics, fevereiro de 2011. <http://eprints.lse.ac.uk/35420/1/measuring-subjective-wellbeing-for-public-policy.pdf>.

10. Richard Layard, *Happiness: Lessons from a New Science*. Nova York: Penguin, 2006. [Ed. bras.: *Felicidade: lições de uma nova ciência*. Rio de Janeiro: Best Seller, 2008.]

11. Richard Layard e David M. Clark, *Thrive*.

12. O site da Action for Happiness é: <http://www.actionforhappiness.org/>.

13. A história de Jasmine Hodge-Lake chegou até mim através de um e-mail originalmente enviado a Mark Williamson, que me encaminhou a mensagem.

14. Ted Barber, citado por Wulkan, Hannah. "Empresa de Easthampton oferece emprego de bom salário para pessoas marginalizadas." *Daily Hampshire Gazette*, 23 jun. 2014, p. C1.

15. A estrutura contábil em "tripé" soma os impactos sociais e ecológicos da empresa ao cálculo padrão de lucro ou prejuízo para o resultado líquido. Além de fazer um relatório de receitas e despesas, a empresa também avalia os impactos sociais e ambientais de suas operações.

16. Diane Cardwell, "At Patagonia, the Bottom Line Includes the Earth." *The New York Times*, 30 jul. 2014, p. B1.

17. Considerando a história da Unilever desde o início, com suas raízes na Unie, um conglomerado de produção de margarina na Holanda. Segundo informação da sobrinha-neta de um dos fundadores da empresa holandesa, a Margarine Unie era, no início do século XX, o tipo de empresa voraz que adquiria todos os concorrentes desse novo nicho de mercado (a fórmula para a margarina, um substituto de baixo custo para a manteiga, feito de óleo de palma, era então uma descoberta bastante recente). Na década de 1930, a Margarine Unie se fundiu com outra empresa que empregava largamente o óleo de palma, a produtora britânica de sabonetes Lever Brothers, para formar a Unilever. Salto para o início do século XXI, quando a Unilever está prestes a adquirir a marca de sorvetes Ben & Jerry. Alguém com informações privilegiadas disse que um dos principais nomes da empresa tinha esperança de que o DNA compassivo e idealista da Ben & Jerry's pudesse contaminar o resto da companhia. E, pasmem, uma década depois o novo CEO, Paul Polman, anunciou que uma das principais metas de negócio da companhia era adquirir matérias-primas de meio milhão de pequenos produtores do Terceiro Mundo.

18. No mais recente acesso ao site da Salesforce, mais de 65 milhões de dólares haviam sido doados a instituições de caridade, 22 mil empresas sem fins lucrativos e faculdades receberam serviços de informática gratuitos ou a baixo custo, e todos os funcionários têm seis dias de folga remunerada por ano para prestar serviços comunitários — são cerca de 620 mil horas de voluntariado. <http://www.salesforcefoundation.org/about-us/>.

19. É claro que, ao contrário da maioria, por ser monge, o Dalai Lama tem poucas necessidades pessoais, todas cobertas por seu anfitrião, o governo da Índia. Mesmo assim, ele imediatamente doa qualquer dinheiro que lhe seja dado.

7. CUIDE DE QUEM PRECISA [PP. 110-125]

1. <http://en.wikipedia.org/wiki/Abb%C3%A9_Pierre>.
2. <http://emmaus-international.org/>.
3. Daniel Goleman, "An Emerging Theory on Black s I.Q. Scores." *The New York Times*, 10 abr. 1988. Richard E. Nisbett et al., "Intelligence: New Findings and Theoretical Developments." *American Psychologist*, v. 67, n. 2, pp. 130-59, 2012.
4. Extraído do prefácio do Dalai Lama. (Anita Kainthla, *Baba Amte: A Biography*. Nova Délhi: Viva Books Private Limited, 2006.)
5. Baba Amte: <http://www.anandwan.in/about-anandwan/baba-amte.html>.
6. <http://en.wikipedia.org/wiki/Anandwan>.
7. Walter Mischel, *The Marshmallow Test: Mastering Self-Control*. Nova York: Little, Brown, 2014.

8. Terrie E. Moffitt et al., "A Gradient of Childhood Self-control Predicts Health, Wealth, and Public Safety". *PNAS*, v. 108, n. 7, pp. 2693-8, 2011.

9. J. J. Heckman, "Skill Formation and the Economics of Investing in Disadvantaged Children". *Science*, v. 312, pp. 1900-2, 2006.

10. David Scott Yeager e Carol Dweck, "Mindsets That Promote Resilience: When Students Believe That Personal Characteristics Can Be Developed". *Educational Psychologist*, v. 47, pp. 302-14. 2012.

11. Angela Duckworth et al,, "Grit: Perseverance and Passion for Long-term Goals". *Journal of Personality and Social Psychology*, v. 92, n. 6, pp. 1087-101, 2007.

12. Edward Deci e Richard Ryan, *Intrinsic Motivation and Self-Determination in Human Behavior*. Nova York: Plenum, 1985.

13. Anthony Parel, *Gandhi, Freedom, and Self-Rule*, p. 15. A imagem emblemática de Gandhi na roda de fiar era um símbolo do *swaraj* — tomar o destino em suas próprias mãos. A roda de fiar, que tece fios brutos de lã ou algodão, era um meio de vida para as massas rurais indianas, assoladas pela pobreza. Muitos haviam perdido o emprego na indústria têxtil indiana, afundada por causa dos tecidos mais baratos produzidos em fábricas britânicas. Depois de Gandhi, as vestimentas de *khadi* produzidas a partir desse tecido feito à mão ganharam um novo apelo e se transformaram no uniforme do Partido do Congresso, que governou a Índia durante décadas após a Independência.

14. A organização de Kailash Satyarthi, chamada Bachpan Bachao Andolan, não se opõe a que os filhos trabalhem com os pais após a escola, para ajudar no sustento da família, mas combate práticas abusivas em que as crianças são obrigadas a trabalhar, em vez de ir à escola. O grupo fechou um acordo internacional chamado GoodWeave, que certifica que os tapetes são produzidos sem mão de obra infantil (contrariando uma prática comum em várias regiões produtoras de tapetes). As fiscalizações realizadas em outras empresas libertaram dezenas de milhares de crianças de contratos de trabalho.

15. Discurso do Dalai Lama em Londres, em 19 jun. 2012, conforme relatado por Jeremy Russell em <www.dalailama.com>. Entre as líderes femininas que o Dalai Lama conheceu pessoalmente e admirou, ele listou Aung San Suu Kyi, com quem esteve recentemente na Europa, e Shirin Ebadi, ganhadora do Prêmio Nobel da Paz por seus esforços em prol dos direitos femininos no Irã. Ele acrescentou à lista a falecida Indira Gandhi, que considerava uma líder muito hábil, a falecida primeira-ministra israelense Golda Meir e Mary Robinson, ex-presidente da Irlanda, que depois se tornou Alta Comissária da ONU para os Direitos Humanos, e desde então liderou diversas causas humanitárias.

16. Ver, p. ex., Martin Schulte-Rüther et al., "Gender Differences in Brain Networks Supporting Empathy". *Neuroimage*, v. 42, n. 1, pp. 393-403, 2008.

17. Quando se trata de ação compassiva, no entanto, as descobertas da pesquisa não mostram uma clara vantagem feminina (ver, no entanto, Tania Singer et al., "Empathic Neural Responses Are Modulated by the Perceived Fairness of Others." *Nature*, v. 439, pp. 466-9, 2006). Matthieu Ricard, ao revisar as descobertas científicas, concluiu que os homens são mais propensos a agir para ajudar outra pessoa em situações de risco, enquanto as mulheres são mais acolhedoras que os homens, em geral (Matthieu Ricard, *Altruism: The Power of Compassion to Change Yourself and the World*. Nova York: Little, Brown, 2015). Tania Singer, chefe de uma divisão composta por quatrocentos profissionais no centro para neurociência social do Instituto Max Planck, argumenta a favor de mais mulheres líderes por outro ângulo: as mulheres representam metade dos habitantes do planeta!

18. Cientistas sociais que estudam as diferenças entre os gêneros relatam que qualquer comportamento específico pode ser encontrado em ambos os sexos, porém em diferentes proporções. Tipicamente, a distribuição de qualquer comportamento assume a forma de curvas de sino largamente sobrepostas para homens e mulheres. Para a liderança compassiva, presumivelmente, isso significa que esse estilo é mais comum entre mulheres, embora uma quantidade menor de homens também o exiba.

19. Sarita Brara, "Levar gentilmente a luz". *The Hindu*, 30 out. 2012, <http://www.thehindu.com/features/metroplus/society/lead-kindly-light/article4044171.ece>.

20. Bunker Roy fez uma apresentação para o Dalai Lama no Encontro Mind and Life sobre Altruísmo e Compaixão em Sistemas Econômicos: Um diálogo sobre a interface entre neurociência, economia e ciência contemplativa, Zurique, 2010.

21. Altruísmo e Compaixão em Sistemas Econômicos.

8. CURE A TERRA [PP. 126-139]

1. John Sterman conversou com o Dalai Lama em um encontro intitulado Agentes de Mudança para um Mundo Melhor, promovido pelo Centro Dalai Lama para Ética e Valores Transformadores no MIT, out. 2014, <http://thecenter.mit.edu/media/videos/>.

2. O Dalai Lama recebeu vários informativos sobre nossa crise ecológica, e os mais detalhados devem ter sido apresentados no encontro Mind and Life sobre Ecologia, Ética e Interdependência. Diana Liverman fez uma apresentação nesse encontro.

3. Will Steffen et al., "The Anthropocene: Are Humans Now Overwhelming the Great Forces of Nature?" *Ambio*, v. 36, n. 8, pp. 614-21, dez. 2007.

4. O Dalai Lama fez esses comentários no Australian Tibet Council em junho de 2007.

5. Dalai Lama. "Uma abordagem ética à proteção ambiental", 5 jun. 1986, declaração em reconhecimento ao Dia Mundial do Meio Ambiente.

6. Dekila Chungyalpa no encontro sobre Ecologia, Ética e Interdependência.

7. Dalai Lama. Carta a cem prefeitos de todo o mundo que se juntaram a uma iniciativa da organização Avaaz, e assinaram um compromisso de fazer com que suas cidades usem energia 100% limpa até 2050. Set. 2014.

8. Chris Carroll, "Pobres da Índia arriscam a saúde para minerar 'e-lixo'." *National Geographic*, 28 jun. 2014, <http://news.nationalgeographic.com/news/2014/06/140628-electronics-waste-india-pictures-recycling-environment-world/>.

9. Ver <www.goodguide.com> para avaliação de bens de consumo; para celulares: <http://www.goodguide.com/categories/332304-cell-phones>. Para a categoria de produtos de uso pessoal, consulte http://www.ewg.org/skindeep/?gclid=CjwKEAjwjd2pBRDB4o_ymcieoA-QSJABm4egor3LAls7fKwsVP4-fJOlmemDM_0T07TadFRaM5GwrtRoClmPw_wcB. A página classifica cosméticos de acordo com a toxicidade dos ingredientes. Analiso a transparência ecológica de forma mais aprofundada em *Ecological Intelligence: How Knowing the Hidden Impacts of What We Buy Can Change Everything* (Nova York: Broadway Books, 2009). [Ed. bras.: *Inteligência ecológica: o impacto do que consumimos e as mudanças que podem melhorar o planeta*. Rio de Janeiro: Elsevier, 2009.]

10. Philippe Sibaud, "Short Circuit: The Lifecycle of Our Electronic Gadgets and the True Cost to Earth." Londres: Gaia Foundation, 2013.

11. <http://socialhotspot.org>.

12. Seguindo a recomendação de Gregory Norris, escolhi <www.climatecare.org> como fonte confiável de minhas compensações de carbono. Os fogões de Gana são apenas um exemplo de um amplo leque de empreendimentos para redução de carbono apoiados por minha compra de compensações.

13. Pico Iyer, *The Open Road*.

14. <www.handprinter.org>. Gregory Norris também fez uma apresentação ao Dalai Lama no encontro sobre Ecologia, Ética e Interdependência.

15. Ver <http://www.enoughproject.org/files/minetomobile.pdf>. Por outro lado, muitas empresas desse mercado estão tentando policiar a cadeia de abastecimento; ver <http://www.microsoft.com/en/mobile/about-us/people-and-planet/supply-chain/supply-chain/>.

16. <http://socialhotspot.org/>.

17. A comunidade de aprendizado da impressão manual opera por meio da Sustainability and Health Initiative for NetPositive Enterprise (SHINE) [Iniciativa de Sustentabilidade e Saúde para Empreendimentos com Balança Ecológica Positiva]. Ver <http://www.chgeharvard.org/category/corporate-sustainability-and-health-shine-0>.

18. O programa pede a quem recebe as mantas para compartilhar 45 dólares com a escola, valor que permite comprar mais duas mantas por atacado do Owens Corning. Essas duas mantas são doadas ao mesmo projeto em duas outras escolas — mais 4.500 dólares líquidos para a própria escola. Depois de cinco rodadas, as 32 escolas que participaram terão arrecadado um total de 140 mil dólares.

19. <http://www.ted.com/talks/eben_bayer_are_mushrooms_the_new_plastic>.

20. Como argumentei em um livro com Peter Senge, a educação deveria acrescentar três tipos de "foco": ajudar as crianças a reforçar habilidades de atenção e autorregulação, como o controle cognitivo, aprimorar o cuidado e a compaixão e dar uma compreensão dos sistemas que habitamos, desde os relacionamentos interpessoais até a forma como os sistemas humanos degradam os sistemas globais que sustentam a vida no planeta. (Daniel Goleman e Peter Senge, *The Triple Focus: A New Approach to Education*. Northampton, Mass.: More ThanSoundMedia, 2014.)

21. Dalai Lama no encontro sobre Ecologia, Ética e Interdependência.

9. UM SÉCULO DE DIÁLOGO [PP. 140-159]

1. Dalai Lama, em fala a líderes de organizações juvenis em Manchester, na Inglaterra, 16 jun. 2012, <www.dalailama.com>.

2. Dekila Chungyalpa no 23º Encontro Mind and Life, 2011.

3. <http://www.examiner.com/review/the-dalai-lama-shares-his-vision-compassion--without-borders-at-sdsu>.

4. Ver os livros do Dalai Lama *Beyond Religion* (com Alexander Norman) e *Toward a True Kinship of All Faiths* (Nova York: Random House, 2011). [Ed. bras.: *Uma ponte entre as religiões*. São Paulo: Martins Fontes, 2015.]

5. Thomas Pettigrew e Linda Tropp, "A Meta-analytic Test of Intergroup Contact Theory". *Journal of Personality and Social Psychology*, v. 90, n. 5, pp. 751-83, 2006.

6. Dalai Lama et al., *Worlds in Harmony*, pp. 18-9.

7. Em 2001, o Dalai Lama apresentou um sistema para eleição do líder político do governo tibetano no exílio. Isso significou uma semiaposentadoria, embora ele ainda conservasse um papel de liderança formal. Em 2011, ele abdicou completamente, dando fim à tradição ancestral da liderança temporal do Dalai Lama.

8. Extraído do prefácio do Dalai Lama. (Narayan Desai, *My Life Is My Message*. Hyderabad: Orient BlackSwan, 2009.)

9. Declaração do Dalai Lama no primeiro aniversário dos atentados de Onze de Setembro; comentários na Catedral Nacional, em Washington.

10. Declaração do Dalai Lama no encontro sobre Ecologia, Ética e Interdependência. A esse respeito, observa o Dalai Lama, há mais honestidade entre ateus e não religiosos. Pelo menos eles falam abertamente da falta de fé e da negatividade em relação à religião.

11. Fala do Dalai Lama a muçulmanos de Leh, na região de Ladaque, na Índia, 16 jul. 2014, <www.dalailama.com>.

12. Declaração do Dalai Lama no primeiro aniversário dos atentados de Onze de Setembro.

13. Dekila Chungyalpa no encontro sobre Ecologia, Ética e Interdependência.

14. Dalai Lama, 17 maio 2012, Maribor, Eslovênia.

15. Ben Rogers, *A. J. Ayer: A Life*. Londres: Chatto & Windus, 1999. A história é contada na p. 344.

16. Nancy Carlsson-Paige e Linda Lantieri, "A Changing Vision for Education". *Educating Citizens for Global Awareness* (Nel Noddings, Org.). Nova York: Teachers College Press, 2005.

17. O currículo para uma sala de aula pacífica foi desenvolvido no projeto Educators for Social Responsibility, da Região Metropolitana, hoje chamado Morningside Center for Teaching Social Responsibility [Centro Morningside para ensino da responsabilidade social].

18. A história de Raymond me foi contada por Linda Lantieri e aparece em seu livro (Linda Lantieri e Janet Patti, *Waging Peace in Our Schools*. Boston: Beacon Press, 1996, p. 62).

10. EDUQUE O CORAÇÃO [PP. 160-171]

1. O aparato representa uma nova geração de biossensores. Isso gera um indicador de concentração a partir de um sensor de eletroencefalograma colocado na testa.

2. Kevin N. Ochsner e James J Gross, "The Cognitive Control of Emotion". *Trends in Cognitive Science*, v. 9, n. 5, pp. 242-9, 2005.

3. Pergunta feita pelo Dalai Lama no encontro sobre Ecologia, Ética e Interdependência.

4. Dalai Lama e Victor Chan, *The Wisdom of Forgiveness*. Nova York: Riverhead Books, 2005; Dalai Lama e Victor Chan, *The Wisdom of Compassion*.

5. Entre eles estão o Roots of Empathy [Raízes da empatia], um programa ensinado nas escolas da província que visa aumentar a empatia e a bondade. O Friends of Life [Amigos da vida], ensinado por cerca de 6 mil professores, estende o conceito a saber ouvir e à comunicação aberta. E mais de 3 mil ensinam o MindUp [Preste atenção], que cultiva habilidades como a atenção plena.

6. Ver <www.casel.org>.

7. <http://dalailamacenter.org/about/heart-mind>.

8. Ver Best Practices [Boas práticas] em <www.casel.org>.

9. Eva Oberle et al., "The Role of Supportive Adults in Promoting Positive Development in Middle Childhood: A Population-based Study". *Canadian Journal of School Psychology*, publicação on-line em 22 jun. 2014. Hannah M. C. Schreier et al., "Effect of Volunteering on Risk Factors for Cardiovascular Disease in Adolescents: A Randomized Control Trial". *JAMA Pediatrics*, publicação online em 25 fev. 2013.

10. Joseph A. Durlak et al., "The Impact of Enhancing Students' Social and Emotional Learning: A Meta-analysis of School-based Universal Interventions". *Child Development*, v. 82, n. 1, pp. 474-501, 2011.

11. John Makransky e Brooke Dodson-Lavelle, "Embodying Care: Three Practices That Help Us Receive, Develop, and Extend Care". (<http://www.mindandlife.org/research-and-initiatives/embodying-care/>).

12. Daniel Goleman, "The Future of Social and Emotional Learning." *Handbook of Social and Emotional Learning: Research and Practice* (Joseph A. Durlak, Org.). Nova York: The Guilford Press, 2015.

11. VISÃO DE LONGO ALCANCE [PP. 175-188]

1. Discurso do Dalai Lama em Milão, 26 jun. 2012, <www.dalailama.com>.

2. Ian Morris, "War, What Is It Good For? Just Look Around You". *New Scientist*, 19 abr. 2014, p. 31; Ian Morris, *War! What Is It Good For?* Nova York: Farrar, Straus and Giroux, 2014. Steven Pinker, *The Better Angels of Our Nature*. Nova York: Penguin, 2012.

3. Discurso do Dalai Lama na Cúpula dos Laureados com o Nobel da Paz, realizada na Itália, conforme relatado em <www.dalailama.com>, 14 dez. 2014.

4. Dalai Lama em Matera, na Itália, 25 jun. 2012. Ver <www.dalailama.com>.

5. Declaração do Dalai no primeiro aniversário dos atentados de Onze de Setembro.

6. Este exercício mental foi proposto ao Dalai Lama pelo professor Jerome Kagan, de Harvard. Ver Harrington, Anne; Zajonc, Arthur (Orgs.). *The Dalai Lama at MIT*.

7. Daniel Goleman, "Down with Reptilian News!" *Columbia Journalism Review*, v. 28, n. 3, p. 60, set./out. 1989.

8. Existem algumas notáveis exceções, como a revista *Yes!*, que relata soluções, em vez de apenas problemas, e o site Upworthy, que fazem parte do número cada vez maior de veículos de mídia orientados à compaixão, a soluções e à positividade. Além disso, com o surgimento de canais alternativos de informação, como as mídias sociais, existem outras maneiras de aumentar a visibilidade das forças para o bem em nosso mundo. Na mídia tradicional, um modelo da cobertura orientada para soluções estimulada pelo Dalai Lama pode ser Justin Gillis

("Florestas restauradas são um sopro de vida para iniciativas contra as mudanças climáticas." *The New York Times*, 23 dez. 2014, p. 1).

9. Quando Baba Amte morreu, seu corpo foi enterrado próximo a um bambuzal. Conforme explicou o dr. Vikas Amte, filho do falecido, Baba Amte "queria que cada partícula de seu corpo fosse útil para a humanidade. Ele acreditava que, por ter sido enterrado da maneira como foi, ele contribuiria para o conteúdo orgânico do solo, ao passo que os rituais de cremação tradicionais poluiriam as águas dos rios". Dr. Vikas Amte, citado em "Baba Amte Bidden Adieu with Full Honours." *IBN Live*, 11 fev. 2008. <http://ibnlive.in.com/news/baba-amte-bidden-adieu-with-full-honours/58614-1.html>.

10. <http://www.anandwan.in/about-anandwan/baba-amte.html>.

11. Somaya M. El-Saadani, (Professor-Associado de Demografia e Bioestatística). "Characteristics of a Poor Urban Setting in Egypt: Ein El-Sira", jan. 2008.

12. Ver <http://www.dalailamafellows.org/>.

13. O cientista era Alvin Weinberg (meu tio), que se tornou diretor do Laboratório Nacional de Oak Ridge, centro das iniciativas "átomos pela paz" que desenvolveram, por exemplo, a medicina nuclear. A insistência de Weinberg em encontrar projetos mais seguros para reatores nucleares e em alertar sobre os perigos de armazenar lixo nuclear causou sua demissão durante o governo Nixon. Ele então fundou o Instituto para Análise de Energia em 1974, um dos primeiros centros científicos a estudar o relacionamento entre a produção de energia e o aquecimento global.

14. O Dalai Lama disse essa frase no encontro Mind and Life sobre Ecologia, Ética e Interdependência. Ainda assim, reconhece que tais esforços são um luxo para os muito pobres, que lutam para sobreviver dia após dia. Conforme Elke Weber, cientista cognitiva, lhe disse no encontro: "Se nossas necessidades imediatas são atendidas, podemos nos dar ao luxo de nos preocupar com o futuro".

15. Infelizmente, os pinheiros-de-norfolk não eram fortes o suficiente para se tornarem mastros. Outro plano, que pretendia usar os pinheiros para fazer compensados, foi vetado por não ser sustentável. De qualquer forma, as árvores continuam a ser usadas por artistas da ilha e em tornearia.

16. Discurso do Dalai Lama no encontro Mind and Life sobre Ecologia, Ética e Interdependência.

12. AJA AGORA [PP. 189-198]

1. Declaração do Dalai Lama em nome de Aung San Suu Kyi, 8 maio 2000.
2. Dalai Lama et al., *Worlds in Harmony*, p. 125.

3. Dekila Chungyalpa no encontro Mind and Life sobre Ecologia, Ética e Interdependência.

4. Dalai Lama et al., *Worlds in Harmony*, p. 125.

5. Marshall Ganz participou do Agentes de Mudança para um Mundo Melhor, organizado por Tenzin Priyadarshi e o Centro Dalai Lama para Ética e Valores Transformadores no MIT, 31 out. 2014.

6. Simone Schnall et al., "Elevation Leads to Altruistic Behavior." *Psychological Science*, v. 20, n. 20, pp. 1-6, 2010.

7. Dalai Lama et al., *Worlds in Harmony*, p. 125.

ESTA OBRA FOI COMPOSTA PELA ABREU'S SYSTEM EM ADOBE GARAMOND
E IMPRESSA EM OFSETE PELA LIS GRÁFICA SOBRE PAPEL PÓLEN SOFT DA SUZANO
PAPEL E CELULOSE PARA A EDITORA SCHWARCZ EM JUNHO DE 2016